U0503833

国家社会科学基金教育学一般项目
"民办普通高校师资队伍发展困境、制度缺陷与
对策研究",课题号为"BIA140109"

民办普通高校
教师身份研究

兼谈民办高校师资队伍建设困境与解决策略

RESEARCH ON THE IDENTITY OF PRIVATE COLLEGES
AND UNIVERSITIES TEACHERS

王 玲 ◎ 著

中国社会科学出版社

图书在版编目(CIP)数据

民办普通高校教师身份研究:兼谈民办高校师资队伍建设困境与解决策略/王玲著. —北京:中国社会科学出版社,2019.9
ISBN 978 - 7 - 5203 - 4195 - 0

Ⅰ.①民…　Ⅱ.①王…　Ⅲ.①民办高校—师资队伍建设—研究—中国　Ⅳ.①G648.7

中国版本图书馆 CIP 数据核字(2019)第 048166 号

出 版 人	赵剑英
责任编辑	张 浩
责任校对	姜志菊
责任印制	李寡寡

出　　　版	中国社会科学出版社
社　　　址	北京鼓楼西大街甲 158 号
邮　　　编	100720
网　　　址	http://www.csspw.cn
发 行 部	010 - 84083685
门 市 部	010 - 84029450
经　　　销	新华书店及其他书店

印　　　刷	北京君升印刷有限公司
装　　　订	廊坊市广阳区广增装订厂
版　　　次	2019 年 9 月第 1 版
印　　　次	2019 年 9 月第 1 次印刷

开　　　本	710×1000　1/16
印　　　张	20
插　　　页	2
字　　　数	248 千字
定　　　价	85.00 元

凡购买中国社会科学出版社图书,如有质量问题请与本社营销中心联系调换
电话:010 - 84083683
版权所有　侵权必究

序

　　经过三十多年的发展，我国民办高校完成了从复兴到成长壮大的过程，已经成为我国高等教育的重要组成部分。据统计，到 2017 年，民办普通高校有 746 所（含独立学院 265 所），民办的其他高等教育机构 801 所。民办高校普通在校生达到 628.46 万人，硕士研究生在学人数 1223 人，另有各类其他民办高等教育机构注册学生 74.47 万人。民办高校 700 余万人的在学规模几乎相当于 1999 年我国普通高校的教育规模；按联合国教科文组织最新统计，这个办学规模在国际上仅排在印度、美国和巴西之后，超出其他所有国家和地区高等教育的在学总人数。民办高校的发展不但是我国改革开放四十年经济社会发展的重大成就，更是我国高等教育从精英化走向大众化、普及化，满足数以千万计青年学生求学需要的关键战略，解决了他们要求"有学上"的问题。

　　民办高校对我国高等教育强国建设是不可或缺的。高等教育强国是整体的强大，不是少数高校的强大，更不能只是公办高校的强大。民办高校已经积累了比较丰富的办学资源，建立了能够满足基本办学需要的运行机制，构建了多层次、多类型、多功能、多种投资渠道支持的办学体系。应当承认，民办高校发展还存在不少困难和问题，民办高校办学历史相对比较短，软硬办学实力相对不足，课程教学质量存在薄弱环节，开放办学、合作教育的渠道比较狭窄，整体办学水平和办学质量处于相对弱势。民办高校亟需加强内涵建设，提高办学水平。

民办高校发展的关键在于建设一支稳定的高水平师资队伍，但现实的情况却不容乐观，以民办高校师资队伍的现实境遇还很难看到未来建设能有大的突破。据观察，民办高校办学已经不再主要依靠兼职教师，大多建立了自有师资队伍，生师比一般都在 20：1 左右。这是民办高校办学的一个巨大的进步，标志着民办高校办学已经趋于稳定和正规。但与此同时，民办高校师资队伍存在一些似乎不可克服的困难，比如，高层次人才引不进，高水平师资留不住，师资队伍的稳定性弱、流动性高，教师的归属感和忠诚度弱，等等。出现这些困难并不是民办高校的主观意愿，也不是民办高校不努力、不作为，更不是民办高校教师心之所愿。

问题的症结在于政府对于民办高校与公办高校所采取的差异化政策，比如，各级政府所设立、冠名或资助的各种教学、科研平台极少考虑到民办高校，各级政府资助的各类重大科研项目往往不对民办高校开放，等等。缺少了这些政策性支持，民办高校对高层次人才就缺乏吸引力。更为致命的是，与公办高校教师不同，民办高校教师不享有事业单位编制，民办高校用人实际上与企业用人无异。也就是说，民办高校教师所从事的工作与公办高校教师并无二致，就因为所属单位不同，就具有了不同的身份。这就能解释为什么在高等教育人才市场上人们首选的是公办高校，其次才是民办高校；民办高校教师一旦评上讲师或副教授职称，常常就向公办高校流动。在这样的境遇下，民办高校几乎不太可能建立一支高水平师资队伍，这也就注定了民办高校办学水平难有大的提高，建设高水平民办高校存在难以克服的障碍。

民办高校教师身份是一个广受关注的问题，很多学者做过研究和探讨，也取得了一些成果，但实际上，自民办高校产生以来，不论是理论界还是实践界都还没有找到解决教师身份问题的良策。事业编或事业单位身份、企业编或企业单位身份将公办高校和民办高校教师客观上划分为两类人，尽管他们所从事的职业或工作是实质等效的，但在社会地位、待遇等方面却差别很大。民办高校教师的这一身份不是教师选择的，也不是民办高校赋予的，而是政府相关政策所决定的，除了政府部门所派驻的党委书记，所有民办高校工作人员都不享有事业编制，不具有事业单位员工身份，不能享受国家对事业单位员工所规定的各种福利待遇以及相关的其他权利。

破解民办高校教师身份问题意义重大，理论研究大有可为。王玲博士长期关注民办高校办学，曾经承担过有关民办高校发展的课题研究任务。进入厦门大学教育学博士后工作站以后，她跟我商量，想研究民办高校教师问题，我深以为然。她从民办高校教师身份切入，我认为这是她集多年关注和研究积累所提出的课题，切中时弊，意义深远。经过三年多的辛苦努力，她得其所愿，完成了研究任务，写出了这部著作，我很高兴。阅读了书稿之后，我发现有三点颇能给人启发。

第一，经过历史和比较研究，作者归纳出民办、公办高校教师身份分化存在两种类型：一是自然差异型，一是政策差异型。在"自然差异型"情况下，民办（私立）与公办高校教师的身份不存在实质性的差别，尤其是在高校教师权利义务、社会保障和相关福利方面均不存在显著差别。两者间的差别主要是各高校之间公平竞争所形成的自然差距，如薪酬水平的高低、科研资源和社会捐赠的多寡等。"政策差异型"则是由差别化甚至歧视性政策或不完善的政策体系导致的民办（私立）、公办高校教师身份的差异。在不同的政策导向下，差异有大有小。我国是"政策差异型"的典型代表。

第二，在作者看来，制度供给不足是导致民办高校教师身份地位和权利得不到与公办高校教师同等保障的主要原因。我国民办高校法人制度规定民办高校属于非企业法人，虽然明确了民办高校的非企业法人性质，但却没有明确将其定性为事业单位法人，非企业法人的相关社会制度不健全，导致民办高校教师的组织身份模糊。由于不具有事业单位人员身份，民办高校教师退休后能够拿到的退休金远远低于公办高校教师，且公办高校教师的医疗保障参照公务员标准执行，在享受基本医疗保险之外，还享受医疗补助，民办高校教师只享受基础医疗保险，且大部分民办高校教师享受的是市级医保制度，与享受省级医保制度的公办高校教师在报销比例和报销范畴方面又存在一定差距。制度供给不足的后果是民办高校教师的职业安全感、归属感和认同感均偏低。

第三，作者提出，民办、公办高校教师应构建"统一身份"。构建民办公办高校教师统一身份需要从外部和内部两方面着手：一是政府应当完善相关法规和制度，确立民办高校的事业单位法人地位，从根本上解决民办高校教师身份不同于公办高校教师的问题，为构建统一身份奠定法规基础。二是民办高校应当健全校内治理体系，改善民办高校教师的实际生存和工作环境，使民办高校教师拥有与公办高校教师实际的统一身份。

这部著作的可贵之处不只体现在富有启发意义的思想观点上，而且还体现在作者通过采用比较研究方法所开拓的相关领域的研究上。作者在进行敏锐而深刻的理论和实践研究的同时，还通过比较研究对印度和美国私立高校教师身份进行了历史和现实的考察。众所周知，印度和美国都是世界上私立高等教育比较发达的国家，私立高校教师身份并没有阻碍学校提高办学水平和教育质量。作者对印度和美国私立高校教师身份研究的结果可以为破解我国民办高校教师身份问题提供借镜。

我国民办高校教师身份不是简单的政策问题，从根本上讲，更不是民办高校内部的问题。虽然民办高校教师身份问题表现在民办高校和政府政策上，但它的产生有更深层的社会文化原因，从这个意义上说，对它的研究需要超越高等教育范畴。要解决这个问题，不仅需要更多的高等教育研究人员参与研究，更需要社会学者、政治学者、文化学者、法学工作者等参与进来，从不同学科角度揭示民办高校教师身份问题的根源，为政策和制度供给侧改革提供更多更充分的理论依据。这样说并不能否认王玲博士所开展研究的价值，恰恰相反，她为多学科研究民办高校教师身份问题作了一个可贵的尝试，而且取得了丰硕而重要的研究成果。

是为序。

别敦荣

于厦门大学海韵北区工作室

2018 年 12 月 3 日

目　　录

导　　言

一　问题的提出

随着民办教育的不断发展、壮大，民办普通高校在我国高等教育体系中的作用与地位也日益凸显。提升民办高等教育质量，建设高水平民办大学已成为我国重要的高等教育发展目标之一。众所周知，教师是影响教育质量的关键因素，只有拥有优质师资队伍的学校才有可能办出优质的教育，因此，要想办出高水平民办大学，就必须加强民办普通高校师资队伍建设水平与力度。目前，我国民办普通高校师资队伍建设虽然已经取得了不小的成绩，专职教师队伍逐渐扩大，但同时也面临着诸多的问题，如在师资队伍方面仍存在着数量不足、缺乏稳定来源、结构不合理、流动性过大、严重缺乏学科带头人和"双师型"教师、教师普遍缺乏认同感与安全感等问题；在师资队伍建设方面面临着教师继续教育资源匮乏、教师管理机制不完善、学校缺乏长远的师资队伍建设规划、师资队伍建设投入不足等问题。这些问题的存在严重制约着民办普通高校教育质量的提升和可持续发展。

而当对这些问题产生的根源进行反思时发现，民办与公办普通高校教师在薪酬、福利、科研、培训等方面的不平等待遇是导致诸多问题产生的重要原因，这从当前有关民办普通高校师资队伍建设的研究中即可窥见一二：无论是对民办高校师资队伍建设过程中所存在问题的系统解决策略的研究；还是对民办高校师资队伍建设中某一具体问题展开针对性较强的解决对策探索，都将实现民办与公办普通高校教师的平等待遇作为首要策略提出。而通过对现存问题做一个简单的分层，也可看到，民办与公办普通高校教师在地位上的差异，在权利上的不平等是诸多师资队伍建设问题产生的一个深层次原因。当前民办普通高校师资队伍存在的问题可以大致归结为三方面的问题，即数量、质量与结构，而这三方面问题之间的关系是在教师数量充足的情况下，民办普通高校可以借用灵活的用人机制对教师进行筛选，进而提升教师队伍的整体质量，而在数量和质量问题解决的情况下，其师资队伍结构将逐渐趋于合理、科学。因此，解决民办普通高校教师数量问题是解决质量与结构问题的前提和基础。而显然，阻碍民办普通高校教师数量增长的最核心因素即是民办与公办普通高校教师之间的诸多不平等。这种不平等其实质就是一种权利的不平等，是身份差距的一种体现。那么，为什么会产生这样的身份差距呢？怎样做才能缩减甚至消除这种身份差距呢？这是非常值得我们深入思考的问题。

因此，本研究确立了"民办普通高校教师身份研究"的选题，提出"制度方面的不完善是导致民办与公办普通高校教师身份差距产生的根源，缩小或消除两者间的身份差距必须从制度改革着手"的假设。着重解决以下两个问题：1. 民办、公办普通高校教师身份差距产生的内外部制度性原因是什么；2. 如何从内外部制度改革入手缩小，甚至消除两者间的身份差距。

二 研究现状

为了全面地了解国内外有关民办普通高校教师身份的研究现状，

笔者从高校教师身份、民办（私立）普通高校教师、民办（私立）普通高校教师身份三方面入手对相关文献展开了搜索与阅读，综述如下。

（一）有关高校教师身份的研究

目前有关高校教师身份或大学教师身份的研究并不是很多，如在中国知网中，以"高校教师身份"和"大学教师身份"为篇名关键词，只查阅到 12 篇论文和 1 篇硕士论文。从当前的研究文献来看，学者们主要关注的是高校教师的角色问题，并从其角色定位出发来思考高校教师的管理、职责以及身份认同等问题。如邓侨侨的论文《从高等学校教师身份特征谈教师管理》指出，"高等学校的教师同时扮演教育者、文化传承者、创造者等多种角色，教师管理必须要以保障教师的这些身份特征为前提"[①]；吕屏等人的论文《大学教师身份职责的认识与思考》指出"高校教师具有知识传播者、创造者、社会文化批判者等多重身份，因此高校教师除了要遵守法定的责任与义务之外，还需要以知识分子的身份履行社会责任与义务，而这种社会责任与义务的实现，除了需要教师本身具有较强的责任感、使命感、独立人格与学术追求之外，还需要有科学的大学管理制度的支持"[②]；刘传霞的论文《当代大学教师身份认同与大学文化精神建构》指出"作为一个以学术发展为目的的知识人，学术人应当是大学教师的本色。只有大学教师回归其本色，自觉选择以学术为志业的学术人角色，大学精神才能落实，大学文化才能养成"[③]。

[①] 邓侨侨：《从高等学校教师身份特征谈教师管理》，《中国高校师资研究》2004 年第 2 期。

[②] 吕屏、龚捷、石万曲：《大学教师身份职责的认识与思考》，《高等建筑教育》2012 年第 6 期。

[③] 刘传霞：《当代大学教师身份认同与大学文化精神建构》，《现代教育管理》2013 年第 5 期。

这些研究让我们从积极、乐观的角度对高校教师形象有了大致的认识，但是在现有的研究中，一种有关高校教师角色的忧伤情绪也是跃然纸上的，如张斌在其硕士学位论文《全球化语境中的大学教师身份认同》中提到"或许大学教师永远不能成为公共知识分子，但需具有社会批判精神……大学教师尽管难以成为真正的公共知识分子，但却可以将'成为一个知识分子'作为一种精神追求与学术实践方式"[①]；杨志敏等人在论文《试论高校教师身份认同的重塑》中指出"在高校管理方面，高校普遍存在的一种现象是过于强调忠实取向而丧失了批判精神，这种忠实取向表现为崇拜知识，遵从教材，缺乏挑战权威的胆识和批判的精神，无条件地对权威进行顺从"[②]；牛海彬、白媛媛在论文《当代大学教师身份的迷失与复归》中指出"受我国政治、经济制度和意识形态等多种因素的影响，大学教师在身份上出现了沦为政治人、经济人、专业人等异化和迷失现象"[③]。其实这种异化不仅在我国存在，在其他国家也普遍存在。

（二）有关民办普通高校教师的研究

目前，有关民办普通高校教师的研究比较多，主要分为两类：一类是有关民办高校师资队伍的整体性研究；一类是有关民办高校教师的具体性研究。

1. 有关民办高校师资队伍的整体性研究

这类研究一般立足于宏观视野，对民办高校师资队伍建设过程

---

① 张斌：《全球化语境中的大学教师身份认同》，硕士学位论文，陕西师范大学，2009年，第1页。

② 杨志敏、白静、杨志勇：《试论高校教师身份认同的重塑》，《河南科技学院学报》2013年第2期。

③ 牛海彬、白媛媛：《当代大学教师身份的迷失与复归》，《教育与职业》2013年第11期。

中存在的问题进行全面诊断，并提出系统性的解决策略。研究者们指出当前民办高校师资队伍建设过程中存在着教师数量不足、且缺乏稳定来源；教师队伍结构不合理；教师队伍流动性过大；严重缺乏学科带头人和"双师型"教师；教师接受继续教育困难；民办高校尚未形成有效的教师管理机制；民办高校"以人为本"的软环境还有待建设，教师心理压力大、科研能力薄弱、师德教育环节欠缺；教师的知识结构不适应民办高校办学特点；师资队伍建设缺乏长远规划等问题。针对这些问题产生的原因，研究者们提出了以下观点：（1）在政策层面上，虽然《教师法》和《民办教育促进法》对民办高校教师的法律地位、权利与义务等方面，做出了"与公办学校教师同等"的原则性规定，但还没有具体的政策法规对民办高校的教师聘任制和教师职务制进行规范；同时教育主管部门长期以来，在民办高校教师的晋级、评优、职称评定、教学、科研项目申请、"质量工程"建设项目申请以及进修等诸多方面，或多或少存在厚此薄彼的现象；各种教师社会保障制度也没有把民办高校教师纳入到享受范围。[①]（2）在学校层面上，内部管理机制不健全，办学经费紧张限制人才引进，学校管理者重利益轻管理，对教师重使用轻培养，不重视对教师的人文关怀等是主要诱因。（3）在教师层面上，对工作收入的不满，对基本保障的不满，缺乏责任心与进取心；缺乏认同感和归属感；学习缺乏积极性与主动性；教学与科研能力薄弱等是主要原因。[②] 因此，研究者们主要从政策、学校和教师三个层面提出了相应的解决策略。

---

① 温巧：《我国民办高校师资队伍建设研究》，硕士学位论文，四川师范大学，2009年，第22页。

② 李琼：《民办高校教师队伍现状与发展策略研究》，硕士学位论文，湖南师范大学，2010年，第28—31页。

2. 有关民办高校教师的具体问题研究

一部分研究者针对民办高校师资队伍建设过程中的具体问题展开了更为细致的研究，如教师流失问题，教师的激励要素问题，教师的权益保障问题，教师考核的指标设计问题，教师老化问题，教师素质结构问题，教师培训问题，教师的工作压力、归属感、职业倦怠、工作满意度等心理方面的问题，等等。通过对现有文献进行梳理，笔者发现研究者们的关注点比较聚焦于民办高校教师流失、教师培训、教师考核指标和教师心理四个方面的问题。

在民办高校教师流失方面，研究者们指出民办高校教师流失的特点是：①流动教师的结构多以青年、低职称教师为主，流动意愿强烈的多为女性；②流动性强的教师在专业结构方面，以与社会经济发展相关度较高的热门专业如通信与电子、金融投资、服装设计、企业管理、财务会计以及外语等为主；③多为提前一个月告知或是不辞而别，具有突然性和不可预测性；④主要流向是通过考试成为国家公务员、通过考研获取进一步深造机会、流向其他高校、跳槽到外企或待遇较好的其他单位或行业。① 对此，研究者们建议从法律政策、民办高校内部管理体制机制和民办高校教师自身三方面入手予以解决。

在教师培训方面，研究者们指出当前我国民办高校教师培训面临的问题主要有：①民办高校教师培训缺乏足够的外部政策支持，这一方面使得民办高校教师培训更多地成为举办者的自发行为，另一方面也使得民办高校教师的培训信息不畅通、培训渠道狭窄；②民办高校教师培训缺乏内部支持，主要表现为教师培训规划性不强、

---

① 唐秉雄：《福建省民办高校教师流动管理研究》，硕士学位论文，华侨大学，2013年，第15—21页。

培训经费投入不足、对培训制度和政策的宣传力度不够、有效的培训机制尚未形成;① ③民办高校教师自身的培训观念不端正、功利性较强,如把进修和培训当成晋升职称、提高经济收入或跳槽的跳板;④当前,无论是公办高校还是民办高校都存在着教师培训难以满足教师发展的多样化需求、教师发展中心建设不完善等问题,显然这种高校教师培训本身的不完善也限制了民办高校教师培训的发展。在解决策略中,研究者们指出了教育行政部门公平对待民办与公办高校教师的重要性。

在教师考核指标方面,研究者们以多种理论为基础,采用多种方法探讨了民办高校教师绩效考核指标体系的设计问题,如梁昊、卜庆国运用"平衡记分卡"原理提出了民办高校绩效考核指标体系的改进模型②;张璐运用层次分析法(AHP)对 NL 学院绩效考核的指标设置、指标权重计算等进行了研究,旨在解决传统考核中模棱两可的问题③,等等。当然必须指出,虽然有关民办高校教师绩效考核指标的研究成果是较多的,但是此类研究本身并不是很深入,研究的视野有待于进一步扩展,研究方法也有待于进一步的完善。

民办高校教师的心理问题是研究者们最为关注的,其所形成的研究成果也是最多的,涉及了民办高校教师工作压力、归属感、工作满意度、职业倦怠等多方面心理问题。(1)有关民办高校教师的工作压力。研究者指出目前民办高校教师,尤其是青年教师工作压

---

① 李冰:《民办高校教师培训体系构建研究》,硕士学位论文,南昌大学,2010 年,第 24—25 页。

② 梁昊、卜庆国:《基于平衡记分卡构建民办高校教师绩效考核指标体系》,《产业与科教论坛》2011 年第 24 期。

③ 张璐:《基于 AHP 的民办高校教师绩效考核指标体系研究》,《黑龙江生态工程职业学院学报》2014 年第 1 期。

力较大，而影响教师工作压力的最主要因素是社会因素、学校管理因素、职业发展因素、工作成就感因素、学生因素、个人背景特征。[①] 缓解民办高校教师工作压力的对策有：第一，实现经营主体与教育实体间的均衡；第二，加强人性化制度建设，减轻教师工作负担；第三，活跃青年教师文化生活，维护其合法权益；第四，建立社会工作机构和职能，加强教师心理健康服务；第五，立足自身，构建积极的心态。[②]（2）有关民办高校教师的归属感。研究者指出，民办高校教师，尤其是青年教师归属感缺失的原因是：①外部不公正的环境；②内部管理机制体制的不健全、不规范，诱发教师产生"打工心理"；③思维方式和核心价值观不被接受；④教师培训制度不健全，激励机制也不科学，等等。对于如何提升民办高校教师的归属感，研究者们的建议是：①完善法律制度，保障民办高校教师的合法权益；②实行人性化的管理制度；③健全民办高校教师的工资及福利制度；④促进民办高校教师的专业发展；⑤加强民办高校校园环境和人文环境建设。[③]（3）有关民办高校教师的满意度。研究者通过访谈和问卷调查两种方式展开研究发现，民办高校教师对工作的满意度普遍偏低，其中对人际关系的满意度最高，对工作回报的满意度最低。针对这一现状研究者提出了通过提高工作回报、改善组织环境和加强对教师职业发展的规划与支持来提升教师的工作满意度。[④]（4）有关民办高校教师的职业倦怠。研究者们指出，与公立高校教师福利待遇间的差距、劳动强度大、发展空间狭窄、

① 马苏宁：《民办高校青年教师工作压力研究》，硕士学位论文，西北农林科技大学，2013年，第17—24页。

② 同上书，第31—34页。

③ 徐小红：《民办高校青年教师归属感研究——以江西省为例》，硕士学位论文，江西师范大学，2011年，第31—39页。

④ 姜丽晔：《民办高校专职教师工作满意度调查研究——以A学院为例》，硕士学位论文，陕西师范大学，2012年，第42—44页。

没有得到尊重、工作压力大、工作不满意等因素都是导致民办高校教师职业倦怠感产生的重要原因。因此，要想消除民办高校教师的职业倦怠感，必须从外部政策环境、民办高校内部环境和教师自身三个方面着手。

（三）有关民办普通高校教师身份的研究

在中国知网中，分别以"民办＋教师身份"和"私立＋教师身份"为篇名关键词进行检索，共查找到相关论文2篇，一篇是宁波大红鹰学院的孙慧敏、王云撰写的论文《民办高校教师身份差异对幸福感的影响研究》，该文通过计量分析方法发现民办高校企业编制教师的幸福感显著低于事业编制教师，即使控制住基本养老保险、配偶的机关国有企事业单位身份和在民办高校的工作时间等因素，这一结论仍然成立。[①] 另一篇是浙江师范大学吴潇潇的硕士学位论文《私立高中英语教师身份的批判人种志研究》，该研究指出所研究学校的所有英语教师都认为自己是打工者，包括校长也如此认为。[②] 总的来看，这两篇论文都是对由民办或私立学校教师与公办学校教师之间的身份差异所产生的不良影响进行的实证性研究。国外有关私立高校教师身份的研究也十分少见，在 EBSCO、PROQUEST 等英文数据库中分别以 "Identity + private university/college teacher"、"Status + private university/college teacher" 为主题关键词进行搜索，没有找到一篇专门研究私立高校教师身份的文献。但是从中外文的其他相关文献中，零星地获得了有关民办（私立）高校教师与公办高校教师之间身份差异的一些信息及讨论，如在教师的公务员与非公务

---

① 孙慧敏、王云儿：《民办高校教师身份差异对幸福感的影响研究》，《黑龙江高教研究》2012 年第 5 期。

② 吴潇潇：《私立高中英语教师身份的批判人种志研究》，硕士学位论文，浙江师范大学，2008 年，第 4 页。

员身份的争论之中，有学者提到"世界各国私立学校教师一般居于劳动者地位，属于雇员教师关系。其与公立学校雇员教师主要不同点在于雇用者不同。公立学校雇员教师一般由教育当局雇用（大学除外），而私立学校雇员教师的雇用者是私立学校。私立学校与教师之间须订立劳动契约，且该契约一般经教育监督机关同意。教师的权利与义务大致规定于劳动契约上，其法律关系由民法的一般原则及劳动法调节，而不受公务员法之制约"。[①] 在台湾学者的有关公立与私立高校与教师之间聘任关系的法律属性的讨论中，指出"公办高校与教师之间的聘任关系属于行政契约，而私立高校与教师之间的关系属于私法契约"。另外，在外文文献中，有关私立高校教师研究中，私立高校与公立高校教师之间的薪酬差异、科研资源差异、福利待遇差异、权利救助途径差异等问题也是研究者们喜欢讨论的话题，但是这些研究仅限于对这些问题的分析与解决，很少有人对导致私立与公立高校教师间诸多差异产生的身份差异问题进行深层次的探究。

（四）相关研究现状评述

目前，我国虽然在民办高校教师方面积累了较多的研究成果，使人们可以较为清晰地看到民办高校师资队伍建设以及教师本身所面临的问题，但是在问题解决对策方面却是十分模糊。"国家＋学校＋个人"是研究者们在思考问题解决策略时喜欢采用的分析框架，但是这种分析框架总会给读者带来这样的困惑，即国家政策环境不改变，仅凭学校与个人的力量是无法解决一些关键性问题的，如教师流失问题、教师心理问题等。而这又不能不让我们进一步思考相关的政策与制度有没有可能改变，改变的依据又是什么？同时，有

---

① 徐广宇：《教师身份的类型及其法律保障》，《上海教育科研》1995 年第 1 期。

关民办与公办高校教师身份差距产生的制度原因分析仍比较少，尤其缺乏系统的分析。

总之，人们在探讨民办普通高校师资队伍建设问题时，已经关注到了民办与公办普通高校教师之间的这种身份差距所带来的危害，同时也意识到了这种身份差距的产生大多是由制度方面的不完善所造成，但当前的研究更多地停留在问题描述阶段，对于原因和对策分析相对薄弱；鲜有人对造成民办与公办普通高校教师身份差距的制度因素做深入、系统的分析。

三　核心概念

（一）民办普通高校

目前国内学界对"民办普通高校"的定义存在较多的争议，这些争议主要源自于人们在"民办教育"概念认识和"普通高校"内涵理解方面存在的差异性。

1. 有关"民办教育"概念的认识

民办教育是伴随着我国的改革开放实践逐步发展起来的，是我国经济体制改革在教育领域内的体现。在20世纪80年代，"民办教育"的概念分歧主要体现为人们对"民办"与"私立"两个概念的不同理解上。众所周知，在1952年我国通过"院系调整"将私立学校都转为公办学校之前，我国其实有着非常悠久的民间办学历史，在这一发展历史中，民间办学均被称为"私学"，如封建社会时期，由民间自行举办的学校被称为"私塾"；民国时期的民间力量办学被称为"私立"。因此，在我国民办教育重新出现之后，人们对是该称呼其为"私立教育"，还是"民办教育"一直争论不休。一部分学者沿袭了传统认识，将20世纪80年代出现的民间力量办学统称为私立教育；一部分学者结合我国经济活动中的国营、集体和个体三种成分，相对应地提出国办、民办和私立三种办学类型，进而认为"民办"是指由社会团体或民主党派创办的，而"私立"是由公民个人创办的；同时，也有学者通过将"举办者"与"经营者"分离的方式，将由政府创立并经营的称为公立学校；将政府创立的，但交由社会团体或个人经营的学校，即"国有民营"类的学校称为民办学校；将由非政府举办并经营的学校称为私立学校。不难看出，我国学者主要是以举办者的身份来区分"民办"与"私立"的，只是不同学者在举办者身份的划分标准方面存在差异：持第一种观点者是以举办者是否为政府作为划分标准的；持第二种观点者是以举办者的经济属性为划分标准的；持第三种观点者则是以举办者和经营权双重标准进行划分的。

除了对"民办"与"私立"两个概念的争论之外，我国学者对"民办"与"公办"两个概念的争论也十分激烈，这不仅表现在理论层面上，而且更多地体现在实践层面上。对于如何界定"民办"与"公办"，学者们的视角更加多元：有的学者从经费来源视角出发，认为办学经费自筹或主要经费来源是非财政拨款的教育机构是民办学校；有的学者从举办者的身份视角出发，认为由非政府机构举办的学校是民办学校；有的学者从学校资产所有权视角出发，认为学校资产所有权归国家机构拥有的是公办学校，反之则为民办学校；有的学者从经营权视角出发，认为由政府直接经营的学校是公办学校，而由非政府机构经营的学校是民办学校；有的学者从法律视角出发，认为只要依照法律对"公办"与"民办"的界定进行区分即可；等等。总之，学者们努力从不同的视角出发来解决"民办"与"公办"之间的区分与概念界定问题，但是却没有哪一个视角能够得到大家的一致认可，成为划分"公办"与"民办"的标准。相反，在这种多元视角下的探索与争论过程中，尤其是将这种讨论放在国际视野下时，人们越来越看到"公办"与"民办"或"私立"之间存在着许多的相似之处。因此，有些学者提出了"民办"或"私立"与"公办"的界限正在模糊的观点。

概念并非是恒定的。随着时代的变迁，语境的转换，同一概念可能会有不同的解释，其内涵也可能会被扩展或缩小，这是为什么人们往往在"概念"方面争论不休的一个重要原因。概念的这种特点提示我们必须结合概念所产生的历史背景来理解概念的内涵。"民办教育"一词是在我国特殊的历史背景下所形成的一个特殊的概念，它与我国历史上所出现的"私立教育"和西方国家的"私立教育"的最重要区别就在于它是在以公有制为主体的经济体制下逐步发展起来的，因此，它在很多方面与我国历史上的和西方国家的"私立教育"存在差异：①民办教育缺乏强大的社会资金的支持，而我国历史上的和西方国家的"私立教育"的初始投入资金一般较多，这些资金或来自于个人捐赠，或来自于教会等社会团体，这种差异决定了我国民办教育必然要经历一个资产累积的发展过程；②民办教育从一开始就处于不平等的地位上，而我国历史上的和西方国家的"私立教育"则处于相对公平的环境之中；③与我国历史上的和西方国家的私立学校相比，民办学校的办学自主权不足，如在学校发展定位、招生等方面都受到限制；④民办教育的非营利性属性不突出，这一方面是由于我国法律对"非营利"的界定本身并不完善，另一方面则是由于我国民办教育举办者的经济基础薄弱，主要依靠市场积累资产，因此实际上民办教育本身已经成为市场经济的一部分；等等。这些差异共同构成了我国人们头脑中的"民办教育"图景。从这个角度来讲，笔者认为，"民办"一词并不是对"私立"一词的简单地同义替换，它虽同属于世界私立教育体系，但却代表着新社会经济制度下的一种新民间办学形态。

在区分"民办"与"公办"两个概念时，也要结合我国的具体国情。目前我国仍是以公有制为主的混合型所有制经济，但是市场在资源配置中的作用正日益增强，这是我国民办教育发展的经济制度基础。这种经济制度特征反映到教育领域中，即会导致政府在教育资源，尤其是高等教育资源配置中的作用逐渐降低，市场在教育资源配置中的作用逐渐增强局面的形成。依此可预见，未来"国有民营"、"民办公助"以及混合所有制的学校将大量存在，因此从举办者、经营权、经费来源结构的角度来区分民办学校与公办学校将会变得越来越困难，"公办"学校与"民办"学校的界限将会变得越来越模糊。那研究者们是否还要致力于"公办"与"民办（私立）"的划分呢？这应主要由划分的价值和意义来决定，在一些"公办"学校与"民办（私立）"学校都能公平发展、良性运行的国家里，"公办"与"民办（私立）"之间的划分并不具有太大的意义；但是在"公办"学校与"民办（私立）"学校不能公平发展、良性运行的国家里，这种划分对于其"调整政策、摒除弊端"是有重大意义的。目前我国公办学校与民办学校之间仍没有形成公平发展、良性运行的状态，因此对两者进行区分是十分必要的。然而，从教育的角度来看，"公办教育"与"民办教育"之间并无本质区别，不同的只是两者在相关因素的作用下所面临的发展环境与条件存在显著差异：①在政策方面，公办与民办的待遇是不一致的，民办学校普遍没有享受到与公办学校同等的政策优惠；②民办学校所获得的政府财政资助是十分有限的，目前基本没有超过其总办学经费10%的；③在教师待遇上，民办学校教师待遇明显低于公办学校教师待遇；④在办学自主性方面，民办学校要大于公办学校，但在招生方面仍受限制；等等。

概而言之，本研究认为"民办教育"是一个历史性概念，具有相对性和境遇性特征，指在我国特殊的历史阶段中发展起来的，具有独立特征的一种教育形态；而为了满足本研究的需要，并凸显概念研究的实用价值，主要从"民办教育"与"公办教育"之间的发展条件差异来对两者进行区分。

2. 有关"普通高校"概念的认识

严格来讲，"普通高校"是约定俗成的一个概念，并没有哪个法规或文件明确地对其进行界定，因此，这一概念的内涵与外延在不同的历史与社会背景下往往呈现较大的差异，如在我国80年代，民办教育恢复发展时期，普通高校一般被理解为政府所办的学校；而在当今的台湾地区，普通高校是指实施普通教育，而非实施技职教育的高校。那么在当代我国大陆语境下，"普通高校"一般被理解为是区别于科研机构、成人教育机构、民办的其他高等教育机构的，招收高中毕业生，并实施全日制培养的学历教育机构，一般包括本科院校和高职院校。

但是，当谈及"民办普通高校"时，一个特殊的学校类型——独立学院往往使研究者们对其是否属于"民办"，是否属于"普通高校"体系存在争论。对于其是否属于"民办"的问题，依据"民办学校"与"公办学校"的发展条件差异性来进行分析，显然，那些仍依附于"母体大学"，并与其"母体大学"发展条件"共享"的独立学院不应被视为民办高校；而那些独立于"母体大学"，与其他民办高校"同等境遇"的独立学院应被视为民办高校。对于是否属于"普通高校"，也应以其是否实现独立建制、独立办学为标准进行判断，因为根据《高等教育法》的规定，高等学校必须具有独立的法人资格，因此，不具有独立法人资格的独立学院是不能被称之为高等学校的；而那些具有独立法人资格的独立学院，由于其是招收高中毕业生，并实施全日制培养的学历教育机构，故应列入普通高校行列。

总之，本研究在"民办普通高校"概念阐述方面，摒弃了学者们致力于提出国际化、普遍性的划分标准的做法，将此概念置于我国特殊语境下进行解读，以达到引导读者关注我国民办高等教育发展实际与特殊性，增强民办高等教育研究的实效性与针对性之目的。在本书中，为了叙述方便，将民办、公办普通高校简称为"民办高校"与"公办高校"。

（二）身份

在汉语中，"身份"也作身分，主要指人在社会上的地位、资历等。在英语中，身份一般有"Identity"和"Status"两种表达方式。"Identity"一般有同一性、一致性以及身份、本身之意；"Status"一般有身份、地位、情形和状况之意。在研究领域中，学者对"身份"一词有不同的解释，大致可分为哲学视角下的解释、社会学视角下的解释、法律视角下的解释、心理学视角下的解释、文化学视角下的解释几种。在哲学视角下，马克思将"身份"界定为是个体存在的本体论设定，而本体乃关系。所以身份并不是独立的现象，而是一种关系，它总是在与其"具有反向身份"的人的交往中建构起来的。① 在社会学视角下，身份或地位（status）指的是在某一群体或社会中某一个确定的社会位置（职业）以及这一位置所代表的权利和义务。② 在法律视角下，身份是指公民、法人在社会中或法律上的地位，有一般身份与特定身份、基本身份与支分身份之分。③ 在心理

---

① 何菊玲：《教师是谁？——关于教师身份的本体性追问》，《陕西师范大学学报》（哲学社会科学版）2013 年第 2 期。

② 张斌、常亚慧：《大学教师身份认同的文化逻辑——后殖民理论的视角》，《当代教师教育》2009 年第 1 期。

③ 《中华法学大辞典》编委会编：《中华法学大辞典：简明本》，中国检察出版社 2003 年版，第 629 页。

学视角下，身份被认为是由一系列的自我观点组成，这些自我观点是在特定的群体或角色中，通过自我归类或认同基础上形成的。[①] 在文化学视角下，身份被认为既不是某种客观条件的天然限定，也不是某种主观幻觉支配下的随意构设，它是一种被环境所激发的认识和被认识所促动而表达在一定环境中的互动行为。[②] 当然，在不同的学科领域内，不同流派对于身份的界定也会略有不同，在此不再一一梳理。

本研究的主题是教师身份，实质是对一种职业身份的研究，既涉及该类职业的社会地位问题，又涉及从业人员对该职业的认识问题，因此本研究主要采用社会学和心理学两个视角下的身份概念。换言之，本研究将从民办高校教师的社会地位和自我角色认同两个角度来描述其身份状况及面临的问题。

四　研究方法

本研究虽然探讨的是"身份"问题，但却不是单纯地在哲理上对"身份"概念做辨析，而是对现实中存在的民办与公办普通高校教师身份差距问题的理性辨析。因此，本研究既有理论层面的探讨，也有实践层面的分析，将遵循理性思辨与实践验证相结合的研究思路，综合使用文献法、比较法、问卷调查法与个案分析法等研究方法展开研究。

1. 文献法

文献法就是对于文献进行查阅、分析、整理从而找出事物本质属性的一种研究方法，主要指搜集、鉴别、整理文献，并通过对文

---

① 李振平：《教师身份的伦理思考》，硕士学位论文，河南大学，2009年，第10页。
② 钱超英：《身份概念与身份意识》，《深圳大学学报》（人文社会科学版）2000年第2期。

献的研究形成对所研究问题的科学认识。本研究中，文献法是最基本，也是最重要的研究方法。在对民办普通高校教师身份现状及形成原因进行分析时需要大量的学术文献和政策文献的支持；在实例分析中，也需要收集大量的法律、政策以及相关民办高校内部的政策文献。

2. 比较法

在本研究中，比较法是必不可少的方法。一般来说，比较就是确定对象的共同点与不同点。当然，比较法也并非如此简单，在实际操作过程中，根据不同的标准，比较法可分为不同的类型，如同类比较法与异类比较法；异期纵向比较法与同期横向比较法；影响比较法与平行比较法；宏观比较法与微观比较法；等等。[①] 根据本研究的目标与内容，拟在民办普通高校教师身份研究中，对民办、公办普通高校教师身份做比较分析，探讨两者之间的共同点与不同点；拟采用国际比较法对美国、印度等国家私立普通高校教师身份及其形成原因做比较分析，以为促进我国民办普通高校教师身份变革提供借鉴。

3. 调查法

调查法是指在教育理论指导下，有目的、有计划地对部分研究对象进行访谈、问卷调查，了解其总体现状，进而分析其因果关系，揭示教育规律的一种研究方法。[②] 本研究将采用问卷调查法和访谈法，系统、全面地收集我国民办普通高校教师的相关信息，以准确把握其身份现状以及生存状态。具体来讲，调查问卷将围绕工作环

---

① 顾明远、薛理银：《比较教育导论——教育与国家发展》，人民教育出版社 1999 年版，第 40—48 页。

② 宋旭、游永豪等：《中小学体育教学研究方法》，武汉大学出版社 2016 年版，第 92 页。

境与状态、收入、压力、归属感、职业倦怠、身心健康等多个维度进行设计，以了解民办普通高校教师的工作、生活状态与身份认同状况。访谈对象主要是民办普通高校人事部门领导和部分教师，以了解民办普通高校师资队伍建设过程中所面临的主要阻碍。

4. 案例分析法

案例分析法是选取典型事件或行为进行细致分析的一种研究方法，主要在于通过典型案例佐证论点，使理论与实践对接，使研究发现更丰富，更具有说服力。① 本研究将对某民办普通高校内部制度改革的成功经验进行总结、分析，以佐证本研究所提出论点的科学性与有效性，同时为其他民办普通高校内部制度改革提供参考和借鉴。

---

① 邓旭：《教育政策民意表达研究》，辽宁人民出版社 2015 年版，第 53 页。

第一章　高校教师职业属性与身份分化

当前我国民办、公办高校教师虽然在法律法规的层面上获得了平等的地位，但在现实中却存在着诸多基于身份差异而产生的不平等问题。那么，为什么会出现如此矛盾的现象，是法律法规执行不力造成的，还是由人们思想观念中的偏见所致呢？笔者认为，这与人们对民办高校教师身份属性认识不清有着密切的关系。民办高校教师究竟具有怎样的职业地位，扮演怎样的职业角色，发挥着怎样的作用；民办、公办高校教师在基本职能、工作属性与社会贡献方面有没有本质差别，把这些问题弄清楚，人们对于民办、公办高校教师之间究竟应不应该被差别对待，国家应不应该对民办高校教师的职业发展负起一定责任等问题也就会有更加清晰的认识了。

第一节　高校教师职业发展溯源

追溯高校教师的职业起源会发现，私立①高校教师职业的发展历史与现代意义上的大学发展历史一样漫长。相对于公立高校教师而

---

① 　在本书中，为了与国际用法保持一致，当在世界范围内或阐述其他国家私立高等教育时将使用"私立"一词与"私立"相对应的是"公立"。

言，私立高校教师出现得要更早，因为现代意义上的大学起源于私人或教会办学，而不是政府办学。中世纪意大利的博洛尼亚大学被公认为是最早出现的现代意义上的大学，创建于1088年，是由一些对法律感兴趣的学者仿照手工业行会的组织模式自发联合建立的，1158年政府正式承认了其合法地位。① 而另一所为人们所熟知的典型的中世纪大学——巴黎大学则是由教会于12世纪创办的，1180年法皇路易七世正式授予其大学称号，1261年正式使用巴黎大学一名。② 博洛尼亚大学和巴黎大学不仅是现代大学的起源，而且是两种不同类型大学办学模式的典型代表，即学生主导型大学和教师主导型大学。伴随着这两类大学的发展，私立高校教师也形成了两类不同的职业发展境况与路径。

一 被学生雇用的高校教师

博洛尼亚大学是由学生组建并进行管理的大学，因此，博洛尼亚大学的教师都是由学生雇用，并进行管理的。据史料记载，博洛尼亚大学学生对其教师的管理十分严格，甚至有些苛刻，如根据现在能找到的最早的博洛尼亚大学法规（1317年），我们得知，教师未经许可不得无故缺席，即使只有一天的时间，如果他想离开城镇的话，他必先缴纳保证金以保证他的归来。③ 再如教师上课迟到1分钟或没有按照规定的时间下课，那他就会被处以罚款；如果教师没有在学期规定的日期内讲完教材的要点，也会受到重罚。④ 又如在学

---

① 魏新：《图说世界著名大学》，北京工业大学出版社2015年版，第125页。
② 同上书，第75页。
③ ［美］查尔斯·霍默·哈斯金斯：《大学的兴起》，王建妮译，上海人民出版社2007年版，第8页。
④ ［英］艾伦·B. 科班：《中世纪大学：发展与组织》，周常明、王晓宇译，山东教育出版社2013年版，第74页。

生拥有完全的听课自主权的情况下，大学章程规定，教师的常规讲座必须有至少 5 名学生出席，非常规讲座为 3 名，否则，该节课就被算作旷课，并处以相应罚金。① 类似这样苛刻的管理条款在"学生管理大学"的博洛尼亚大学历史发展阶段中广泛存在着。那么，为什么这些大学教师会甘心接受学生如此严苛的管理呢，最主要的原因在于这些学生掌握着教师的经济命脉——教师的收入完全取决于学生缴纳的学费，如果教师不遵循学生制定的相关规定，就不会收到学费，甚至还会被罚款。显然，在"学生管理大学"的模式下，大学教师没有任何自主权，更谈不上学术自主权，只能按学生的要求行事。这种严苛的管理制度使得博洛尼亚大学教师很难安心于教学工作，为了减小收入风险，他们往往在外面做兼职，如兼任市镇当局的特使。同时，教师的流动性也较大——中世纪历史上，博洛尼亚一直都为教师的离去而伤透脑筋，即使在政府给出高薪（事实上周围城市为了吸引博洛尼亚教授给出的薪水更高）和实施严厉的惩罚之后，仍难以遏制教师离去的脚步。②

13 世纪末，博洛尼亚市镇当局建立了"教师职位薪酬制"，这是博洛尼亚大学管理模式由"学生主导"向"教师主导"转变的重要转折点。一开始实施"教师职位薪酬制"时，仍然由学生挑选老师来讲课，由市镇当局支付薪酬；后来这一制度演变为由市镇当局直接任命教师。随着这种"教师职位薪酬制"的实施，教师经济命脉的掌控权从学生手中转移到市镇当局手中，相应地，有关大学教师的管理权也由学生手里逐步转移到了市镇当局手里。之后，意大

① R. Hastings, *The Universities of Europe in the Middle Ages* (*Vol.* 1), New York: Oxford University Press, 1936, p. 196.

② 刘进、沈红：《大学教师流动与学术职业发展——基于对中世纪大学的考察》，《高校教育管理》2015 年第 3 期。

利政府对大学的干预，尤其是大学教师队伍管理的介入越来越多。1870 年，整个意大利半岛统一，意大利大学的管理体系发生了彻底的变化——为确保国家统一后共同的民族意识和王国的利益，政府强制结束了教会或行会对大学的控制，开始对大学实施统一管理。① 在之后较长的一段时间里，意大利大学的学者都享有公务员的地位，教师薪酬（公立大学和私立大学教师一样）主要由政府进行支付，并直接从政府获得养老金和医疗保险。私立大学可以为其教师提供附加福利，但是公立大学一般不提供附加福利。② 2010 年，意大利进行了大学人事制度改革，教师的公务员身份被彻底取消，实行教师聘任制度。但是，国家在大学教师管理方面并没有完全放权，如各级教师职称都是由国家统一组织考试和评审；聘任正教授的权利仍在中央教育管理部门手中，大学只有聘任非教授教师的自主权力。③ 在意大利，由于学术职业受公法约束，因此公立和私立大学的学者拥有相同的职业生涯发展路径，并面对相同的聘任制度。④

概而言之，从学生的雇员到政府的公务员，再到"国家统一管理与市场配置相结合"，意大利私立大学教师的职业发展历程与身份蜕变是在国家强力干预下，私立与公立大学教师构建同等职业身份，获得同等职业发展境况与路径的典型代表。

---

① 沈永社、吴培群：《意大利大学的自主性与政府统一管理》，《世界教育信息》2014 年第 15 期。

② ［美］菲利普·阿特巴赫：《高校教师的薪酬：基于收入与合同的全球比较》，徐卉等译，上海交通大学出版社 2014 年版，第 178 页。

③ 吴培群、沈永社：《意大利大学教师聘任制即对我国的启示》，《国家教育行政学院学报》2014 年第 10 期。

④ ［美］菲利普·阿特巴赫：《高校教师的薪酬：基于收入与合同的全球比较》，徐卉等译，上海交通大学出版社 2014 年版，第 178 页。

二 作为"教师行会"会员的高校教师

巴黎大学虽然是以巴黎圣母院教会学校为基础建立的,但却是以教师行会的组织形式逐步发展起来,并最终获得了自治的权利——"在 1252 年,大学最终从英诺森特四世手中获得了拥有独立印章的权利"。① 因此,相对于博洛尼亚大学,巴黎大学是由教师主导的大学,教师掌握着学校的实际管理权。同时,在与教会、世俗力量相抗争的过程中,巴黎大学教师获得了很多的特权——这一抗争过程虽然充满了暴力与血腥,但也是巴黎大学在法国教会、世俗力量相互博弈之间获得各种特权的黄金时期。在 13—14 世纪期间,巴黎大学教师先后获得的特权有居住权、罢课权、独立司法权、各种免税特权、免于服战争兵役的权力、免除夜间巡逻等劳役的特权、制定大学规章制度的权力、教师许可授予权等。这些特权有效地保护了巴黎大学师生的权益,同时也为巴黎大学的自治奠定了重要的基础。虽然到了 15 世纪,一些特权被陆续收回,如居住权、罢课权、免税权、独立司法权等,但是与学校管理和学术活动密切相关的自主权还是被保留了下来,这保障了巴黎大学仍具有一定的独立性。

其中被保留下来的最宝贵的权利是教师许可授予权。巴黎大学教师许可授予权最初是掌握在教会手中的——教会控制大学的关键在于副主教代表主教行使教学证书的授予权或控制权,没有教学证书,教师从事教学就是非法的。② 但是由于教皇并没有通过法规的形式对教师候选人的能力做出具体的规定,因此主教座堂执事在教师

---

① Gabriel Compayre, *Abelard and Origin and Early History of Universities*, New York: Charles Scribner's Sons, 1907, p. 117.

② [英]艾伦·B. 科班:《中世纪大学:发展与组织》,周常明、王晓宇译,山东教育出版社 2013 年版,第 92 页。

许可审查的过程中主观随意性较大，虽然教皇明令禁止执事出售许可证的行为，但仍有很多人通过缴费或贿赂获得许可证，这导致真正有才能的人可能会被拒之门外，而没有真才实学的人却进入了大学教师队伍。巴黎大学教师对这样的教师许可授权制度非常不满，采取了诸如由前任教师批准、制定教师社团规章、就职礼以及直接上诉等措施与主教座堂执事争夺教师执教资格授予权。最终，巴黎大学通过构建学位制度①，成功地将教师执教资格授予权掌握在自己的手里，虽然在教师执教资格授予过程中仍有执事的参与，但此时的执事更多的是一种官方认可的象征，不再具有实质性的特权。而此时的教师执教资格授予权，实际上就是教师行会会员资格授予权——只有通过教师团的纳新仪式（即获得博士学位），许可证持有者才能顺理成章地获得完整的教师身份。② 换言之，一位学者单纯获得执教许可证（仍是由执事颁发）还不能算作真正的教师，只有获得了教师行会的会员资格才能获得教师身份，进而从事教学工作。显然，这种教师执教资格授予权是巴黎大学办学自主权的一种重要体现，为其实行自主的教师管理提供了最直接的支持。

但好景不长，随着法国教派战争的爆发和法国社会大变革的到来，法国大学的自治"盛世"在拿破仑的铁骑之下失去了昔日的"辉煌"。③ 在中央集权教育管理体制下，巴黎大学一度被解散，后又被重新组建、拆分成若干所大学，大学的独立性与自主权遭到严重破坏。但所幸的是，法国大学教师团体凭借其强大的"维护自主

---

① 这里的学位制度不同于现代大学学位制度，而仅仅是中世纪大学对教师申请人资格的认可和身份的授予。

② 黄梦婉：《中世纪晚期巴黎大学的执教资格授予制度研究》，硕士学位论文，华东师范大学，2015 年，第 44 页。

③ 茹宁：《中国大学百年：模式转换与文化冲突》，知识产权出版社 2012 年版，第 134 页。

权"的意识和斗争基因，仍然在这种中央集权的压力下为大学自主权寻找到了生存空间。如教授在讲座这一基层学术组织中拥有广泛的自主权，无论是系主任还是院长都无权向其下命令或指示；大学在很大程度上是一个"空架子"，各个学部之间相互独立，负责各自的教学、学位授予、教师遴选和任命等，这些权力仍掌握在教授手里，而且教授还掌握着财政权。[①] 即使在教育管理体制的高层，教授也具有较大的影响力，影响着国家教育政策的走向。

总之，虽然巴黎大学与博洛尼亚大学一样，以私立大学为开端，最终被纳入公立大学体系，但是其教师职业发展境况与路径却完全不同：博洛尼亚大学教师依靠政府的介入获得了管理的自主权，其对政府的依附程度可想而知；而巴黎大学教师是依靠行会的组织身份，在与教会和世俗力量不断斗争的情况下获得了诸多自主权，这使其即使在中央集权教育管理体制下不得不放弃一些自主权，但仍在实践操作层面保留了必要的自主权。巴黎大学教师的这些自主权为现代大学制度和学术自治制度的建立奠定了重要的基础。

三 实行"行业自治"的高校教师

众所周知，美国高等教育亦是起源于私立大学，而且在资本主义经济制度的作用下，美国私立大学形成了不同于欧洲"学者行会"的发展模式，商业力量更多地介入到私立大学的管理之中，甚至一度成为私立大学的主要掌控者，这从美国私立大学的董事会制度发展历程中即可看出。在强大的商业财团控制学校的历史时期里，美国私立大学教师的"雇员"身份比较突出，而且职业安全无法得到

---

① 茹宁：《中国大学百年：模式转换与文化冲突》，知识产权出版社2012年版，第135页。

保障，私立大学随意开除教师的情况比比皆是，这引发了美国私立大学教师的强烈不满和对学术自由的迫切追求。

在抵制代表商业财团利益的学校管理层对教师学术自由权益的侵害和对其职业安全的威胁方面，美国私立大学教师更多借助的是学科协会的力量。如 1900 年，美国斯坦福大学发生了著名的罗斯事件——罗斯是斯坦福大学的经济学教授，因其发表的有关社会问题的言论引起了斯坦福大学的唯一董事利兰·斯坦福夫人的不满而被校长解雇，这一举动导致多名教授愤而辞职，同时也引发了全国性抵制斯坦福大学的运动。[①] 在这一事件中，罗斯就是请求其所在的美国经济学协会出面调查并予以协调解决的，虽然当时由于美国经济学协会所成立的特别调查委员会缺乏处理学术自由事件的经验，同时又遭到斯坦福大学校长的抵制，并没有达到预期的目标，也没有令罗斯恢复教职，但美国经济学协会却开创了调查解聘教师事件的先河，为美国大学教授协会（AAUP）的成立奠定了基础。[②]

随着对组建教师集体，并依靠教师集体的力量保障学术自由和职业安全的重要性与必要性认识的加深，大学教师们越来越不满足于仅仅依靠于各自独立、分散的学科协会组织，而是希望建立一个专门处理学术自由事件，保障大学教师职业安全的全国性组织，这种意愿最终导致了 AAUP 的成立。回顾、梳理 AAUP 在美国高等教育发展中的作用，不得不说，如果没有这样一个全国性教师联盟组织的存在，美国私立大学，事实上也包括公立大学教师的学术自由和职业安全是很难被保障的。

---

① 舸昕：《从哈佛到斯坦福：美国著名大学今昔纵横谈》，东方出版社 1999 年版，第 407—409 页。

② 李子江：《学术自由在美国的变迁与发展》，北京师范大学出版社 2008 年版，第 58 页。

而对于美国大学教师而言，AAUP 的意义并不仅仅在于多了一个协助其解决学术自由争端的全国性组织，更重要的是其通过对美国学术专业生活的几个关键性问题——学术自由的本质、权利基础、内在本质；学术机构的基本功能，捍卫学术自由的政策建议等——进行反思与回答，推动了大学教师发展成为独立而成熟的学术职业。[①] 而且除了在促进学术职业安全保障制度化之外，AAUP 还向经济领域内的行业组织学习，致力于加强学术职业的自律，建立相应的学术标准与规范，将不合格的人员驱逐，最终构建了美国大学教师"行业自治"的职业发展模式。当然，在"行业自治"模式形成过程中，除了 AAUP 之外，各分学科协会的作用也是不可忽视的。在这样的背景与环境下，美国私立大学教师更忠诚于给予他们帮助的系和协会，而不是广义上的大学也就不足为奇了。[②]

总体来讲，这种"行业自治"模式是对欧洲"学者行会"模式的继承与改革，在维护私立大学教师学术自由与学术职业安全方面起到了至关重要的作用。当然，在地位与身份方面，"行业自治"模式虽然提升了大学教师的专业性与职业性，但却无法使教师成为大学真正的"主人"，这与"学者行会"模式下，大学即教师，教师即大学，教师拥有大学实际管理权的状况形成鲜明对比。在"行业自治"模式下，大学与教师中间隔着一个以董事会和校长为代表的管理层，大学与教师之间主要是一种雇用关系，截止到目前美国私立大学教师拥有的也只是参与学校管理的权力。因此，不能不说，"行业自治"主要保障的是私立大学教师的学术职业发展自主权，但却无法改变其与大学之间的雇用关系。这或许与美国所奉行的"契

---

① 杨移贻：《学术是大学的逻辑起点》，中国经济出版社 2015 年版，第 194 页。
② 和震：《美国大学自治制度的形成与发展》，北京师范大学出版集团 2008 年版，第 193 页。

约精神"密切相关，目前，即使是美国公立高校教师也是受雇于政府的公务雇员①的身份。

第二节　高校教师的职业属性

依据《现代劳动关系辞典》（2000 年版），职业是指相对固定地要求劳动者具备一定的专业知识与劳动能力，并能使劳动者在社会中依此而获得生活来源的工作或劳动活动。显然，教师也是职业的一种。而从高校教师职业发展历程中可以看到，教师职业既具有作为职业的一般属性，即专业性、经济性；同时也具有区别于其他职业的特殊属性，即学术性和公益性，这使得高校教师获得了特殊的社会地位。

一　专业性

从职业的定义中我们看到，任何职业都需要以专业知识与技能做基础，高校教师亦不例外。但是高校教师的专业性并不是一开始就具有的，中世纪时期的高校教师将自己称为"精神的手工劳动者"，但是却没有言明，这样的"精神的手工劳动者"需要具有怎样的知识和技能；而在教会对高校教师实行执教资格证制度时，教皇也没有对执教资格证书候选人的资质做出规定，这导致了主教座堂执事贪污、腐败行为的产生。这种高校教师无职业标准的情况随着

---

① 在美国，公立高校教师与一般公务员都被称为公务雇员——与政府之间是一种雇用关系。

中世纪大学学位制度的建立而有所改观，中世纪大学的学位制度实际上就是教师行会的会员标准制度，获得博士学位的学生可以获得教师行会会员资格，进而拥有完整的大学教师身份。在这一制度下，大学教师候选人通常要在导师的指导下学习几年文法、修辞、逻辑等方面的课程，然后参加考试，考试通过即获得学士学位，成为导师的教学助手，同时学习大学的相应课程，完成课程学习后，可以参加获得执教证书的考试，考试通过者被称为硕士，而获得执教证书的学生在完成大学的纳新仪式之后便可成为博士，正式成为大学教师。显然，这种学位制度对大学教师候选人的资质提出了一定的要求，大学教师不再是"谁想当就可以当"的，这对于提升大学教师队伍的整体素质起到了非常关键的作用，同时也为提升大学教师职业的专业性奠定了重要的基础。

高校教师职业的专业性是在现代高等教育发展过程中逐步被明确的。时至今日，对于高校教师职业的专业性问题虽然仍存在不少争论，但是作为一种学术职业的高校教师必须具备专门的知识与技能却已得到普遍的认同。1966 年，联合国教科文组织和国际劳工组织提出的《关于教师地位的建议》，首次以官方文件形式对教师专业化做出说明，指出"教师工作应被视为一种专业，它是一种要求教师经过严格训练和持续不断地学习研究，才能获得并保持专业知识和技能的公共业务；它还要求对其管理下的学生的教育具有个人的和公共的责任感"。[①] 至于高校教师该具备哪些专门的知识与技能则一直处于争论之中，但随着高校教师职业发展专门化水平的不断提升，关于这一问题的答案也正日趋清晰。首先，教师资格证制度的建立，明确了高校教师入职前应具备的知识和技能。如美国"全国

---

① 陆明玉、孙霞：《现代教育学》，北京邮电大学出版社 2014 年版，第 216 页。

师范教育专业标准审定委员会"在 20 世纪 50 年代末就提出了教师资格的三方面要求："一，要具备宽厚的文理知识基础；二，要精通至少一门学科专业知识；三，要有坚实的教育专业知识和严格的教育实习"。① 其次，体系化的高校教师职后培训，明确了一名合格和优秀教师应具备的知识和技能。获得了教师资格证并不意味着就是一名合格或者优秀的教师，教师必须在职后通过实践和系统的培训，才能真正获得教师职业所需要的专业知识与技能。在这种认识基础上，各国高校越来越重视教师的职后培训，目前可以说一种较为系统的高校教师职后培训体系已经建立起来了，如高校教师发展中心的广泛建立。而从高校教师发展中心的机构目标和培训内容可以看到，作为一名合格的高校教师必须不断了解新的教学理念，学习新的教学方法与技术，掌握与学生进行有效沟通的技巧，不断地提升自身的科研能力，等等。如美国西雅图大学教师发展中心的发展目标即是，"通过专业的、跨学科的方式从教学能力、科研实践和职业发展三个方面提高全体教职人员的素养"。② 总之，随着高校教师职业发展体系的不断完善，其专业性也越来越清晰。

二　经济性

职业的经济属性是指人们通过职业活动可以获取维持或提高生活水平的资金或物质。大学教师职业的这种经济性从中世纪时期就已经凸显出来了，如博洛尼亚大学教师为什么会忍受学生苛刻的管理制度，主要原因就在于其收入是由学生缴纳的学费构成的。事实

---

① 杨晓新：《德国与美国教师资格证书制度研究》，硕士学位论文，首都师范大学，2001 年，第 12 页。

② 崔亚楠：《美国西雅图大学教师发展中心的建设及启示》，《纺织服装教育》2017 年第 2 期。

上，大部分的中世纪知识分子之所以会甘愿从事教师工作——从古代到近代，除个别受人尊敬的长者、智者、思想家之外，教师的社会地位并不高，中世纪时期主要是低层次的教士在各个地区的学校中给平民子女教授简单的读写算和传播基督教义①——与其无法像木匠、泥瓦匠等手工业者一样，运用手艺维持生计有着密切的关系。如当陷入不幸的阿贝拉尔（Petrus Abaelardus）发觉自己没有能力种地，也羞于行乞时，他重新操起教授的行业："我回到了我熟识的专业；因为我缺乏用手工劳作的能力，只剩下一条出路，那就是运用我的三寸不烂之舌"。②

　　就这样，在经济性的驱动下，一群以传递知识、培育理性精神为己任的职业团体慢慢形成，他们称自己为"精神的手工劳动者"——"艺术是完美的理性技能，因此知识分子是一个手工劳动者"。③由此，教师们也形成了"出售知识就像手工工匠出售自己的产品一样"的思想，这为其收取学费提供了合理性依据。教师行会就是在这样一个职业团体基础上形成的。而教师行会的形成更加深了教师职业的经济属性，因为一名学者获得了教师行会会员资格即意味着他可以"开张授业"，换言之，他可以依靠教师这个职业谋生了，这成为众多知识分子加入教师行会的最主要动力。这种职业的经济属性决定了民办（私立）大学必然具有牟利的一面，如在中世纪时期，虽然世俗政府、教会都会给予私立大学以一定程度的经济援助，但中世纪大学仍要向学生收取昂贵的学费。随着个人资产的不断积累与增加，大学教师的社会地位也发生了变化，如中世纪时

---

① 谢延龙：《西方教师教育思想从苏格拉底到杜威》，福建教育出版社 2015 年版，第 113 页。

② ［法］雅克·勒戈夫：《中世纪的知识分子》，张弘译，商务印刷馆 1996 年版，第 56 页。

③ 同上。

期大学教师的住房变得豪华富丽，他们之中最富有的，像阿库尔修，其住宅有塔楼，这理论上只有贵族才能享受。①

这种经济收入与社会地位之间的正相关关系在现代私立大学教师职业发展中也有显著的体现。从世界范围来看，美国、韩国、日本等国家的私立大学教师之所以会获得比较高的社会地位，与其高水平的经济收入密切相关，如在美国，公办一流研究型大学正教授的收入处于社会工资收入最高的2%的位置，副教授和助理教授位于6%和8%；私立一流大学的三类职位的工资分别位于1%、3%和5%。②

三 学 术 性

学术性是高校教师职业的本质属性，也是高校教师职业区别于其他类型职业的一种特殊属性。尽管中世纪大学以教学工作为主，对教师的学术研究并没有太多的要求，但若追溯世界高等教育发展史，我们可以看到，从中世纪大学的兴起，到近代欧洲大学的繁盛，再到美国大学的崛起，无不得益于高校教师对"高深学问"的探究。如前文提到的中世纪大学教师代表阿贝拉尔，不仅是位逻辑学家、辩证神学家，还是一位演说家和文体学家；阿贝拉尔曾说过："在教学中我从来习惯于依靠我的思想力量，而不是依靠传统"。③ 近代德国大学引领地位的确立和现代美国大学的崛起更是依赖于高校教师学术水平的不断提升。时至今日，高校教师职业已被普遍认为是一种学术职业——"学术职业是指供职于大学，专门从事某专业领域的学术活动，拥有特定文化的教授、副教授、讲师、助手等大学教

---

① ［法］雅克·勒戈夫：《中世纪的知识分子》，张弘译，商务印刷馆1996年版，第56页。

② 牛凤蕊、张紫薇：《美国世界一流大学教师薪酬的制度模式、特征及其协同机制》，《中国高教研究》2017年第6期。

③ 高雪飞：《中世纪大学教师研究》，硕士学位论文，河北大学，2014年，第16页。

师的总称"，① 其学术性十分明确和凸显。当然，高校教师职业的学术性之所以是其本质属性，并不在于这一属性对于其职业发展及高等教育的发展发挥了多么重要的作用，而是由其职业发展内在规律所决定的。

首先，高校教师以传授"高深知识"为基本职责。高等教育处于教育的最后阶段，因此相对于基础和中等教育而言，高等教育主要为学生提供的是更高深的知识，这种"高深知识"主要包括"与学生未来职业密切相关的专业知识"和"旨在促进学生理性与精神成长的博雅知识"两类。显然，高校教师要想完成传授"高深知识"的基本职责，就必须站在知识山峰的高处，甚至顶峰，这样才能具有引领学生攀登知识高峰的资格。因此，探究"高深学问"是高校教师职业发展的一种内在要求。正如卡尔·雅思贝尔斯（Karl Theodor Jaspers）所言："尤其重要的是，教学要以研究成果为内容。因此，研究与教学并重是大学的首要原则。按照我们的大学理想，最好的研究者才是最优良的教师"。②

其次，科学研究是培养高层次人才的必要方式。科研本身也是一种育人方式，这一点充分体现在德国大学提出的"科研与教学相结合原则"之中——在这一原则指导下，柏林大学的教学采取了新的方式，课程主要分为讲授课和讨论课两种，前者主要是由教师向学生报告自己最新的学术研究成果，后者则是在教师的指导下，学生（主要是高年级）直接从事某个课题的研究③；也体现在现代大

---

① ［日］有本章：《大学学术职业与教师发展（FD）——美日两国透视》，丁妍译，复旦大学出版社 2012 年版，第 1 页。

② ［德］卡尔·雅思贝尔斯：《什么是教育》，邹进译，上海三联书店 1991 年版，第 152 页。

③ 张帆：《德国高等学校的兴衰与等级形成》，北京师范大学出版集团 2012 年版，第 12 页。

学广泛存在的师生共同开展的学术活动之中。随着知识经济与社会发展对创新型高层次人才需求的不断增强，科研所具有的育人价值受到了更为广泛的关注，不仅研究生，本科生也被要求尽可能广泛地参与到科学研究中来。如 1994 年，美国国家科学委员会发表的报告《大学研究与教育的重点》，讨论了本科生的教育问题，支持对本科生科研的制度化。①

第三，高校师生关系的本质是"学术共同体"。师生关系是决定高校教师角色的重要因素——当师生之间是一种不平等的"授"与"受"的关系时，教师主要扮演的是权威者和知识传递者的角色；当师生之间是一种平等的交流关系时，教师主要扮演的是倾听者与引导者的角色；而当师生之间是一种合作或者联合关系时，教师则主要扮演的是志同道合的同伴者的角色。目前，人们对于高校师生之间究竟是哪一种关系仍在争论之中，但若从大学本质上是一种学术机构，是一种学者集体的角度来看，高校师生之间更应该是一种合作与联合的关系，构建的是一种师生学术共同体。正如美国卡内基教学促进基金会主席博耶（Ernest Leroy Boyer）所言："为了确保学术之火不断燃烧，学术就必须持续不断地交流，不仅要在学者的同辈之间进行交流，而且要与教室里的未来学者进行交流"。② 在这样的师生关系中，学术活动是师生交往的基本媒介与桥梁，师生只有在共同的学术探索过程中，通过灵魂的交流、精神交往以及充满批判性和创造性的复杂思维活动，才能不断地认识自己、提升自己、超越自己。③

---

① 张利荣：《大学研究性学习理念及其实现策略研究》，博士学位论文，华中科技大学，2012 年，第 101 页。

② ［美］欧内斯特·L. 博耶：《关于美国教育改革的演讲》，教育科学出版社 2002 年版，第 88 页。

③ 袁广林：《大学学术共同体：特征与价值》，《高教探索》2011 年第 1 期。

四　公益性

教师职业的公益性是其区别于其他类型职业的另一个重要属性。教师从事人才培养、学术研究等工作，不同于普通职业的劳动性质，具有超现实、超物质、超功利、超经济的性质，正是教师劳动的这些性质，才创造出了超越教师个人利益的社会公共利益。[①] 高校教师职业的公益性是由教师职业本身具有的公益性所决定的，同时也是高等教育公益性的重要体现。高等教育的公益性与产业性历来是人们争论的焦点，从当前各国的高等教育实践与未来发展趋势来看，高等教育的公益属性已经得到了人们的普遍认可，这从各国政府对高等教育（包括公立高等教育和私立高等教育）的投入日益增多即可见一斑。如美国联邦政府不仅给予公办和非营利性私立高校学生提供奖助贷学金，而且也为营利性高校学生提供奖助贷学金——2008—2009 学年，营利性大学招收学生数量占总高校入学人数的12%，但所申请到的佩尔助学金却占了总体的 24%，申请的联邦学生贷款占了总体的 26%[②]——显然，这为营利性大学的发展提供了重要的资金支持。

实际上，公益性是高等教育与生俱来的一种属性，虽然长期以来被其所具有的经济功能所遮蔽——长期以来，人们之所以认为高等教育具有产业性，一是因为高等教育能为个人带来巨大的经济收益；二是高等教育不属于义务教育范畴，其学费水平大多数情况下是由市场决定的，这些都使得其"产业属性"更为突出。但是，高

---

① 邢永富、吕秋芳：《高等学校教师职业道德修养》，首都师范大学出版社 2007 年版，第 30 页。

② David J. Deming, Claudia Goldin, and Lawrence F. Katz, "The For-Profit Postsecondary School Sector: Nimble Critters or Agile Predators?", *Journal of Economic Perspectives*, 2012, pp. 139 - 164.

等教育的本质、培养目标、课程内容都从不同侧面表征着其扮演的公共事业性角色。① 首先，就高等教育本质而言是一种培养人的活动，这就使之与其他教育活动一样拥有了公共事业特征，不管其是否以营利为目的，其对人的成长，乃至对整个社会进步的贡献都是不能被抹杀的。其次，高等教育以培养适应经济社会发展需求的高层次人才为主要目标，以传承、创新人类智慧成果为己任，这不仅仅对接受高等教育的个体的成长与发展有价值，对整个国家、社会甚至人类进步都有着重要意义。而且，高等教育服务的是任何对高等教育有需求的人，而不是某一个特定群体或利益集团，从这个角度讲，高等教育更应被看作是一种公共产品或准公共产品，而不是私人产品。第三，高等教育的课程内容都是接受国家监管的，服务于国家利益、遵从的也是国家或民族共同的文化价值取向，由此，高等教育在塑造统一的社会文化和价值观方面发挥着重要的作用，这对于国家发展而言至关重要。近代欧洲大学之所以繁荣的一个重要原因就在于大学被认为是促进统一的民族文化与民族精神形成的重要力量。如柏林大学就是在德国面临"内忧外患"的历史背景下建立的，普鲁士国王之所以大力支持柏林大学的建设，也是要"用脑力来补偿在物质方面所遭受的损失"。②

总之，公益性是高等教育的一种内在属性，无论是由政府举办的高等教育，还是由私人或社会其他力量举办的高等教育，都无法消除这一属性。目前，摆在各国政府面前的共同问题是如何让高等教育的公益性更加彰显，以让个人和国家能从高等教育的发展中获得更多的实惠，而不是在公益性与产业性之间做选择或摇摆不定。

---

① 宋承祥：《高等教育内涵发展分析与研究》，教育科学出版社 2009 年版，第49—50 页。

② 贺国庆：《德国和美国大学发达史》，人民教育出版社 1998 年版，第48 页。

第三节　高校教师的身份分化

从高校教师的职业发展历程与职业属性来看，公、私立高校教师应属于同一职业类型，具有相同的职业属性，换言之，他们都从事的是高校教师职业。然而在现实中，高校教师群体却被很明显地区分为公立高校教师和私立高校教师两大阵营。这是由什么原因造成的呢，这种分化是一种必然么，这种分化对于高等教育发展而言是利大于弊，还是弊大于利呢？这些问题都是值得深入探究的，而对于这些问题的回答显然也有助于人们正确的认识私立高校教师的身份。

一　导致分化的主要原因

世界高等教育起源于私立高校的创办，因此，私立高校教师也是先于公立高校教师出现的。这就意味着，两者的分化是随着公立高校的产生而产生的，并随着公立、私立两条高等教育发展路径日益清晰而愈加凸显。

（一）公立高校顺势而生，教师身份开始分化

现代意义上的公立高校是近代欧洲"新大学运动"的产物。"新大学运动"发生在近代工业革命时期，最早在英国兴起，旨在革除长期以来由教会掌控的古典大学的种种弊端，为工业发展培养"实用型"人才——古典大学未能与社会发展同步，无视资产阶级革命给社会带来的巨大变化和近代科学的发展，没有通过科技创新、培养实用人才等对工业发展产生直接影响，表现出极大的保守性和滞

后性。① 因此，"新大学运动"反映的是资本主义经济与社会发展对高等教育的新要求。在"新大学运动"过程中，各国抵制、冲击古典大学的主要措施就是创办新大学，这种新大学既有由资本家投资举办的私立大学，也有由政府举办的公立大学。柏林大学即是在德国"新大学运动"过程中被创建的公立大学的代表——尽管普鲁士王国处在极端贫困之中，但国王还是应洪堡（Humboldt，Alexander）（洪堡当时是普鲁士内务部教育厅厅长）的要求拨款 15 万塔勒，作为新大学的经费，并选址在华丽的王子宫殿。② 之后，各国公立高校体系主要通过以下两种途径得到了进一步的发展：一种途径是将私立大学改造为公立大学，如意大利的博洛尼亚大学和法国的巴黎大学；另一种则是直接由政府创办，如美国的州立大学。通过对公立高校产生与发展历程的简单梳理不难发现，近代西方国家政府之所以热衷于创办公立高校，与资产阶级的产生与发展、资本主义经济制度的形成与确立有着密切的关系，换言之，公立高校是顺应世界经济社会发展需求的一种产物，而且在客观上，公立高校所倡导和践行的新教育理念也促进了世界高等教育的发展。因此，在公立高校产生与发展初期，公立高校教师与私立古典高校教师之间的差异主要不是体现在身份方面，而是思想和理念方面。

（二）高等教育大众化进一步促进了教师身份分化

随着公立高校的不断发展，私立高校的发展空间被不断压缩，一些国家将大多数的私立高校都改造成公立高校，如意大利、法国等；一些国家则使得公立高校成为高等教育体系的主体，如英国、中国等。但从总体上来说，私立高校仍广泛地存在着，不仅是那些

---

① 郑俊涛、王琪：《走进世界名校英国》，上海交通大学出版社 2013 年版，第 23 页。
② 贺国庆：《德国和美国大学发达史》，人民教育出版社 1998 年版，第 48 页。

在"新大学运动"中及之后创建的私立高校仍在促进经济社会发展方面发挥着重要作用，而且那些老牌古典私立高校也通过不断的内部改革逐步增强了对经济社会发展的适应能力。如 19 世纪中期，牛津、剑桥大学在新大学的冲击下，开始进行改革，1848 年历史、法学以及自然科学被正式列入剑桥的考试课程，并在 1849 年增设了自然科学的荣誉学位考试。[①]

随着高等教育大众化时代的到来，私立高校的价值更加凸显出来，其在高等教育体系中的地位也逐步恢复，并稳固下来。"二战"后，随着各国经济的复苏与发展，人们对高等教育的需求也不断增长，这使得各国先后进入了高等教育规模扩张时期，美国学者马丁·特罗（Martin Trow）针对这一现象，并结合对人类将进入"学习化社会"的预测提出了高等教育大众化理论。的确，在经济、政治以及民权运动等综合因素的作用下，"二战"后，世界高等教育开启了大众化的进程，虽然各国的高等教育大众化进程快慢不一，但高等教育大众化已经成为各国教育的一个基本发展目标。在高等教育大众化进程中，政府由于财力有限，在支持公立高校运转和规模扩展方面显得越来越吃力，因此一种依靠社会力量实现高等教育大众化的思想和政策取向越来越得到认可。在这样的背景下，私立高校的作用和价值再次受到重视，政府对于私立高校的支持力度不断加大，如 1965 年，美国国会通过的《高等教育法》，在美国历史上第一次规定联邦政府要向公私立高等学校提供长期资助。[②]

---

① 侯翠环：《英国新大学运动及其历史意义》，硕士学位论文，河北大学，2005 年，第 21 页。

② 张旺：《美国私立高等教育发展的制度环境研究》，知识产权出版社 2009 年版，第 51 页。

就这样，公立、私立两个高等教育发展体系日益清晰，并形成并行发展之势，这使得高校教师也越来越清晰的划分为公立、私立高校教师两大群体。这种高校教师身份分化在各国的表现不同，主要有自然差异型、政策差异型两种形态。

二　身份分化对高等教育发展的影响

从世界范围的高等教育实践来看，公立、私立高校教师身份分化的不同表现对于高等教育发展产生的影响是不同的。在"自然差异型"情况下，公立与私立高校教师身份间不存在实质性的差别，尤其是在高校教师权利义务方面，在社会保障和相关福利方面也不存在显著差别。两者间的差别主要体现在由各高校间（无论是私立还是公立的）公平竞争所形成的自然差距，如薪酬水平的高低、科研资源和社会捐赠的多寡等。以美国为例。以达特茅斯学院案为分水岭，美国高等教育被明确区分为私立高等教育和公立高等教育两类，相应地高校教师也被划分为就职于公立高校和就职于私立高校的两大群体。达特茅斯学院案虽然使得私立高校的地位和合法性得到了法律保护，但同时也引发了政府对私立高校的警惕，并因此减少了分配给私立高校的补助金。达特茅斯学院案之后的一段时间可能是美国历史上政府对私立院校进行慷慨资助的最低点。[①] 而且各州政府在公立高校和私立高校管理方面也存在较大差异——主要表现为州政府对公立高校的控制程度更强些。但随着联邦政府的介入、私立高校行业自律性的增强、公立高校逐步"市场化运作"以及社会力量支持力度的加强，美国公立与私立高校在内外部管理制度，

---

① 张旺：《美国私立高等教育发展的制度环境研究》，知识产权出版社 2009 年版，第 36 页。

经费体系，与政府、市场之间的关系等方面日益趋同。在这种背景下，美国公立、私立高校教师虽然在法律上仍有雇员和公务雇员的身份区别，但在相应的权利与义务、社会保障和福利、职业发展机会等方面都是趋同的。美国高等教育实践让我们看到，在公立、私立高校教师身份处于自然分化状况下时，公立与私立高校间可以形成良好的教师流动机制，无论是私立高校还是公立高校都可以通过公平竞争机制构建优良的师资队伍，这为两类高校创建了一个公平、公正的发展环境，为具有深厚历史传统的私立大学的崛起创造了条件。更为重要的是，在公立、私立高校公平发展环境中，社会资金更多地涌入高等教育领域，这些资金不仅进入了私立高校，还进入了公立高校——美国州政府资助逐步下降所导致的一个明显的后果是，几所一流的公立大学在财政和管理方面越来越像私立大学。[①] 这大大缓解了美国高等教育公共教育财政缩减给其高等教育发展带来的危机。

所谓"政策差异型"是指主要由差别化甚至歧视性政策、不完善的政策体系导致公立、私立高校教师身份间的差异，在不同的政策环境下，两者间的身份差异有大有小。我国是这种"政策差异型"的典型代表，而且在我国的政策环境下，民办、公办高校教师间的身份差异较大。我国民办高等教育重建于20世纪70、80年代，而那时我国正处于公有制经济制度占据主导地位的发展阶段，这一方面决定了民办高等教育在发展的初级阶段不可能获得丰富的社会资金支持；另一方面也决定了在公办高校占据主导地位的形势下，民办高校的发展空间相对狭窄。所以，我国民办高校大多起家于职业

---

① ［美］詹姆斯·杜德斯达、弗瑞斯·沃马克：《美国公立大学的未来》，刘济良译，北京大学出版社2006年版，第106页。

培训和自考辅导也就不足为奇了。而这种较低的起点也使其在国家政策层面被置于"拾遗补缺"的位置——时任国家主席的李先念同志曾对当时刚刚出现的民间办学现象大加赞许，并首次使用"拾遗补缺"一词对民间办学给予认可和定位。[①] 这种定位在当时确实起到了积极的促进作用，但同时也成为民办高等教育后期发展的一种羁绊。时至今日，我国民办高等教育虽然已经有了很大的发展，成为高等教育的重要组成部分，但仍与公办高等教育有着显著的差距。与民办高等教育的这种发展历程相对应，民办与公办高校教师身份间也形成了较大的差距——虽然我国《民办教育促进法》规定"民办学校与公办学校具有同等的法律地位……民办学校教职工在业务培训、职务聘任、教龄和工龄计算、表彰奖励、社会活动等方面依法享有与公办学校教职工同等权利"；但在现实中两者却在权利与责任、人事管理制度、社会保障与福利、职业发展资源等多个方面存在显著差距。而我国相关政策法规的缺失与落实不到位则是导致这些差距产生并长期存在的直接原因。显然，在我国这种由政策导致民办、公办高校教师出现较大身份差异的情况下，民办高校的发展十分受限制，其中最为关键的限制是难以吸引优秀人才到民办高校就职，这使其难以摆脱"低端、低质量"的恶性发展循环。而在公办高校"一方独大"的情况下，社会资金进入高等教育领域的积极性不高，政府的高等教育财政负担偏重——从 1999 年高校扩招以来，高校的生均教育经费、生均预算内财政性经费、生均公用经费等主要的观察指标数据持续下降[②]——这已成为制约我国高等教育发展的一个重要因素。

---

① 赵军：《民办高等教育制度变迁中的政府行为研究》，中国海洋大学出版社 2014 年版，第 47 页。

② 马永霞：《高校筹资多元化研究》，北京理工大学出版社 2013 年版，第 3 页。

总之，从世界范围来看，公立高校和私立高校都已经是不可缺少的高等教育体系构成部分；公立、私立高校教师间的身份分化也成为一种客观现象，但是不同的分化类型对高等教育发展的影响是不一样。

三 从"分化"走向"统一"是必然趋势

从前文的分析可以看到，"自然差异型"显然比"政策差异型"更有利于私立高等教育的发展和整体高等教育的发展。实际上，之所以会有这样不同的影响，最根本原因在于："一视同仁"地对待公立、私立高校教师是符合高等教育发展基本规律的，相反，则是违背高等教育发展基本规律的。

首先，无论私立还是公立高校教师都具有同样的职业属性。从前文对高校教师职业属性的分析中可以看到，私立高校教师虽受雇于私人或社会团体举办的高校，但其在基本职责、工作要求、工作内容以及所具有的外延性社会功能方面，与公立高校教师并无区别。虽然，公立高校作为公共事业机构，往往被认为可以更好地履行促进公共利益的职责，但现实却告诉我们，在政府财政能力有限的情况下，公立高校的公益属性发挥也是有限的。在美国高等教育大众化发展过程中，不仅公立高校、非营利性私立高校发挥了重要的作用，而且营利性大学也成为联邦政府的"好帮手"。据统计，2007年进入营利性大学的学生中，年龄超过 25 岁的有 50% 以上，同时期这个比例在公立大学和非营利性私立大学中大约为 25%—30%；女性学生大概占 65%，同时期这个比例在公立大学和非营利性私立大学中大约为 56%—58%；少数民族学生大概占 40%，同时期这个比例在公立大学和非营利性私立大学中分别为 31% 和 25%；低收入家庭的学生大概占 54%，同时期这个比例在公立大学和非营利性私立大学中分别为 21% 和 17%。[①] 可见，若对两类高校教师群体区别对待，会造成"同工不同酬"、"权利与责任不对等"等不公平状况，进而引起其中处于弱势或被歧视地位教师群体的不满和对自身责任的放弃。

其次，政府和市场都是促进高等教育发展不可或缺的力量。高等教育具有"公益性"和"产业性"双重属性，就意味着高等教育的发展不能完全交给政府，也不能完全交给市场，否则就会导致其中一种属性被弱化甚至遮蔽。这一点在我国和美国体现得都较为明显。在我国长期以来的"政府办大学"思路下，公办高校的市场适应能力偏弱，培养的高层次人才也难以满足经济社会发展需求，这是我国不断深化公办高校管理体制改革的根本动因所在。而在美国公立高校"私营化"的过程中，随着公立高校"私营化"程度的不断加深，人们对于公立高校是否还能很好地履行促进公共利益的职责产生了怀疑，而这种怀疑并不是没有根据的。在 1994 年，38% 的家庭收入超过 20 万元的学生被公立大学录取，而 1980 年只有 31%；实际上，有几个州被录取到公立大学上学的学生家庭平均收入现在已经高于私立大学学生家庭的平均收入。[②] 可见，政府与市场都是促进高等教育发展的必不可少的力量，任何一方的缺失或弱化都不利于高等教育完整属性与功能的实现，而且政府与市场之间并非是"此消彼长"的关系，两者应根据各自的角色与功能，合理定位，形成促进高等教育发展的合力。公立、私立高校同时得到高质量的发展正是促进这种合力形成的有效方式。

---

① John Aubrey Douglass, *The Rise of the For-Profit Sector in US Higher Education and the Brazilian Effect*, European Journal of Education, 2012, pp. 242 – 259.

② ［美］詹姆斯·杜德斯达、弗瑞斯·沃马克：《美国公立大学的未来》，刘济良译，北京大学出版社 2006 年版，第 103 页。

第三，高等教育需要一个公平、公正的发展环境。高等教育大众化和普及化发展进程给人们带来的不仅仅是更多的受高等教育的机会，同时也给人们带来多元化的高等教育资源。事实上，这种多元化的高等教育资源是满足人们不同发展需求的关键。因此，我们不能把高校固定于一个层次，也不能将其固定为一种类型。正如潘懋元先生在阐述高等教育大众化质量观时提出的，不能"以精英教育的质量观对待大众化高等教育的质量，以精英教育单一的质量标准评估大众化高等教育多样化的质量水平"。① 而要想促进不同层次、类型高校的共同发展，形成"百花齐放"之势，就必然需要营造一个公平、公正的发展环境，以使无论是哪种层次、哪种类型的高校都有机会成为"一流"高校，培养出高质量的人才。任何歧视性或支持倾向性明显的政策都会威胁到高等教育多元化发展的局面。显然，对于这种公平、公正发展环境的建设而言，给予就职于不同类型高校教师以同等的身份，使其获得同等的地位至关重要。

第四，"学术自治"要求高校教师具有相对独立的身份。"学术自治"是高等教育发展的基本规律，从中世纪开始到今天，高校一直在为获得更为充分的"学术自治"权而进行不懈的努力。而从高等教育发展历程来看，高校教师身份是影响高校"学术自治"权的一个重要因素。无论是中世纪时期高校教师普遍具有的牧师或教士身份，还是近现代阶段高校教师的雇员、公务员、公务雇员身份，都使其不可避免地成为某一利益集团的代表，进而无法获得更为全面、系统的"学术自治"权力。如号称政治自由的美国其早期学院多由各教派创办，基本上没有学术自由可言，也从未提出对学术自

---

① 范跃进、王玲等：《潘懋元先生思考民办高等教育问题的八个基本逻辑》，《山东高等教育》2015 年第 4 期。

由的要求，宗教正统观念就是当然的准则。① 再如，有着更为严格的政治限制的各国公立高校也无法使其教师摆脱这种政治限制而获得更多的学术自由和学术自治权。总之，高校教师职业的经济属性决定了若其收入主要来自于某一利益集团的话，那么他们就无可避免地要放弃掉一部分"学术自治权"，成为这一利益集团的"代言人"。而解决这一问题的一个较为有效地方式就是让高校成为不受任何单一利益集团控制的，拥有独立财产权的法人，进而使其教师获得相对独立的身份，无须依附于任何利益集团。目前世界各国高校及其教师的独立性问题都没有得到很好地解决，但美国实行"行业自治"的私立高校在这方面进行的有益尝试及其高等教育因此而释放出的发展动力与活力，使我们有理由相信，让"高校及其教师拥有独立身份"是世界高等教育的未来发展趋势。

　　总之，无论从高校教师职业属性、高等教育的双重属性来讲，还是从实现高等教育公平发展以及学术自治的需求来看，公立、私立高校教师身份从"分化"走向"统一"都是一种必然要求。

---

① 　贺国庆：《德国和美国大学发达史》，人民教育出版社 1998 年版，第 153 页。

第二章 我国民办高校教师
身份现状及成因

在中断了近 30 年的时间之后，我国民办高等教育于 20 世纪 80 年代又重新走上了历史舞台，并快速发展起来，至今已成为我国高等教育的重要组成部分。截至 2017 年，我国已有民办普通高校 746 所（含独立学院 265 所），约占全国普通高校的 28.4%；在校学生 628.46 万人，约占全国普通高校在校生的 22.8%。[①] 但由于特殊的政治与经济发展背景，我国民办高校形成了较为独特的组织属性，这决定了民办高校教师的身份也具有一定的独特性。从现实发展中来看，我国民办高校教师身份的这种独特性并不利于民办高等教育的可持续发展。

第一节 民办高校师资队伍建设历程

从历史的角度来看，在民办高校的不同发展阶段中，其师资队伍具有不同的特征。在初创时期（1978—1998 年），民办高校师资

---

① 教育部：《2017 年全国教育事业发展统计公报》（http://www.moe.gov.cn/jyb_sjzl/sjzl_fztjgb/201807/t20180719_343508.html）。

队伍主要以"兼职教师"为主,"专职教师"队伍建设缓慢;在规模扩张时期(1999—2010 年),民办高校师资队伍的"专职教师"比例大增,相应的"兼职教师"比例缩小;进入内涵建设时期(2010 年至今)之后,"专职教师"成为其师资队伍建设的主体。民办高校教师的身份问题正是随着其"专职教师"队伍的不断壮大而日益凸显出来的。

一 初创期以"兼职教师"为主

梳理民办高等教育发展史不难看到,民办高校一开始创办时几乎没有专职教师,有也是极少,这是其初创期的主要特征之一。那么,我国民办高校为什么会形成依靠"兼职队伍"打天下的局面呢,这与当时的人事制度、民办高校资金短缺、公办高校教师相对"空闲"等因素密切相关。

首先,在公办高校毕业生"统一分配"的人事制度和公办高校毕业生不能去非公有制单位就业的政策制约下,民办高校很难聘请到公办高校毕业生来学校从事专职教师工作,这决定了民办高校师资队伍建设必须从聘用"兼职教师"起步。我国的大学生"统一分配"制度是我国全面学习苏联的一种产物,虽然在 1978 年恢复高考之后进行了一定程度的改革,开始由严格的指派性"统一分配"制度向"在国家计划指导下,由本人选报志愿,学校推荐,用人单位择优录用"(1985 年 5 月 27 日《中共中央关于教育体制改革的决定》中提出)的制度转变,但直至新世纪到来,这一持续半个世纪,影响了几代人的制度才落下了帷幕。[①] 民办高校虽产生于公办大学毕

---

① 李朝军:《大学毕业生统一分配制度研究(1950—1965 年)——以上海为中心的历史考察》,硕士学位论文,复旦大学,2007 年,第 7 页。

业生"统一分配"制度改革时期，但也因公有制单位与非公有制单位之间地位的不对等而与这些大学毕业生"失之交臂"。因此，在民办高校创办初期，"无教师"是其面临的最主要困境之一。民办高校只能通过聘请"兼职教师"来支撑整个教育教学活动。

其次，民办高校创办初期的资金短缺问题严重，制约着其专职教师队伍建设投入能力。在民办高校创办初期，我国的非公有制经济还不是很发达，社会资金比较短缺，这为民办高校的创办和发展制造了不小的难题。据北京城市学院创始人陈宝瑜校长回忆，为了解决北京海淀走读大学（北京城市学院前身）的经费问题，学校创造性地提出了向用人单位收"补偿培养费"的制度和招收"自费生"的制度，这在一定程度上缓解了学校办学经费短缺的问题，但即使是这样也只能维持学校的日常运营，缺乏开展进一步建设的能力。这导致海大在 1988 年开始的国家治理整顿过程中，因无自有校舍、办学条件差、专职教师少被列为重点整顿对象，并于 1991 年给了黄牌警告，招生名额减少一半多。[①] 由此可见，在创建初期我国民办高校根本无力建设一支自己的专职教师队伍，而且从另一个角度讲，聘请"兼职教师"可以大大缩减其办学成本，也不失为一种好的生存策略。

第三，公办高校为民办高校提供了大量的"兼职教师"资源。20 世纪 80 年代到 90 年代期间，我国处于精英化高等教育阶段，在校生数量较少，大学教师的教学任务普遍不重，而且当时对大学教师的科学研究要求没有现在这么高，所以在这一期间，我国公办高校教师有条件，也有精力在校外兼职。另外一个促使公办高校教师

---

① 贾永生：《陈宝瑜的民办教育情缘——中国民办高教精英访录》，作家出版社 2008 年版，第 55 页。

愿意外出兼职的重要因素是收入因素。据国家统计局资料表明：1991 年教育系统平均工资为 2707 元，低于全民所有制企业职工平均工资，在国民经济 12 个部门中居第 10 位。1991—1992 年间，教师工资待遇的绝对数每年均有一定程度的提高，1990、1991、1992 年教师平均工资分别为 2509、2707 和 3364 元。1991 年比 1990 年增加7.89%，1992 年比 1991 年增加 24.27%。[①] 但是，与物价增长水平相抵消之后，教师收入仍偏低。这种收入状况激发了公办高校教师外出兼职的意愿，而民办高校正是其最好的选择。

总之，我国民办高等教育是在 80 年代的计划经济背景下恢复重建的。在这样的特殊背景下，无论从制度政策角度，还是从办学资源角度来看，民办高校教师队伍建设只能选择从"兼职教师"起步，并在较长一段时间里保持以"兼职教师"为主的状态。但需要指出的是，民办高校初创时期的"兼职教师"大多数是来自于公办高校的年富力强的中青年骨干教师，他们有效地满足了民办高校的办学需求。与当前民办高校主要由公办高校退休教师、在读研究生、企业人员构成的"兼职教师"队伍有很大差别。

二 扩张期"专职教师"规模显著增长

随着 1999 年我国高校扩招政策的实施，民办高校也进入了规模扩张阶段：一方面民办高校数量快速增长；另一方面民办高校招生规模成倍增长。如据 2003—2010 年的"全国教育事业发展统计公报"数据显示，在此期间民办高校数量由 173 所（其中本科院校 27 所，专科 223 所）增长到 676 所（含独立学院 323 所）；在校生规模

---

① 张应强：《关于高校教师流失和师资队伍建设的思考》，《电力高等教育》1995 年第 3 期。

由 81 万人增长为 476.68 万人。面对成倍增长的生源，民办高校不得不加快建设步伐，在校舍、软硬件办学条件、师资队伍等方面加大投入力度。其中，师资队伍建设的主要着力点就是加强"专职教师"队伍的建设。事实上，随着民办高校学历教育规模的不断扩展，我国民办高等教育相关法律法规也对其专职教师队伍建设提出了更高的要求。

1993 年颁布的《民办高等学校设置暂行规定》中对民办高校的师资队伍建设的要求并不高，只要求"配备政治素质较高、业务能力与专业设置、在校学生人数相适应的稳定的教师队伍。各门公共必修课程、专业基础和专业必修课程，至少应有讲师或讲师以上职称的教师 1 人。每个专业至少应有 2 名具有副教授职称以上的教学骨干。……还应配备有副教授以上职称的专职学科、专业负责人"。但在 2002 年的《中华人民共和国民办教育促进法》中就明确规定"民办学校的设置标准参照同级同类公办学校的设置标准执行"。而我国 1986 年的《普通高等学校设置暂行条例》中就已经明确："大学及学院的兼任教师人数，应当不超过本校（院）专任教师人数的四分之一；高等专科学校的兼任教师人数，应当不超过本校专任教师的三分之一；高等职业学校的兼任教师人数，应当不超过本校专任教师的二分之一"。教育部 2004 年印发的《普通高等学校基本办学条件指标（试行）》中进一步明确了高校教师队伍规模的计算办法，即"教师总数 = 专任教师数 + 聘请校外教师数 × 0.5"，同时要求校外兼职教师原则上不能超过专任教师总数的四分之一。因此从政策法规角度来讲，民办高校要想成为一所合格的学校就必须加强专职教师队伍建设，降低兼职教师比例。除了政策法规方面的要求，"大学毕业生自主择业制度"的广泛推行、民办高校办学积累的增多和融资环境的改善、民办高校自己培养的毕业生不断增多——很多民办高校通过将自己培养的优秀毕业生留校的方式扩展专职教师队伍等，这些因素也从客观上为民办高校"专职教师"队伍建设提供了支持，促进了其快速发展。

遗憾的是，《中国教育统计年鉴》未对民办高校这一阶段的专职教师队伍建设情况进行详细的记录与统计。《中国教育统计年鉴》虽然从 2002 年开始增加了对民办的其他高等教育机构的统计数据，但并未对其机构类型进行详细的划分，因此我们无法准确把握民办普通高校的发展情况；直到 2010 年《中国教育统计年鉴》里才开始有民办普通高校专任教师的数据。这对我们从整体上把握这一阶段民办普通高校专职教师队伍的发展趋势与速度造成了很大的困难。但庆幸的是，在一些研究文献中有零星的关于民办普通高校这一阶段的专职教师队伍的数据呈现出来，可以帮助我们窥之一二。如，截至 2000 年，北京海淀走读大学的专职教师已经从创办初期的 13 人发展到今天的 170 名。[①] 截至 2006 年，北京科技职业学院已经建成一支专兼职结合、近千余人的教师队伍，其中专职教师 285 人，兼职教师 620 人。[②] 2007 年，江西省全省 10 所民办高校按折合在校生数计算，生师比已达 13.67∶1；专任教师中硕士以上人员比例为18.12%；副高以上技术职称人员占专任教师比为 29.50%；聘请校外教师占专任教师数的 28.30%。[③] 由这些数据可见，在规模扩展阶段我国民办高校的师资队伍结构发生了很大的变化，虽然民办高校间各有差异——有的调整得快，有的调整的慢，但总体的趋势是专

---

① 冉楠：《从海大的发展看民办高校师资队伍的建设》，《海淀走读大学学报》2000年第 3 期。

② 李仲明：《北京科技职业学院师资队伍建设探索民办高校师资队伍建设之途径》，载中国民办教育家协会《中国民办教育家优秀论文集》，2006 年。

③ 吴江岚：《加强民办高校师资队伍建设的三点建议》，《职业论坛》2008 年第 12期（上）。

职教师比例不断攀升，兼职教师比例不断下降。

当然，在这一段时期内，民办高校师资队伍建设的环境虽有所改善，但仍面临着不小的阻力。其中最大的阻力还是来自于公办高校，一方面在"专职教师"队伍建设过程中，公办高校是最大的竞争对手，同时又占据绝对优势地位，这使得民办高校根本无力与之同台竞争，很难招聘到优秀的高层次人才；另一方面在"兼职教师"队伍建设中也随着公办高校对教师管理的日益严格而出现资源大幅缩减的状况。在这样的条件下，民办高校师资队伍发展呈现出以下特征：① "三少"，即年富力强、经验丰富的中间力量少、专业带头人少、高职称高学历的教师少；② "两极化"，即退休返聘的老教师多，刚刚走出大学校门的年轻教师多。[①] 显然，这样的师资队伍流动性强、创新性弱，缺乏可持续发展的能力。

三　内涵建设期"专职教师"身份问题突显

在扩招政策作用下，我国高等教育招生人数连续几年都处于高比例增长状态，直到 2006 年才有所减缓，增长比例逐步降到 5% 以下，具体见表 2 - 1。而民办普通高校规模增长的转折点出现的相对晚些：2010 年在校生增长比例降到了 6.8%，之后也持续下降，2015 年增长比例降到了 4%，具体见表 2 - 2。随着学生规模的逐步稳定，高等教育发展也逐步从"规模扩张"阶段迈向了"内涵建设"阶段。提升教育教学质量成为高等教育改革的"重中之重"——2010 年颁布的《国家中长期教育改革与发展规划纲要 (2010—2020)》中明确指出，"提高质量是高等教育发展的核心任

[①] 罗道全：《对民办高校师资队伍建设思路创新的思考》，《西安欧亚学院学报》2008 年第 1 期。

务，是建设高等教育强国的基本要求"。随着我国高等教育发展的整体转型，民办高校也进入了内涵建设阶段。

表 2 - 1　　全国普通高校招生数及增长比例（1999—2015）

年份	高校招生数（万人）	增长比例（%）
1999	275.45	24.31
2000	376.76	36.78
2001	464.21	23.21
2002	542.82	16.93
2003	382.17	19.24
2004	447.34	17.05
2005	504.46	12.77
2006	546.05	8.2
2007	565.92	3.6
2008	607.66	7.3
2009	639.49	5.24
2010	661.76	3.48
2011	681.5	2.98
2012	688.83	1.08
2013	699.83	1.6
2014	721.4	3.08
2015	737.85	2.3

表 2 - 2　　民办普通高校在校生数及增长比例（2003—2015）

年份	在校生（万人）	增长比例（%）
2003	81	—
2004	—	—
2005	105.17	
2006	133.79	27.21
2007	163.07	21.89
2008	401.3	146.09
2009	446.14	11.17
2010	476.68	6.8

续表

年份	在校生（万人）	增长比例（%）
2011	505.07	5.9
2012	533.18	5.57
2013	557.52	4.57
2014	587.15	5.3
2015	610.9	4.0

显然，提升办学质量的关键就是要提升师资队伍的整体水平。因此，师资队伍的建设问题受到了民办高校管理者的高度重视。如何稳定教师队伍、吸引优秀的高层次人才到学校任教、如何促进专职教师的整体素质水平提升等问题也成为民办高校管理者和研究者们争论的焦点。特别是在教育部实施的第三轮、第四轮本科教学质量评估的推动下，民办普通高校，尤其是民办本科院校更紧锣密鼓地加快专职教师队伍建设。《教育部关于普通高等学校本科教学工作水平评估方案（试行）》中明确规定在师资队伍建设数量与结构方面的合格标准为：①生师比达到 18：1（医学院校为 16：1，体育、艺术院校为 11：1）；②具有研究生学位教师占专任教师总数比达到30%；③具有高级职务教师占专任教师总数比达到 30%；④聘请校外教师数量不超过专任教师的 1/4。由以上指标可以看到，对于民办普通高校师资队伍建设而言，在"内涵建设"阶段除了要继续扩展专职教师队伍规模之外，更主要的任务就是"调结构"，即努力增加高层次专职教师的比例。由于在规模扩张时期，民办高校聘任了大量的公办高校退休教授来补充专职教师队伍，所以其高职称专职教师比例一直不低，而且若继续使用这一策略，其高职称教师比例也是最容易增长的。因此更确切地说，目前对于民办高校而言，高学历专任教师和自己培养的高职称骨干专任教师的比例提升问题是更为紧迫的事情。

实际上，除了需要"调结构"之外，民办高校专职教师队伍建设还面临着很多问题，如教师队伍不稳定，教师流失率偏高；教师在职称评审、课题申报等方面难以获得与公办高校教师同等的对待；学校为教师职业发展提供的助力少；教师的职业认同水平偏低等，这些问题的存在都严重制约着其专职教师队伍的建设水平与建设速度。深入分析造成这些问题产生的原因发现，民办高校教师与公办高校教师在身份方面的差距或者说"不对等"是最主要的致因。正如一些学者指出的"由于历史体制原因和长期以来各项社会事务对公办高校的依赖惯性，导致民校教师受到各种歧视和不公平、不公正待遇。很多单位对民校教师区别对待。公办院校的教师有很多提干、提升机会，各项改卷如会计资格考试、自考、高考等100%是抽调公办院校的教师参与；各种社会组织、学会等组成人员也很难寻觅到民校教师的身影。民校的专职教师既受歧视又无保障，遇到好的机会，自然要走。"① 因此，无论是政府，还是民办高校管理者要想建设一支高素质的民办高校专职教师队伍，必须首先致力于消除民办与公办高校教师之间的这种"身份"差距。

第二节　民办高校教师的身份现状

目前，从法律法规的角度来看，民办高校教师与公办高校教师具有同等的"教师"身份，然而从组织视角、管理视角以及自我认同的视角来看，民办高校教师的身份却又明显区别于公办高校教师，具有除"教师"之外的其他身份特征。因此，民办高校教师的身份

---

① 张海青：《加强师资队伍建设提升教育教学质量——对河南民办高校师资队伍建设的思考》，《黄河科技大学学报》2008 年第 2 期。

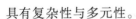

具有复杂性与多元性。

一　法律法规视角下的"教师"身份

我国的《教师法》（1993 年颁布）规定："教师是履行教育教学职责的专业人员，承担教书育人、培养社会主义事业建设者和接班人、提高民族素质的使命。……我国实行教师资格制度。中国公民凡遵守宪法和法律，热爱教育事业，具有良好的思想品德，具备本法规定的学历或者经国家教师资格考试合格，有教育教学能力，经认定合格的，可以取得教师资格。"因此，无论是公办高校还是民办高校，其聘用的教师只要取得了教师资格，就都具有了法律意义上的"教师"身份，具有同等的法律地位。这一点在 2003 年颁布的《中华人民共和国民办教育促进法》（后文简称《民促法》）中被进一步明确。而为了进一步落实民办学校教师的"教师身份"，促进民办与公办高校教师平等地位的实现，在 2003 年《民促法》之后，还陆续出台了一系列的政策法规文件，如 2004 年的《中华人民共和国民办教育促进法实施条例》、2007 年的《民办高等学校办学管理若干规定》、2009 年的《国务院办公厅关于加强民办高校规范管理 引导民办高等教育健康发展的通知》、2012 年的《教育部关于鼓励和引导民办资金进入教育领域 促进民办教育健康发展的实施意见》等。在这些政策法规中，"建立健全民办学校教师人事代理制度"；"民办学校教师在资格认定、职称评审、进修培训、课题申请、评优评先、国际交流等方面与公办学校教师享受同等待遇"；"民办学校依法保障教师工资、福利待遇、按照有关规定为教师办理社会保险和住房公积金，鼓励为教师办理补充保险"；"保障教师在民办学校和公办学校之间合理流动"；"可以连续计算工龄和教龄"等语句是高频语句。可见，我国政府在政策法规层面一直致力于促进民办与公办学校教师平等地位的实现。虽然在现实中，存在着大量的政策落实不到位的情况，但这些政策法规在确立民办学校教师的"教师"身份方面却起到了积极的作用。总之，从法律法规层面上讲，那些获得教师资格，并在民办学校从事具体的教育教学工作的人员与在公办学校从事具体的教育教学工作的人员均具有"教师"身份，具有平等的法律地位，享有同等权力，履行同等义务。因此，对于民办高校教师而言，"教师"是法律赋予其的首要身份。

二 组织视角下的"雇员"身份

目前，我国民办学校的组织属性呈现多元化状态，有的登记为民办非企业单位，有的登记为民办事业单位或民办自收自支的事业单位，有的登记为企业。就民办普通高校而言，大多数学校是登记为民办非企业单位的，个别省份在促进民办教育快速发展的综合改革中，将不要求取得合理回报的非营利性民办普通高校登记为民办事业单位。但无论是民办非企业单位，还是民办事业单位，对于民办高校教师而言，都难逃"雇员"身份。

1998 年 10 月国务院颁布的《民办非企业单位登记管理暂行条例》第一次使用了"民办非企业单位"这个概念，主要指"企业事业单位、社会团体和其他社会力量以及公民个人利用非国有资产举办的，从事非营利性社会服务活动的社会组织"。这样的社会组织一般包括民办的大学、医院、科学研究所、体育俱乐部、福利院、职业培训学校、法律援助中心和艺术表演团体等。[1] 总体来讲，作为一种民间组织的民办非企业单位具有民办性、公益性和独立性等特征，其中"独立性"是指其具有独立的财权和人事权。因此，民办非企

---

[1] 徐双敏：《公共管理学》，北京大学出版社 2014 年版，第 81 页。

业单位主要依据劳动法与其工作人员签订"聘用合同"或"劳动合同",这一点与企业的做法是一致的。从这层意义上来讲,登记为民办非企业单位的民办普通高校所聘用的教师实质上是一种"雇员"身份,其与学校之间是一种"被雇用"与"雇用"的劳动关系,与公办高校教师相比,这种雇用关系存在着相当大的"不稳定性"。

"民办事业单位"是在"民办非企业单位"出现之前,我国普遍使用的词语。后在 1996 年 8 月中共中央办公厅、国务院办公厅下发的《关于加强社会团体和民办非企业单位管理工作的通知》和1998 年颁布的《民办非企业单位登记管理暂行条例》的影响下,我国的"民办事业单位"全部改称为"民办非企业单位"。之所以出现这样的用词变化,与当时人们对"事业单位"的理解与认识有着密切的关系——人们普遍认为只有国家对其核定事业编制,又为其划拨事业经费的单位,才是事业单位;而且事业单位与其设立主体之间有着明确的行政隶属关系,即设立主体对事业单位的人、财、物的管理有直接的制约权力。[①] 显然,在这种认识下,不仅用"民办事业单位"难以指称那些无须政府财政拨款、也不与相应的行政部门存在隶属关系的由社会力量举办的社会组织;而且"民办"与"事业单位"两个概念之间本身就存在着矛盾,由此"民办非企业单位"一词应运而生。

时至今日,随着事业单位改制以及自收自支事业单位的出现,似乎"民办非企业单位"重新改称为"民办事业单位"或"民办自收自支事业单位"的契机开始出现。事实上,个别省份已经开始尝试将非营利的不要求合理回报的民办学校登记为民办事业单位或民

---

① 顾功耘、罗培新:《经济法前沿问题(2013)》,北京大学出版社 2014 年版,第23 页。

办自收自支事业单位。但是我们应该看到，这种"回归"并没有从根本上改变民办学校的组织属性或特点，它们仍属于不由财政拨付事业经费，与相应的行政部门不存在明确的行政隶属关系的，有着独立的财权、事权与人权的，由民间力量举办的社会组织。换言之，导致这种名称"回归"的原因并不在于民办学校本身组织属性发生了改变，而在于事业单位改制中产生了与民办非企业单位组织属性近似的"自收自支事业单位"。我们必须认识到，在我国高等教育"去行政化"的改革大趋势下，在公办高校的人事编制呈逐步缩紧，并向"人事代理制度"转变的情况下，民办普通高校想通过改称为"民办事业单位"以获得"传统意义上的"人事编制的希望越来越渺茫。所以，长远来看，对于民办高校教师而言，即使是学校登记为民办事业单位（民办自收自支事业单位），其与学校之间仍是一种雇员与雇主的关系，建立起的是较为松散的雇用关系。

三　管理视角下的"体制外"身份

1998 年颁布的《民办非企业单位登记管理暂行条例》中，确立了民办非企业单位实施业务主管单位和登记管理机关双重负责的管理体制。2001 年民政部、教育部联合印发的《教育类民办非企业单位登记办法》中进一步明确了这种双重负责制，并在教育行政部门和民政部门间做了更详细的分工："国务院教育行政部门负责社会力量办学工作的统筹规划。综合协调，宏观管理。县级以上各级教育行政部门根据省、自治区、直辖市人民政府规定的职责，负责有关社会力量办学工作。各级人民政府民政部门是教育类民办非企业单位的登记管理机关。县级以上民政部门负责同级教育行政部门审批设立的教育类民办非企业单位的登记工作。"显然，在这种双重负责制下，教育行政部门对民办学校具有重要的管理之责，应平等对待民办学校与公办学校，将其纳入整体教育发展之中，进行统筹规划。

然而，在具体的管理实践中，教育行政部门出现了明显的"偏公"倾向，对民办学校教师也实行差别化对待。在这种背景下，民办高校教师的"体制外"身份格外凸显——民办高校教师一般不拥有事业编制，而公办高校教师拥有事业编制，这使得民办高校教师具有了"体制外"的身份，与公办高校教师的"体制内"身份相对应。从法律上讲，无论是"体制外"的民办学校教师，还是"体制内"的公办学校教师都具有同等的法律地位，享有同等的权利，履行同等的义务。如果法律被真正落实到位，那么这种"体制内"与"体制外"的身份差异并不具有太大的意义，人们对这种"体制外"身份也不会有很明显的感觉。然而在我国一直以来实行的以"身份"为基础的管理模式下，民办高校教师的这种"体制外"身份十分惹人注目。

以身份为基础的管理模式的主要特征是：并不将高校教师视为一种职业实行"行业管理"，而是根据高校教师的"所有制身份"的不同设定政策覆盖范围。这就在客观上造成了民办高校教师与公办高校教师管理"双轨制"的形成。并在"偏公"的政策取向下，使得民办高校教师虽具有教师资格，却享受不到与公办高校教师同等的工资待遇、福利保障、职称评定、进修培训、评奖评优等权利。总之，以身份为基础的管理模式造成了民办与公办高校教师之间的身份鸿沟，催生了一系列不利于民办高校教师发展的歧视性政策和做法。这在现实中更进一步加深了民办高校教师对自己"体制外"身份的感知与不满。

四 自我认同视角下的"矛盾"身份

教师作为一个"身份"标记，包含了制度性的权利（rights）和心理性的认同（identity），其中权利表示法律上的地位，而身份认同则是对权利的一种心理感受，是在法律地位之外的另一种社会感知。[①] 教师身份的自我认同是指教师主体对教师概念和意象的认同，是主观的理解，内部的生成。[②] 具体而言，就是指教师个体在职业生活中，对教师职业内涵、价值、行为模式等方面形成的认知、感悟和体认。教师的身份自我认同作为一种内部生成的认识，往往成为左右其职业发展的最主要力量。

我国《教师法》第三条也明确规定，"教师是履行教育教学职责的专业人员，承担教书育人、培养社会主义建设者和接班人、提高民族素养的使命。"可见，教师不仅要"教书"，更重要的还要"育人"。而作为大学教师，除了"教书育人"之外，还有守望正义、促进社会进步之责任，换言之，大学教师应有"知识人"的身份，即"大学教师除了在教育上兢兢业业之外，对社会、国家、人类还应怀有强烈的责任感和使命感，深切地关怀公共事务和利益并超越个人私利之上，能够依循人类的基本价值包括诸如公正、理性、自由、民主等原则进行独立思考、敢于批判和反思丑恶现象，并推动人类基本价值得以实现的社会'公共知识分子'身份"[③]。

目前，一些研究者已经对民办学校教师的身份认同展开过调查，调查结论较为一致的显示：民办学校教师普遍只重"知识传授"，忽视"育人"，教师仅把自己当成"知识的搬运工"，在教书育人过程中经常会陷入"无意义感"之中。[④] 可以想见，在这样的心理状态

---

① 曲正伟：《教师的"身份"与"身份认同"》，《教育发展研究》2007 年第 7 期。

② 夏建平：《认同与国际合作》，世界知识出版社 2006 年版，第 43—47 页。

③ 牛海彬：《大学教师"知识人"身份重构的路径分析》，《东北师范大学学报》（哲学社会科学版）2015 年第 4 期。

④ 根据张丽萍的《独立学院教师职业认同存在的问题及原因探究》，《教育与教学研究》2013 年第 5 期、白文昊、孙艳霞的《民办高校教师身份认同困境及破解之策》，《浙江树人大学学报》2016 年第 3 期、穆妮娜、杜志强的《社会保障视域下民办高校教师职业认同研究》，《教师教育学报》2016 年第 6 期等研究成果总结提炼。

下，民办高校教师是很难全身心地投入到育人工作中，更难形成"公共知识分子"的自我认同。

第三节　民办高校教师身份成因

综上所述，民办高校教师除具有法律上的"教师"身份之外，还具有"雇员"、"体制外"等多重身份，而后两种身份决定了民办高校教师的社会地位并不高，尤其与公办高校教师相比，存在着较为"悬殊"的地位差。同时，从自我身份认同的角度来看，民办高校教师的"教师"角色也并不健全，普遍存在着忽视"育人"职责，对学校的归属感与认同感偏低，不关注作为"社会知识分子"所应承担的责任等问题。那么，是什么导致我国民办高校教师形成如此的身份现状呢？综观我国民办高校的发展历程，不难发现其教师身份的形成是我国政治、经济、文化、高等教育发展模式、民办高校自身发展水平等多种因素共同作用的结果。

一　"补充性"地位决定了民办高校教师"社会地位"偏低

我国在 1949 年后的第一个五年计划期间逐步建立了以公有制经济为主体的经济体制，确立了国营经济的领导地位，实行计划经济管理制度。但是由于集中统一过多，管得过死，束缚了地方和企业的积极性，所以在"一五"后期，就提出了改革经济体制的问题。①

---

① 王政祥、张景梅：《我国经济体制改革和政治体制改革基本问题》，中国铁道出版社 1990 年版，第 7 页。

但在"大跃进"时期经济体制改革失败和"文化大革命"的影响下，我国经济体制改革在较长一段时期内停滞不前，直至十一届三中全会拉开了改革开放的序幕，我国经济体制改革的进程才真正开启。综观我国从计划经济体制向计划商品经济体制转变、再从计划商品经济体制向社会主义市场经济体制转变的四十年改革历程，可以看到虽然市场在我国经济发展中的作用越来越大，多种所有制经济也得到了有效发展，但以公有制为主体的基本经济制度却从未改变。我国民办高校就是在这样的经济改革背景下"重生"并逐步发展起来的。以公有制为主体、多种所有制经济共同发展的经济制度既为民办高校带来了"重生"的机会，同时也使得其发展之路布满荆棘。

随着市场在我国经济发展中作用的不断增强，"非公有制"经济不断发展壮大起来，这为民办高等教育的"重生"提供了经济基础。正如潘懋元先生所言："30多年来，我国不复存在私立高等教育体制，是由经济体制所决定的。长期以来，我国的所有制经济结构基本上只有全民所有制与集体所有制，而集体所有制一般处于生产力水平很低的农村经济，没有办高等学校的财力也没有办高等教育的要求，私立高等教育体制不可能重新出现。而现在由于城乡合作经济、个体经济和私营经济的发展，更由于这些经济成分在生产力水平上的提高，民办高等学校的出现与发展就有其必然性。"[①] 1982年，我国第一所民办高校——中华社会大学成立，随后，民办高校就如雨后春笋般发展起来，截至2002年，我国已经有民办普通高校131所，其中本科院校4所，高职高专院校127所。[②]

---

① 范跃进、王玲等：《潘懋元先生思考民办高等教育问题的八个基本逻辑》，《山东高等教育》2015年第4期。

② 教育部：《2002高等教育学校（机构）数》（http://www.moe.gov.cn/s78/A03/moe_560/moe_568/moe_581/201002/t20100226_10559.html）。

但不能回避的是，在以"公有制"为主的经济制度下，民办高等教育发展十分艰难，并长期在高等教育低端徘徊，在公办高等教育的"缝隙"中求生存。如，在以"公有制"为主的经济制度下公办高校获得了当然的"统治性地位"，民办高校只能在公办高校难以顾及的领域探寻发展机会，因此我国民办高校大多起家于实用性专业培训和高等教育自学考试辅导，这使得民办高校从一开始就被置于"拾遗补缺"的地位上。虽然，随着民办高等教育的发展壮大，拥有专科、本科、专业硕士学位授予权的民办普通高校陆续出现，但这也并没有改变民办高等教育的"补充性"地位——这一点从当前我国民办高校主要招收"高考分数偏低"的学生，缺乏真正高水平的民办大学即可看出。据《中国教育统计年鉴》（2015 年）显示：我国共有民办普通高校 733 所，其中只有 5 所民办高校具有专业硕士的培养资格。总之，这种"补充性"地位的确立虽在民办高等教育萌芽时期为民办高校获得合法性方面具有积极的意义，但却为民办高校之后的独立发展埋下了隐患，导致了今天民办高校发展难以逾越的制度性瓶颈。① 民办高校的这种"补充性"地位也决定了民办高校教师很难获得与公办高校教师同样的"社会地位"。

二 民办高校办学经费窘困难以解决教师身份问题

在特殊的政治、文化与经济背景下，我国政府官员和民众普遍形成一种"公—私"二元对立的认识，即凡是涉"公"的都是公益的，好的；凡是涉"私"的都是逐利的，坏的。虽然随着市场经济的不断发展，这种"公—私"二元对立思想已呈现转变之势，

---

① 文雯：《1976 年以后我国民办高等教育的合法性变迁》，《教育研究与实验》2005年第 3 期。

但不能否认的是，其在民办高等教育的发展历程中一直发挥着重要的影响，致使民办高等教育的"公益性"受到忽视，难以形成多元化的办学经费来源渠道，这从根本上制约着民办高校的质量提升速度，同时也使得民办高校教师难以通过"经济手段"改写"命运"——一些国家的私立高校教师由于"收入"远远高于公立高校教师而获得较高的社会地位。

首先，在"公—私"二元对立的认识下，民办高校的"公益性"一直受到质疑，这使得民办高校难以获得社会的认可，更难获得社会捐赠。社会捐赠一直是西方国家私立大学的重要资金来源渠道，如美国石油大亨洛克菲勒（John Davison Rockefeller）拿出一千万美元于 1891 年创办芝加哥大学，并在后来继续慷慨资助该校；卡内基教学促进基金会、洛克菲勒基金会等慈善基金会的成立，不仅促进了私人企业对教育资助的制度化发展，而且大大提升了资助的额度——不是几百万几千万而是数亿美元被倾注到慈善基金会中来。[①]随着美国"捐资助学"制度的不断发展与完善，私立高校所获得的社会捐助也越来越多，如在 1991—2006 年间，哈佛大学、耶鲁大学等私立高等教育机构的捐赠收入呈现大幅度增长，具体请见表 2-3。

表 2-3　1991、2006 年哈佛大学等私立大学所获捐赠额及增长比例[②]

大学名称	1991 年获得的捐赠额	2006 年获得的捐赠额	增长比例（%）
哈佛大学	$7213.6	$29545.7	309.6
耶鲁大学	$3969.2	$18423.5	364.2
斯坦福大学	$3489.7	$14391.6	312.4
普林斯顿大学	$3538.4	$13329.1	276.7

---

① 章文风：《促进美国私立高等教育发展的因素分析及其启示》，硕士学位论文，湖南大学，2008 年，第 17 页。

② Richard Vedder, *Federal Tax Policy Regarding Universities: Endowments and Beyond*, 2008, p. 12.

续表

大学名称	1991 年获得的捐赠额	2006 年获得的捐赠额	增长比例（%）
麻省理工学院	$2210.0	$8550.4	286.9
哥伦比亚大学	$2439.5	$6067.2	148.7
埃默里大学	$2058.5	$4976.1	141.7

相比之下，我国至今仍没有形成"捐资助学"的风尚或文化。在"公—私"二元对立思想下，企业或个人即使有捐赠行为，也大多数倾向于捐助给公办高校，这使得民办高校难以通过获得大量的社会资源来改善办学条件，并提升教师的薪酬待遇。

其次，在"公—私"二元对立认识下政府很少给予民办普通高校以财政补助，这一方面使得民办普通高校只能依靠有限的学费筹措办学经费；另一方面也使得民办高校很难得到政府与公众的认可。在西方国家，私立高校从政府获得一定的补贴已经成为一种常态机制，而且私立高校获得政府补贴的途径十分多元，如美国私立高校可通过赠地、低息贷款、学生奖助学金、科研经费、税收减免等多种途径获得政府补贴；补贴数额也占学校办学经费的不小比例，如包括哈佛大学、耶鲁大学、普林斯顿大学、斯坦福大学等在内的一流私立大学，2012—2013 年度获得联邦拨款 1818555.5 万元，占总收入的 18.64%；获得州与当地政府拨款 89613.3 万元，占总收入的 0.92%。[①] 更为重要的是，伴随着政府补贴常常会有一些质量评估，如美国的认证制度、质量评估制度，它们可以为公众和政府提供有关私立高校内部经费使用绩效更专业、更可靠、更丰富的信息，从而使私立高校更容易获得政府和公众的认可与信任。[②] 这对于提升美

---

① 崔来廷、王梦怡：《美国一流私立大学教育经费收入结构研究》，《齐齐哈尔大学学报》（哲学社会科学版）2016 年第 3 期。

② 王玲、范跃进：《美国私立高等教育经费政策体系评析》，《东北师范大学学报》（哲学社会科学版）2015 年第 4 期。

国私立大学的社会声誉，获得更多的财政和社会捐赠资源有着巨大的帮助。

　　总之，在"公—私"二元对立的思想影响下，我国民办高校在获得政府与民众认可方面困难重重，更遑论获得相应的资助了。这使得我国民办高校只能依靠收取学费维持生存与发展，而在我国经济发展水平不高和国家限制"高收费"政策的双重影响下，民办高校难以依靠提升学费标准来获得更多的办学经费，因此，长期以来，办学经费总量偏低问题一直困扰着我国民办高校。在这种情况下，民办高校教师想要依靠"薪酬收入水平"来打"翻身仗"的可能性极低。

三　政策调控不力致使民办与公办高校教师身份难以并轨

　　正如前文所言，如果真如法律所规定，公办与民办学校教师享有同等的权利，履行同等的义务，那么，公办与民办高校教师间的"体制内"与"体制外"身份差异并不具有太大的意义。正是由于公办与民办高校教师之间存在明显的权利落差才使得前者对自己的"体制外"身份有深刻的感知。那么，是什么导致了民办与公办高校教师之间的权利落差呢？笔者认为，政策调控不力是重要原因。我国长期以来实行的都是以政府办"高校"为主的高等教育发展模式，因此，在高等教育管理方面，政府具有绝对的权威，尤其是在资源配置方面。虽然随着高等教育"市场化"趋势的日益增强，政府对"公办高校"的管制在逐渐放松，但在办学经费方面，政府财政拨款仍是主要来源；在科研管理、教师管理、教学管理等方面，政府也占据主导地位。这决定了我国依然处于"政府主导"的高等教育管理模式之中。而正是这种"政府主导"的高等教育管理模式令民办普通高校教师的"体制外"身份格外凸显。

首先，在以政府为主导的高校人事管理中，公办与民办高校教师具有不同的社会身份。1949 年后，我国建立的是与计划经济相适应的"大一统"的人事管理制度。在这种人事制度下，各类人才之间只有分工不同，没有身份、地位的差异，大家都是要服从政府的统一分配，同类型的岗位享受的权利和待遇几乎是一样的。但随着社会主义市场经济体制的兴起与发展，这种"统得过死"的人事制度的弊端越来越凸显。党的十一届三中全会开启了我国人事制度改革的历程，至今我国人事制度改革仍在进行中。由于经济因素是促动我国人事制度改革的最主要因素，因此我国的人事制度改革首先从企业界开始，后逐步向国家行政机关、事业单位推广。从现实来看，我国高校人事制度改革的步伐远远落后于企业。因此，在民办高校快速发展与公办高校人事制度改革缓慢的双重作用下，民办与公办高校教师的"双重身份"逐渐形成，前者属于由市场调配的"普通劳动者"身份；后者属于由政府统一调配的"国家干部"身份。

其次，在以政府为主导的资源配置过程中，公办高校及其教师有着天然的优势。第一，虽然我国公办高校已经从政府全额财政拨款模式转向了多渠道筹措经费模式，但政府至今仍是公办高校的最主要投资者，这就决定了政府在进行资源配置时，必定遵循"公办优先"的原则。第二，无论从数量来看，还是从在校生规模来看，公办高校始终是我国高等教育体系的主体；而且从发展历史来看，公办高校也比民办高校有更深厚的积淀，因此在与教师相关的资源配置过程中，如培训资源的配置、科研资源的配置、职称资源的配置等等，公办高校教师本来就比民办高校教师具有优势。而在政府的"公办优先"原则下，这种优势更加凸显了。第三，我国是高等教育大国，政府又是高等教育的主要投入者，在国家经济水平总体不高的情况下，用于高等教育发展的资金十分有限。政府为了在促进高等教育规模发展的同时提升高等教育质量只能采取"择优资助"的方法——"985"、"211"工程就是"择优资助"的典型代表，这就使得处于高等教育教育底端的民办高校和教师难以在"公办高校都喂不饱"的情况下获得政府的"眷顾"。

总之，在以政府为主导的高等教育管理模式下，民办高校教师从一开始就与公办高校教师形成了身份差距，而这种身份差距在相关资源配置过程中被进一步强化，最终促使民办高校教师形成了对"体制外"身份的深刻感知。而政府并未通过政策杠杆对这种"身份差距"进行积极的、有力的调控，是两者间的"身份差距"长期存在并日益加大的重要致因。

四　民办高校内部治理水平偏低，影响教师的职业认同

我国民办高校起步较晚，在30多年的发展历程中，大多数学校以校园、教室、学生宿舍等基础设施建设为主；规章制度、教育教学管理规范、校园文化等方面建设相对滞后，这就导致了当前我国民办高校内部治理水平普遍偏低现状的产生。而治理水平偏低在很大程度上影响着教师对民办高校的认同度，同时也影响着他们的职业认同水平。

民办高校内部治理水平偏低主要体现在以下几个方面：第一，在领导体制方面，权力过于集中。从法律法规的角度讲，我国民办高校实行的领导体制是董事会领导下的校长负责制、董事会领导下的校务委员会负责制或独立的校长负责制。但实际上，我国民办高校普遍实行的是"投资人"负责制——一般"投资人"担任"董事长"职务，具有绝对的领导权威。在这样的内部领导体制下，"投资人"一言堂、"傀儡"校长"消极怠工"、以牟利为主要目的、任人

唯亲、以"投资人"喜好进行资源分配、中层干部工作积极性不高等问题较为普遍的存在着。第二,在教育教学管理方面,"官僚化"现象较为普遍,行政权力与学术权力之间严重失衡。民办高校很少有建立学术、教学委员会的,一些学校即使有也没有起到实质性的作用。这一方面使得教师在教育、教学方面缺乏应有的自主权;另一方面则使得教育教学管理方面存在着诸多不符合教育教学规律的规章、制度和做法。第三,在校园文化方面,存在诸多缺失。首先,普遍缺乏统一的价值取向和科学的战略发展规划,这使得民办高校的管理者、教师和学生之间难以达成共识,相互间的理解与支持度不高;其次,普遍缺乏积极向上的教学文化,学生的学习动力与教师的教学改革动力均不足;再次,普遍缺乏高效、简洁,以服务为主旨的管理文化;最后,普遍缺乏高质量的学生社团和校园文化活动,以娱乐、休闲类的社团与校园活动为主。

民办高校内部治理存在的这些问题影响着民办高校教师的职业认同水平。首先,在"投资者"具有绝对权威的领导体制下,教师,甚至学校中高层干部都很容易形成"打工者"心态,一切围绕"老板"意图转的工作风气较为盛行。其次,在以行政权力为主导的教育教学管理环境下,教师普遍缺乏工作的主动性与积极性,更谈不上创造性;同时会经常体验到对改变"违反教育教学规律的规章制度"的"无力感",这自然会影响到其对自身"教书育人职责"的认可。最后,包括学习文化、教学文化、育人文化、创新文化等在内的校园文化建设的滞后,一方面很难对教师的职业认同水平提升起到潜移默化作用,另一方面还经常会起反作用,如一些民办高校利用教师向学生催缴各种费用,这严重冲击着其作为教师的尊严感;一些民办高校实行严格的坐班制度,对学生也实行军事化管理,这同样也冲击着其对自身所扮演的"高校教师"角色的认同。

　　总之，民办高校内部治理水平偏低也是导致其教师身份认同水平不高的重要原因之一。在探讨民办、公办高校教师身份差距问题时，不能仅仅强调外部因素，民办高校内部因素也同样重要，甚至更为关键。在与公办高校教师进行各种资源竞争时，若民办高校教师自己对自身职业角色的认同都存在问题的话，即使有了"公平公正的竞争环境"，又以何资本取胜呢！

第三章　民办高校教师身份变革之
必要性与可行性

　　目前，民办与公办高校教师之间存在着较大的身份差距，这种身份差距严重制约着民办高校师资队伍的建设速度与建设水平——很多为人们所观察到的民办高校师资队伍建设中存在的问题，如离职率高、归属感差、职业倦怠水平高、职业发展困难多等，均主要由民办、公办高校教师间的平等地位与平等待遇未真正落实所引发，同时也与民办高校教师自身的"职业认同水平"偏低紧密相关。而且正如第一章所言，这种身份差距也制约着我国高等教育的整体水平的进一步提升。因此，要想实质性地推进民办高校师资队伍建设水平，并进一步提升我国高等教育发展水平，必须首先解决民办、公办高校教师之间的身份差距问题。而随着我国高等教育管理体制改革的不断深入，民办高校教师实现身份变革的可行性也在逐渐提高。

第一节　身份变革之必要性

　　在民办高校主要依靠"兼职教师"来完成教育教学任务时，其教师的"身份"问题并不凸显；但当民办高校开始建立自己的"专职教师"队伍，并想进一步提升建设水平的时候，其教师的"身份"问题就日益凸显出来，成为阻碍民办高校师资队伍建设的一个重要因素。时至今日，我国民办高等教育已经成为高等教育体系的重要组成部分，其办学质量问题更加受人关注，而办学质量提升的关键在于师资队伍的建设，因此民办高校教师身份变革问题已经到了必须被提到日程上来的时候。从更深层次的意义来讲，民办高校教师实现身份变革不仅是民办高等教育质量提升的关键，更是我国社会公正水平进一步提升的必要要求。

一　高校公平发展环境需进一步完善

第一章已经论述，高等教育具有多元化、多样性的基本特征，因此创建一个公平、公正的高校发展环境尤为重要。反观我国，虽然经过多年的改革与建设，促进多类型高校共同发展的公平、公正的环境正逐步形成，如我国实行了高校分类管理制度，使各类型高校都能在各自的轨道和领域内展开公平、公正的竞争，消除了不同类型高校按同一质量标准来衡量的不公平发展问题；再如，教育部对应用型高校建设的倡导与促进，弱化了我国高等教育领域长期存在的"重学术、轻应用"的倾向，为以培养应用型、技能型人才为主的高校拓展了发展空间，等等。但是，从整体上来看，我国公平、公正的高校发展环境仍需进一步完善，尤其要促进公办高校与民办高校间的公平竞争关系的形成。这是我国进一步提升高等教育质量的必然要求，也是进一步满足我国民众高等教育需求的必然要求，更是进一步提高我国社会公正水平的必然要求。

（一）提升社会公正水平的必然要求

不断地提升社会公平正义水平一直是我国、我党所奋斗的目标。

党的十八大报告更是将"坚持维护社会公平正义"确定为"夺取中国特色社会主义新胜利"的基本要求和全党全国各族人民的共同信念。而高等教育无疑是促进我国社会公正水平提升的重要力量。首先，社会公正水平提升以全体国民素质提升为基本前提。社会公正的实现需要一系列国民思想道德素质为基本支撑，如道德修养、诚信、守法、社会责任感、公平正义思想，等等。而促进这些思想道德素质的形成是高校人才培养的核心目标之一。其次，作为"高深学问探索之所"的高校不仅是智慧的产生地，更是科学、公平、正义等人类共同价值理念的守护、传播与创新之地，换言之，高等教育的学术研究活动是推动社会公正实现与创新发展的重要力量。第三，高等教育所培养的人才处于"社会人才金字塔"的顶端，他们是否具有公平正义的理念，是否拥有实现社会公正的信念至关重要。总之，高等教育在促进社会公正水平提升方面具有不可替代的作用，为各类高校创建一个公平、公正的发展环境不仅是高等教育发展的内在需求，更是社会公平正义的一个重要体现。

(二) 满足多元化高等教育需求的必然要求

随着我国高等教育大众化步伐的加快，高等教育也日益从一种"稀缺资源"转变为一种"公共资源"，人们接受高等教育的机会越来越多了。在这种情况下，高等教育不再仅仅是人们改变自身以及家族命运的手段，而是越来越成为人们不断提升自己、认识自己、实现自身价值的一条必由之路。换言之，越来越多的人更多地将接受高等教育作为一种人生经历和体验，而不仅仅是实现某种功利性目标的手段。可以预见，这种认识的改变将成为除经济因素之外，促进高等教育进一步发展的另一重要力量。显然，每一个个体对自身价值实现的预期是不一样，这使得他们具有了多样化的发展需求，而高等教育要想满足人们这种多样化的发展需求就必须构建多样化的目标与职责体系以及承载这些目标与职责的多样化的高校。从这个角度来看，任何一种对某一类高校或某一层次高校有歧视的政策和进行不公平对待的行为都是对其背后所服务的对这一类高校有需求的群体的歧视与不公平对待，更是对其高等教育需求的忽视。我国民办高等教育之所以会重新走上历史舞台，并保持着持续的发展态势，最根本的原因就在于有这么一个对民办高等教育所提供的高等教育机会和教育内容有需求的群体的存在。因此，为各类型、各层次高校创建一个公平、公正的发展环境，使其形成"百花齐放"之势，不仅是社会公正的一种体现，也是高等教育更好地满足人们多样化需求的一种必然要求。

（三）提升高等教育质量的必然要求

目前，我国高等教育发展的主要任务不仅仅在于继续扩大人们接受高等教育的机会，更要为人们提供更多高质量的高等教育服务。而正如前文所言，政府和市场均是促进高等教育发展的重要力量，其中，市场竞争是促进高等教育质量提升的一把利器。在市场"优胜劣汰"的竞争规则作用下，高校将更多地从满足市场发展需求的角度扩展未来的发展之路；更多地依靠"质量"来获得和巩固在高等教育体系中的地位；更多地依靠高水平的多元化服务吸引不同的人走进高校校门。毫无疑问，若想让这种市场竞争规则发挥良性的促进作用，就必须创造一个公平、公正的市场竞争环境，任何歧视性规则的介入都会扰乱高校良性竞争的局面，引发资源在不同类型、层次高校间的不公平配置。总之，无论是公办高校还是民办高校都应在市场的"大浪淘沙"中得到锤炼、提升，而无论教师就职于哪一类高校，都是服务于高等教育发展的，都是高质量高等教育的提供者，因此他们理应得到相同的对待和相等的地位。

二 时代呼唤更高质量的民办高等教育

（一）高等教育"普及化"将带来更多发展空间

2016 年我国高等教育毛入学率达到 42.7%，已经进入到高等教育大众化发展的中后期。有研究者预测我国高等教育很有可能在 2018—2020 年之间进入普及化阶段，即高等教育毛入学率突破 50%。① 众所周知，我国高等教育大众化发展阶段的到来为民办高校的发展带来了重要的契机，促进其无论在规模上，还是在质量上都发生了质的飞跃。可以预见，我国高等教育普及化阶段的到来必将也会为民办高校带来新的发展机遇。

首先，民办高校将获得更多本科及以上层次高等教育发展空间。截至 2017 年，我国民办普通高校数量已经占到全国普通高校的 28.4%，在校生规模也占到全国普通高校在校生的 22.8%。但从民办高校办学层次来看仍普遍偏低，如根据 2015 年教育统计数据，若在不包括独立学院的情况下，民办高校中本科院校的数量为 148 所，占民办普通高校总数的 32%；在包括独立学院的情况下，民办高校中本科院校数量为 423 所，占民办普通高校总数的 58%。② 可见，缺乏公办高校支撑的民办高校的本科生培养规模仍有很大的提升空间；另外，民办普通高校可以授予硕士学位的学校只有 5 所，截至 2017 年共有硕士研究生在校生 1223 人，因此硕士及以上层次人才培养的扩展空间更大。③ 随着高等教育需求的进一步扩大，以及政府向民办高

---

① 易梦春：《我国高等教育普及化进程及其影响因素——基于时间序列趋势外推模型的预测》，《中国高教研究》2016 年第 3 期。

② 教育部：《2015 年教育统计数据》（http：//www.moe.gov.cn/s78/A03/moe_560/jytjsj_2015/）。

③ 教育部：《2017 年全国教育事业发展统计公报》（http：//www.moe.gov.cn/jyb_sjzl/sjzl_fztjgb/201807/t20180719_343508.html）。

校购买学历教育服务制度的不断完善，民办高校将迎来扩展本科及以上层次高等教育规模的重要机遇。

其次，民办高校将运用制度灵活、自主性强等优势，获得更多元化的发展空间。随着高等教育普及阶段的到来，高等教育生源将突破适龄人口限制，拓展到所有适合接受高等教育的民众。[1] 这种生源结构的变化要求高校必须提供更加多元化的教育服务。而在提供多元化教育服务方面，尤其是在面向成人提供高等教育服务方面，民办高校是不可忽视的重要力量。这在国际高等教育普及化发展过程中是有先例可循的。如在美国高等教育普及化的发展过程中，营利性私立大学就发挥了重要的作用。在1986—2008年间，营利性大学的入学人数以约平均每年8.4%的速度增长，而公立大学和非营利性私立大学则分别以约平均每年1.6%和1.4%的速度增长。[2] 美国营利性大学入学人数之所以会在进入新世纪后出现成倍增长的状况，90%是源自于"在线教育"注册人数的增长。[3] 这种"在线教育"主要是面向成年人的。

总之，随着我国高等教育普及化阶段的到来，我国民办高校将获得更多的发展空间，而"打铁还需自身硬"，民办高校要想抓住这种发展机遇，必须不断地努力提升办学质量，这样才能提升市场竞争力，真正扩展自身的发展空间。

---

① 登云、齐恬雨：《论高等教育普及化阶段的人才培养》，《中国高教研究》2016年第4期。

② Daniel L. Bennett, Adam R. Lucchesi, and Richard K. Vedder, *For-Profit Higher Education: Growth, Innovation and Regulation*, A Policy Paper from the Center for College Affordability and Productivity, 2010, p. 10.

③ David J. Deming, Claudia Goldin, and Lawrence F. Katz, "The For-Profit Postsecondary School Sector: Nimble Critters or Agile Predators?", *Journal of Economic Perspectives*, 2012, pp. 139 – 164.

（二）公办高校系统改革将带来不小冲击

当然，迎来重要发展机遇的同时，民办高校也面临着更为严峻的挑战。其中对民办高校造成主要威胁的仍然是我国高等教育体系的主体——公办高校。在民办高等教育的发展过程中，民办高校一直以其灵活的办学机制和不同的服务面向，在与公办高校竞争中保有一席之地并不断发展壮大。但这种状态将随着公办高校系统改革的不断深化而发生变化。

一方面，公办高校的多类型发展将挤压民办高校的发展空间。公办高校的学术倾向过重、人才培养同质化、盲目升格、评价标准单一化等问题虽然长期以来一直为人们所诟病，却为民办高校提供了发展空间，使其能够实现"错位发展"。但随着应用型大学建设思想的提出和公办高校分类管理政策的出台，这种民办高校的发展生态环境发生了根本性的变化，一大批地方本科院校和几乎所有的新建本科院校都在积极向应用型或应用技术型大学转变，这对民办高校的发展是一种不小的冲击，原来以专业技术人才（或称应用型人才）培养见长的民办高校的优势正在被逐步削弱。可以想象，随着公办高校多元化办学格局的形成，民办高校的办学空间，尤其是学历教育空间将受到严重挤压。

另一方面，公办高校管理制度改革将削弱民办高校的机制优势。《国家中长期教育改革和发展规划纲要（2010—2020年）》的颁布拉开了新一轮高等教育综合改革的序幕，而公办高校管理制度改革则是本轮改革的重中之重。时至今日，我国公办高校管理制度已经有了诸多突破，如一些省份已经完成了高校人事制度改革，进一步增强了公办高校的人事自主权；一些省份将高校教师高级职称评审权下放，进一步增强了公办高校师资队伍建设的自主权等。可以预见，随着改革的逐步深入，必将有更多的自主权力被下放给公办高校。

无疑，这一系列的管理制度改革非常有利于促进公办高校形成更为灵活的办学机制，从而进一步释放办学活力，提升市场竞争力。这样一来，民办高校以往所具有的机制优势将被削弱，其将面临更严峻的竞争环境。

总之，在公办高校系统不断深化改革的情况下，民办高校要想凭借人才培养定位方面的"错位发展"策略获得进一步的发展已经是困难重重；想依靠灵活的办学机制杀出公办高校的重重包围也越来越不现实。民办高校只有进一步增强创新能力，在人才培养模式、教育教学质量保障、内部管理制度、市场需求满足能力等多个方面探寻突破点，才有可能开拓出更广阔的发展天地来。

（三）营利性高校将成潜在强劲对手

虽然在当前的分类管理制度下，首先受益的是非营利性高校，但是营利性高校的口子一旦打开，就犹如打开了"潘多拉盒子"——营利性高校的未来发展之路虽然可能布满荆棘，但却充满希望！美国的营利性大学的蓬勃发展就已经向世人显示了其强大的生命力，目前美国营利性高校在校生数量已经占高校总在校生数的10%以上。① 而且美国营利性大学同样也得到了联邦政府的经费与政策支持，当前美国大多数营利性大学的80%以上的财政收入都依赖于联邦的学生资助项目。② 除美国之外，英国、日本、韩国、新西兰、巴西、菲律宾、南非、津巴布韦、马来西亚等国家都出现了营利性大学。③ 这启示我们不能忽视营利性高校的发展力量，或许不久

---

① David J. Deming, Claudia Goldin and Lawrence F. Katz, "The For-Profit Postsecondary School Sector: Nimble Critters or Agile Predators?", *Journal of Economic Perspectives*, 2012, pp. 139 – 164.

② Guilbert C. Hentschke & Shirley C. Parry, *Innovation in Times of Regulatory Uncertainty: Responses to the Threat of "Gainful Employment"*, Innov High Educ, 2015, pp. 97 – 109.

③ 刘建银：《准营利性民办学校研究》，北京师范大学出版社 2010 年版，第108—126 页。

的将来营利性高校将成为非营利性民办高校的另一强劲竞争对手！

对美国营利性大学进行研究可以发现，为了确保一定的利润，营利性大学比非营利性大学更有成本意识，更注重办学效率，同时也更具有创新性。如美国营利性大学的教师大部分都是兼职教师，而且他们一般不建设图书馆、教学楼、实验室等耗费成本的建筑物，很多营利性大学的教学场所都是租赁来的；同时他们积极运用网络技术，在"成人在线教育"方面走在了公办大学和非营利性私立大学的前面——截止到2013年，有58%的四年制的营利性大学学生接受的是纯粹在线学历教育，相对应的，四年制非营利性私立大学的学生中只有11%的人接受的是纯粹在线学历教育。① 虽然美国营利性大学的"营利性"和"缩减办学成本"也常被人们所诟病，但不能否认的是其确实更好地满足了成年在职人员和低收入群体、少数民族等弱势群体的高等教育需求。

在进入高等教育普及化阶段之后，我国同样会面临非传统大学生源大量增加的情况，而对于这些非传统大学生源而言，现在由公办大学和非营利性民办高校提供的"学制长、课程重、用时多"的教育模式恐怕很难满足他们的多样化需求。另外，目前我国非营利性民办高校普遍缺乏深厚的学术根基，这为短时间内营利性高校利用更为充足的资金和社会资源在应用型人才培养方面赶超非营利性民办高校提供了可能性。由此可见，我国非营利性民办高校必须要树立危机意识，不要只看到眼前的"大好政策环境"，要将目光放长远，针对未来可能面临的挑战和危机提前做好筹划。"质量才是硬道理"，面对来自公办高校和营利性高校的挑战，非营利性民办高校的

---

① William Beaver, *The Rise and Fall of For-Profit Higher Education*, Academe, 2017, pp. 32 – 37.

唯一出路就是不断追求"卓越"品质,以高质量的教育服务增强自身的市场竞争力。

三 "身份差距"阻碍民办高校可持续发展

(一)"身份差距"的主要体现

民办、公办高校教师之间的身份差距主要体现在社会地位、经济收入水平、福利保障水平、职业发展环境与条件等多个方面。

1. 在社会地位方面,民办高校教师远低于公办高校教师

虽然目前,民办高等教育已经成为我国高等教育体系的重要组成部分,但民办高校依然主要处于高等教育体系的底端,这从其办学层次、生源质量、办学条件等方面即可见一斑,在这样的组织地位下,民办高校教师的社会地位可想而知。同时,虽然我国教育法律一直规定"不允许举办营利性教育机构",但在民办高等教育发展过程中,民办高校的逐利性行为和违法行为却屡见报端。这使得公众难以对民办高校及其教师的办学目的和行为属性做出清晰的判断,自然影响到其整体的社会声誉与形象。更为重要的是,在各种"歧视性"政策影响下,民办高校教师的很多正常权利被剥夺,如在职称评审方面、课题申报方面、培训培养方面,甚至在成果发表方面,这些都很容易使民办高校教师形成"低人一等"的感受与体验。再加上民办高校教师薪酬待遇、福利水平、养老保障等均普遍低于公办高校教师,这就更加深了其"低人一等"的感受与体验。笔者2016 年进行的"民办高校教师生存状态"调查显示,只有 14.9% 的教师非常愿意在人前提及自己是民办高校的教师。

2. 在经济收入水平方面,民办高校教师远低于公办高校教师

公办高校经费由国家财政拨付,工资体系参照事业单位工作人员工资制度改革方案制定并实施,工资收入中基本工资占 30% ,各

项津贴补贴收入占 70%；而且公办学校还有自身创收的津贴、奖金，这使得其教师工资水平常常超过财政拨付水平。公办高校教师工资的调整主要基于资历及职称，按国家事业单位的职务等级表进行上调，上涨幅度较大，多为 20% 以上，津贴福利的涨幅更为灵活；同时，"隐性收入"占比较大，如住房补贴、较高的公积金缴纳水平、大额的科研经费等，这些都使得公办高校教师的经济收入保持在一个较高的水平上。与公办高校不同，民办高校经费主要来源于学费收入，即"以学养学"。学校运营所需的各项水电、物业、建设等管理费用支出较高，而人工成本费用支出占比更高，占总费用的 50% 左右，财务支出压力较大；同时，民办高校还有很大一部分经费支出是用于招生。因此，在无政府财政拨款的情况下，民办高校涨薪支出均以"自营收入"为主要来源，是在重点考虑学校利润收益情况的基础上做出的薪酬调整，因此造成教师涨薪困难，2—3 年不涨薪的情况经常出现。即使涨薪，其幅度及范围都与公办高校差距较大。另外，民办高校教师大多数都没有住房、公积金、科研经费等方面的"隐性收入"。因此总体来看，民办高校教师的经济收入水平与公办高校教师之间存在很大的差距，这直接影响着其身份认同水平。

3. 在福利保障水平方面，民办高校教师远低于公办高校教师

受到资金及成本的约束，很多民办高校未能为教师全员缴纳"五险一金"[①]；而且大部分的民办高校以当地社保机构公布的最低社会保障基数为基础参保缴费的，以降低单位所承担的成本。其中，公积金虽在法律上讲是必须要缴纳的项目，但一些民办高校往往将

---

① "五险一金"是指用人单位给予劳动者的几种保障性待遇的合称，包括养老保险、医疗保险、失业保险、工伤保险和生育保险，及住房公积金。

其视为"自选项目"，不给老师缴纳，即使缴纳也是维持在较低的水平上。相比之下，公办高校参考的是事业单位的社保缴纳标准，在"五险一金"的缴纳水平上远远高于民办高校。因此，公办和民办高校教师能享受到的保障水平大不相同。以改革后的养老保障制度为例，如果按最低社会保障缴纳水平缴纳养老保险费用的话，民办高校教师在退休后每月领到的退休金与退休前的月工资水平相比，只要28%左右的替换率；而如果按事业单位缴纳基数进行正常缴费的话，公办高校教师退休后每月领到的退休金与退休前的月工资水平相比，能达到44%左右的替换率。具体计算办法在后文会进行详细介绍。因此，在相同的养老保险制度下，由于缴费水平不一样，公办与民办高校教师所享受的养老待遇差距显著。

4. 在职业发展环境与条件方面，民办高校教师远不如公办高校教师

无论是在民办高校外部，还是在民办高校内部，民办高校教师所面临的职业发展环境与条件都不佳。首先，在民办高校外部，民办高校教师很难获得与公办高校教师相同的发展机会，如在科研项目申报、培训培养机会申请、各类教育教学竞赛、各类奖项评比中，大部分的民办高校教师都遭遇过"歧视性"对待，在同等条件下，公办高校教师获得的发展机会与资源要远远多于民办高校教师。其次，在民办高校内部，教师能获得的职业发展资源与职业发展助力也很少，这与民办高校举办者不重视教师培养，不愿意在教师进修、培训等方面投入资金，不注重教师的科研能力发展等有着密切的关系。笔者2016年实施的"民办高校教师生存状态"调查显示：那些参与过"科研团队"的教师、所在学校给予"教师培训、进修以部分或全额资助"的教师和"外出学习、培训、交流次数"较多的教师的职业认同水平和教学效能感水平都偏高。

这说明，职业发展环境与条件是影响民办高校教师进行正确职业定位的关键性因素；而在民办与公办高校教师所面临的职业发展环境与条件方面存在的这些显著差距是导致其"身份差距"感进一步增强的重要原因之一。

（二）"身份差距"的主要负效应

民办、公办高校教师之间的这种"身份差距"严重制约着民办高校师资队伍质量的提升，进而制约着民办高校教育质量的进一步提升。其负效应主要体现在以下三个方面。

1. 导致民办高校难以吸引优秀人才

目前，我国民办高校专职教师队伍结构中存在着"两极化"的状况，即年龄大的高职称教师和年轻的低职称或无职称的教师偏多。正如前文所述，民办高校之所以会拥有大比例的年龄大的高职称教师主要是由其大量聘请公办高校退休教师的师资队伍建设策略所致。这些退休教师虽然具有丰富的教学与育人经验，但终因年龄、"打工心态"等原因并不能较好地投入到工作当中，因此也不能成为民办高校师资队伍的骨干力量。而年轻的教师又因缺乏教学经验和必要的阅历同样难以在短时间内成为民办高校师资队伍的骨干力量。因此，这种"两极化"的师资队伍结构其实质是一种缺乏中间骨干力量的队伍，这将在根本上制约其专职教师队伍的可持续发展能力。事实上，专职教师队伍的"青黄不接"问题在民办高校已经十分凸显。民办高校要想扭转这种局面、解决"青黄不接"的问题就必须大量引进具有更强发展潜力的中青年"优秀人才"，如博士毕业生、具有海外留学经历的高学历人才、已经就职于公办高校的中青年教师等。但是，民办、公办高校教师间的这种"身份差距"使得民办高校根本无法吸引这些优秀人才，即使吸引到了也很难留住——一些"优秀人才"把民办高校当跳板的事情时有发生。因此，不能不说"身份差距"问题是制约民办高校专职教师队伍建设的一个瓶颈性问题。

2. 导致民办高校教师"归属感"水平偏低

这是民办高校青年专职教师队伍建设中所面临的最大问题。前文言到,民办高校"两极化"的专职教师队伍结构其实质是一种缺乏中间骨干力量的队伍,而民办高校又很难通过吸引优秀的中青年人才来壮大其"骨干力量"。但其实,民办高校仍然可以通过加强对年轻教师的培养来逐步建设一支自己的"骨干队伍",而民办高校举办者却普遍不愿采用这一建设策略,其原因就在于青年教师的"归属感"水平偏低,进而导致其离职倾向和流失率都偏高,如据许艳婷、刘富才所做的调查数据显示,40%的被调查者来到民办高校是出于"先找个工作看看再说"的想法;有43.33%的被调查者存在"有机会想到其他的工作环境看看"的想法。笔者2016年实施的"民办高校教师生存状态"调查也显示:74.6%的被调查者渴望转入公办高校。这种状态很容易使学校在青年教师身上的投资"付之东流"。而民办高校青年教师之所以有如此低水平的归属感和如此高程度的离职倾向以及流失率,与民办、公办高校教师间的身份差距有着直接的关系。通过对"民办高校教师生存状态"调查数据进行分析可以看到,"认为自身主要职责是为学校赚钱"的教师组织归属感水平最低。同时发现,教师薪资与教师归属感之间存在微弱的显著因果关系(Beta值为0.076,$p < 0.01$),当教师身份认同进入回归方程后,教师组织归属感水平得到提升(Beta = 0.510,$p < 0.001$),具体请见表3-1和图3-1。换言之,虽然教师薪资在一定程度上影响着教师归属感水平的高低,但当教师对自己的教师身份认同时,其教师组织归属感水平会得以显著提升。可见,身份问题是影响民办高校青年教师归属感的关键性问题。

表 3 - 1　教师薪资水平、教师身份认同与教师组织归属感的回归分析

	自变量	因变量	R^2	$\triangle R^2$	Beta	t	F 值变化
第一步	薪资	归属感	0.006	0.005	0.076	2.913 ＊＊	8.487 ＊＊
第二步	薪资	身份认同	0.017	0.016	0.130	0.737 ＊＊＊	24.806 ＊＊＊
第三步	薪资	归属感	0.262	0.260	0.011	0.499	254.976 ＊＊＊
	身份认同				0.510	22.320 ＊＊＊	

注：＋$p < 0.10$；＊$p < 0.05$；＊＊$p < 0.01$；＊＊＊$p < 0.001$。

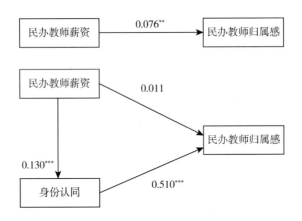

图 3 - 1　教师薪资、教师身份认同与教师组织归属感之间的回归路径图

3. 导致教师"育人"投入少，创新动力不足

民办、公办高校教师间的这种"身份差异"一方面使得民办高校难以吸引优秀人才、留住优秀人才，另一方面也影响着民办高校教师的职业认同，使其对"大学教师"这一职业角色产生怀疑，甚至否定。因为在与公办高校教师的职业发展环境与条件相比较之下，民办高校教师在管理者面前更像是一名"打工者"，而不是学术工作者；在学生面前更像是"知识的搬运工"，而不是知识的创造者。在这样的职业身份认同影响下，民办高校教师在工作中普通呈现出"育人"投入少，创新动力不足的特征。首先，公司化的管理体制下民办高校教师更像一名"打工者"。我国大多数民办高校采用的是类

似于公司的管理制度，同时"投资人"具有绝对的权威，这虽然在一定程度上有利于提升工作效率，但却不太符合大学教师的职业特点与工作规律。大学教师是一项具有较高德行修养要求的学术性职业，是一项充满特殊想象力的学术性职业，是一项需要特别安全感的学术性职业。① 所以，大学教师群体对尊重的需求，对知识探索的渴望，对安全、自由和宁静的工作环境的需求较其他类型职业群体都要更为强烈。显然，在类似公司的管理环境下，在"投资人"一言堂的管理模式下，民办高校教师很难获得尊严感也很难获得安全感更难获得自由想象的空间，这从根本上影响着他们的精神状态与行为，导致"打工者"的心理发挥主导作用，制约着教师的"育人"投入与创新意愿。其次，众所周知，"育人"和"创新"都是一件需要教师长期投入的工作（不仅是精力的投入，还有资金的投入），而且具有投入大，效果呈现慢的特点，这种类型的工作不仅在强调绩效的类公司管理体制下很难得到认可，同时在职业发展条件与资源有限的情况下也很少被民办高校管理者所提倡。在这两种因素的作用下，民办高校教师逐步形成顺从、服从学校管理者的工作思路，将执行管理者的命令、完成管理者下达的任务作为主要工作目标。

总之，当前民办高校面临着重要的发展机遇，同时也面临着严峻的挑战。民办、公办高校教师间的"身份差距"阻碍着民办高校高水平师资队伍的建设，进而严重制约着民办高校竞争力的进一步提升。因此，消除这种"身份差距"是促使民办高校把握机遇、战胜挑战的重要保障，同时也是推动民办高校发展的必要前提。

---

① 王保星：《德性·想象力·职业安全——大学教师职业断想》，《江苏高教》2007年第5期。

第二节 身份变革之可行性

进入 21 世纪之后，我国高等教育体制改革逐渐深化，无论是公办高校还是民办高校所面临的制度环境都已经发生了巨大的变化，其中民办高校组织属性的进一步明确、公办高校人事制度的持续改革、民办高校教师"歧视性"政策的陆续消除以及政府对民办高校财政补贴力度的增强都为民办高校教师身份变革提供了基础与条件。换言之，当前我国民办高校教师实现身份变革，消除民办与公办高校教师身份差距的可行性已大大增强。

一 "非营利性"属性进一步明晰

随着 2015 年《教育法》的修订和 2016 年《民办教育促进法》的修订，我国民办教育进入了"分类管理"的时代。所谓"分类管理"是指民办教育机构将分为营利性民办教育机构和非营利性民办教育机构两种，政府将对不同类型的教育机构采取不同的管理制度与资助政策。这种"分类管理"打破了我国一直以来所持有的教育机构不能以营利为目的的思维定式，是进一步吸引社会资金进入教育领域的重要举措。从另一个角度讲，这种"分类管理"制度有利于进一步明晰民办高校的"非营利"属性，有助其社会地位的进一步提升。

由于我国民办高校是在公有制经济占主体，非公有制经济十分薄弱的时代重新出现的，这决定了我国民办高校很难像西方国家的非营利性私立高校或 1949 年前我国的非营利性私立高校一样通过获得巨额的"社会捐赠资金"来举办。我国大多数民办高校是依靠收取学费不断积累办学资金的，即所谓的"滚动式发展模式"。虽然我国1995年颁布的《教育法》规定："任何组织和个人不得以营利为目的举办学校及其他教育机构"，但从严格意义上来讲，这种通过"滚动式发展"建立起来的民办高校很难说是一种非营利性教育机构。首先，在"产权不清"的情况下，举办者总会想办法"补偿自己"。按规定，民办学校的产权在办学时归办学者所有，但不得分配、转让、担保或抵押；学校停办时，清算后的剩余虽可以返还或折价返还举办者，但其价值仅相当于举办者最初投入的部分，其余部分由审批机构统筹安排，用于发展社会力量办学事业。① 在这种"无利可图"的规定下，举办者常常另辟蹊径来进行"自我补偿"，如一些举办者在学校之外成立公司，资金以公司的名义借给学校，由学校向公司支付利息；还有一些举办者利用学校的"牌子"举办各种营利性培训班，从中获取收益，等等。这些情况的存在常常令政府管理者和民众对民办高校的资金与财产安全产生担忧。其次，在民办高校的日常管理中，"投资者"掌握着资源分配的实际权力，这种情况在那些实行"家族式管理模式"的学校中表现得尤为明显。"投资者"对资源分配的实际掌控使得学校运行更像一个私人企业，这在很大程度上影响着教师对自身"教师角色"的认同——正如前文所言，民办学校教师更多地认为自己只是一名"打工者"。在这种状态下，民办学校的公益性难以彰显。所以长期以来，无论是政府管理者还是民众都对民办学校的非营利性有所质疑，进而也忽视了其公益性。民办高校的社会地位一直不高与其"非营利性"的机构属性始终不清晰有着密切的关系。

---

① 宁本涛：《中国民办教育产权研究》，齐鲁书社2003年版，第157页。

2016 年《民促法》的修订和《国务院关于鼓励社会力量兴办教育 促进民办教育健康发展的若干意见》、《民办学校分类登记实施细则》、《营利性民办学校监督管理实施细则》等系列政策的出台，积极地促进了民办教育向"分类管理"时代迈进。对于"非营利性"民办高校而言，"分类管理"制度给其带来的最大利好就在于可以帮助其进一步明晰"非营利性"的组织属性，进而获得更高的社会声誉。首先，政府以一种真正"捐资办学"的模式来对"非营利性"民办学校进行管理，这将从管理的角度明确其"非营利性"机构属性。未来登记为"非营利性"的民办学校，其举办者不能从办学活动中取得收益，办学的结余必须全部用于继续办学；学校终止时，清偿债务后如有剩余财产，不能拿走，只能继续用于其他非营利性学校办学。显然，这样的规定与以往的"举办者可以拿回最初投入"或"取得合理回报"的规定相比，更加明确了举办者"捐资办学"的性质，进而使人们走出"投资办学"与"捐资办学"混淆不清的局面。这对于进一步明晰"非营利性"民办高校的"非营利"属性或公益属性将起到重要的作用。其次，政府对"非营利性"民办高校支持力度进一步加大，如落实同等的学生资助政策、落实税费优惠激励政策、落实与公办学校同等的用地优惠政策、落实民办学校教师在资格认定、职务评聘、培养培训、评优表彰等方面与公办学校教师同等的权利等，这将在实践层面将"非营利性"民办高校的"非营利性"属性做实。随着政府支持的逐步落实，一方面民办高校所获得的办学资源会越来越多，这将有助于其进一步提升办学质量，为公众提供更优质的教育服务；另一方面政府的支持也代表着一种认可，这将向社会传递更多的"非营利性民办高校是一种公益机构，其从事的是公益性事业"的正面认识。无疑，以上这些都将有助于进一步落实"非营利性"民办高校的公益性，进而提升其社会声誉。

当然，有些人对于"分类管理"制度在提升"非营利性"民办高校社会地位方面并不抱有乐观态度。如有些人认为，在如此苛刻、严格的"产权"制度下，现有民办高校举办者可能将用更加隐蔽的方式获得"回报"，并不能从根本上杜绝"举办者"牟利；还有一些人认为，只要学校的举办者仍然实际掌握着资源的分配权，就很难避免"牟利"行为的产生。诚然，在"分类管理"制度刚刚出台的现阶段，这些问题是无法在短时间内解决的，换言之，在一段时期内，"非营利性"高校的"营利"行为将依然存在。但是，随着政府对"非营利性"高校投入的加大，其对"非营利性"高校内部管理的介入也将会越来越多——从国际私立高等教育的发展历程中也可以看到，随着政府对私立高校资助的增多，政府对私立高校的干预也在增多，这将会促进"非营利性"民办高校朝着真正"非营利性"的方向发展。《国务院关于鼓励社会力量兴办教育 促进民办教育健康发展的若干意见》提出"必须加快民办学校现代学校制度建设，提升内部治理水平；……健全资产管理和财务会计制度"，显示出国家已经在思考如何加强对民办高校内部治理体制机制建设的引导与规范问题了。因此，我们也有理由相信，随着未来"分类管理制度"的不断完善和政府对"非营利性"民办高校管理的加强，"非营利性"民办高校的"非营利"属性会越来越清晰，进而获得更高的社会地位。这种社会地位的提升将为其教师身份变革奠定良好的基础。

二 公办高校人事制度改革不断深化

建国初期，我国高校人事制度管理主要继承了解放区的管理经验，借鉴的是苏联模式，形成的主要特点是：高校教师是国家工作人员，1978年之后进一步将高校教师划归为"国家干部"，与政府其他部门一样实行统一的编制管理。不能否认，这种对高校教师"国家干部"身份的确立以及相应的"编制管理"制度，在较长一段时间内确实起到了确保高校教师利益，提升高校教师社会地位以及吸引优秀人才进入高等教育领域的作用。但是随着高等教育的不断发展，这种固化的"国家干部"身份以及僵化的"编制管理"制度对高等教育发展的束缚作用也日益凸显。20世纪末，随着《高等教育法》的颁布，我国高校人事制度改革的大幕也逐渐拉开。

我国公办高校人事制度改革虽然步伐缓慢，但是总的方向却一直未变，那就是给予公办高校更多的人事自主权。这一方向在1998年的《高等教育法》中就已经明确下来，即"在用人制度、人事任免制度、分配制度、评审制度等方面赋予高校更多自主决定的权利"。2000年，中组部、人事部、教育部联合下发了《关于深化高等学校人事制度改革的实施意见》，提出了"总量控制、微观放权、规范合理、精简高效"的改革原则，并提出将"根据高等学校教学、科研、校办产业、后勤服务各方面的不同职能，实行不同的管理办法……后勤服务要从学校中剥离出来，抓住有利机会，创造条件，实现社会化"；"全面推行聘用制，破除职务终身制和人才单位所有制……高等学校的教师和其他专业技术人员实行职务聘任制……高等学校的管理人员实行教育职员制度"等改革意见。显然，这些改革意见很具有突破性，虽然具体落实的过程中仍没有动摇"编制管理"之主体地位，但还是推动高校人事管理向前迈进了一大步，使高校内部出现了事业编、劳务派遣、人事代理等多种用人形式。更为重要的是，为了推进聘任制的落实，高校管理者在高校内部教师岗位制度改革方面做了较多的探索，促进了以"身份"为依据的岗位制度向以"业绩"为依据的岗位制度的转变。所谓以"身份"为依据的岗位制度是指将教师职称与教师岗位联系在一起的"评聘统一"的岗位设计制度,如一位教师评上了副教授就直接获得副教授的岗位了。所谓以"业绩"为依据的岗位制度是指将教师职称评审制度与教师岗位制度相分离的一种岗位设计制度,如一位教师评上了副教授职称,但他要是不能满足学校所规定的副教授的岗位职责要求的话是不能获得副教授岗位的。显然,这种教师岗位制度改革增强了教师间的竞争性,实现了岗位的"能上能下"。一些"低职高聘"、"高职低聘"的现象开始在高校内出现。无疑,在编制制度无法撼动的情况下,公办高校内部岗位制度的这种改革有效地激发了教师的竞争意识,营造了一种竞争环境。这在客观上促进了公办高校教师与民办高校教师在"竞争体验"方面的趋同。在公办高校,那种可以"优哉游哉"混日子的时代一去不复返了。

"十二五"以来,我国高校人事制度的改革步伐明显加快。2011年党中央、国务院公布的《关于分类推进事业单位改革指导意见》、2014年颁布的《国务院关于深化职称制度改革试点的指导意见》、2015年发布的《关于深化体制机制改革加快实施创新驱动发展战略的若干意见》、2016年发布的《关于深化人才发展体制机制改革的意见》等一系列政策文件,有力地推动了公办高校人事制度的改革,使得多年来一直困扰着公办高校教师队伍建设的编制问题、职称问题的解决有了突破性的进展。首先,高校将获全面的职称评审权。长期以来我国实行的都是遵循"助教、讲师由校务委员会评审,副教授、教授由省、市、自治区教授、副教授评审委员会进行业务评审,然后由省、市、自治区高教(教育)厅(局)进行全面审查"的程序进行的,因此高校对副教授、教授并不具有评审权。后随着职称评审制度的不断改革,副教授的评审权被下放到了学校,但教授的评审权依然掌握在政府手中。直至2016年《关于深化人才发展体制机制改革的意见》的政策出台,教授的评审权才开始下放给高校。目前,我国已经有部分省份实现了高校教师职称评审权的全部下放,如福建省、山东省等。而且教育部发布的《教育部 2017 年工作要点》中的其中一条就是"将高校教师职称评审权直接下放至高校,由高校自主组织职称评审、自主评价、按岗聘用"。职称评审权的下放无疑将有助于解决公办、民办高校教师在职称评审方面存在的不公平问题。其次,公办高校的编制管理制度迎来了终结时代。虽然我国高校人事制度改革的步伐一直没有停止,但是有关"编制管理"的改革却一直没有大的进展。公办高校教师的"国家干部"身份,公办高校只有努力获得更多的编制才能实现师资队伍规模的扩展等状况一直持续着。直到 2016 年《关于深化人才发展体制机制改革的意见》颁布才开启了真正的改革。该《意见》提出,"充分发挥用人主体在人才培养、吸引和使用中的主导作用,全面落实国有企业、高校、科研院所等企事业单位和社会组织的用人自主权。创新事业单位编制管理方式,对符合条件的公益二类事业单位逐步实行备案制管理。改进事业单位岗位管理模式,建立动态调整机制"。这一方面意味着公办高校在人才招聘方面将不再受编制的限制,将获得更多的用人自主权;另一方面则意味着公办高校教师将失去"国家干部"身份,逐步成为"普通劳动者",与学校之间的关系将从一种固化的人事关系转变为一种松散的人事关系。可以预见,随着公办高校教师"编制管理"制度逐步走向终结,公办、民办高校教师的"体制内"、"体制外"的身份差异也将日益减弱。

总之,在很大程度上,公办、民办高校教师之间存在的身份差距是由公办、民办高校间不同的人事管理制度造成的。随着公办高校人事管理制度改革的不断深化,公办高校教师身份也将发生翻天覆地的变化——即由"国家干部"转变为"普通劳动者",毫无疑问,这种变化为构建公办、民办高校教师的同等身份带来了重要的契机。

三 "歧视性"政策已受关注

虽然法律上规定,民办高校与公办高校具有同等的法律地位,但是在现实层面上,民办高校难以享受与公办高校相同的优惠政策,如在税收、土地、社会保障等方面,这使得民办高校与公办高校长期处于实际上的不平等状态之中。在教师方面,这种法律上的平等与实际上的不平等状态也较为明显。正如前文所提到的,在职称评审、项目评审、各种奖项评比、培训培养等方面,民办高校教师经常遭遇到歧视性对待。这种歧视性对待有的是显性的,有的是隐性的,大多数是以隐性形式呈现的。例如,虽然在职称评审过程中,民办、公办高校走的是同样的程序,执行的是同样的标准,看似非常公平;但是由于民办高校起步晚、底子薄,又受到制度制约难以吸引高层次人才,这使得其教师整体竞争力水平远远低于公办高校,这就在实际操作中形成了民办高校教师晋升职称难,公办高校教师晋升职称相对容易的客观上的不公正。再例如,虽然有些省份已经把民办高校教师培训统一纳入到了高校教师培训体系当中,但是民办高校教师所能享受的职业发展资助还是有限的,如民办高校教师很难获得与公办高校教师同等的国外留学、访学资助。从实践中可以观察到,这些歧视性政策常常使民办高校教师形成"低人一等"的感受,进而影响其自身的"身份认同"。

随着民办高等教育在我国高等教育体系中地位的提升——民办高等教育已经从"拾遗补缺"的地位上升为高等教育体系的重要组成部分,进一步清除那些"歧视性政策"的可能性变得越来越大。事实上,2012年教育部发布的《关于鼓励和引导民间资金进入教育领域 促进民办教育健康发展的实施意见》已经吹响了清除阻碍民办高等教育发展的"歧视性政策"的号角。该《实施意见》在"制定完善促进民办教育发展的政策"条款中明确提出,"清理并纠正对民办学校的各类歧视政策。依法清理与法律法规相抵触的、不利于民办教育改革发展的规章、政策和做法,落实民办学校与公办学校平等的法律地位。各级教育行政部门在自查自纠基础上,积极协调相关部门,重点清理纠正教育、财政、税收、金融、土地、建设、社会保障等方面不利于民办教育发展的政策,保护民办学校及其相关方的合法权益,完善促进民办教育发展的政策"。虽然在民办高校产权、民办高校的"非营利性"属性等问题还没有得到有效解决的情况下,该《实施意见》的影响力仍偏弱,但对于民办高校而言,这一政策文件的出台具有重大的意义。一方面,它显示了国家进一步支持民办教育发展的态度和进一步加大对民办教育扶持的决心;另一方面,它指明了民办高等教育管理过程中存在诸多的"歧视性政策",使得这一问题明朗化,为进一步清除这些"歧视性政策"奠定了重要基础。

2016年《民办教育促进法》(修订版)的出台以及民办教育分类管理政策的实施,为更大程度的清理或消除这些"歧视性政策"带来了契机。首先,在"分类管理"制度下,由于非营利性民办高校的"非营利性"被进一步确认,这将使其更"名正言顺"、"理直气壮"地享受与公办高校相同的优惠政策。与《民办教育促进法》(修订版)相配套的《国务院关于鼓励社会力量兴办教育促进民办教育健康发展的若干意见》中已经明确提出要建立差别化政策体系:"国家积极鼓励和大力支持社会力量举办非营利性民办学校。各级人民政府要完善制度政策,在政府补贴、政府购买服务、基金奖励、捐资激励、土地划拨、税费减免等方面对非营利性民办学校给予扶持。各级人民政府可根据经济社会发展需要和公共服务需求,通过政府购买服务及税收优惠等方式对营利性民办学校给予支持"。可见，那些以往没有兑现的法律上的"同等优惠"承诺将有望被真正兑现。其次，在"分类管理"制度下，有关非营利性民办高校教师管理与保障的改革经验将得到进一步的推广。我国上海、温州、深圳以及陕西省、山东省等地已经在提升民办高校教师地位方面做了诸多有益的探索，如深圳市出台了民办学校教师长期从教津贴政策，财政投入 6 亿元；温州市实行了"公办、民办学校校长、教师的业务培训纳入统一规划和管理；民办学校教师职务评审实行倾斜政策，民办学校教师各类业务竞赛、职务评审、评先评优等，指标计划实行单列"等措施促进民办学校师资队伍发展；山东省开展非营利性民办学校教师养老保险与公办学校教师同等待遇试点，等等①。在"分类管理"的民办教育发展环境下，这些探索与尝试将得到更大程度的关注与认可。而随着这些改革及探索经验的不断推广，"非营利性"民办高校教师的地位必将进一步提升，其职业发展资源丰富程度和社会保障水平都将不断与公办高校教师接近。

当然，由于《民办教育促进法》（修订版）和分类管理相关制度也是刚刚出台，仍需要一段落实时间，因此"歧视性政策"的消除目前还主要停留于政策或理念层面。但是，由于我国经济发展将更多地依赖人力资本质量和科技创新，我国民众的教育需求也从"有学上"变为了"上好学"，因此，人们对优质化、个性化、多样化的教育需求空前强烈。这必将加快政府对阻碍民办教育进一步发展的"歧视性政策"的清理速度，以促进更多的优质的民办学校涌现。概而言之，在新的历史时期，民办高校的发展环境将日益优化，现存的"歧视性政策"必然被逐步消除，这对民办高校教师身份变

---

① 阙明坤：《民办教育综合改革破冰前行》，《中国民办教育》2017 年第 1 期。

革将是一种有效的促进。

四　政府财政资助逐步增强

显然，除了政策之外，经费的短缺是民办高校教师身份变革的另一关键制约因素——民办高校教师的社会地位低于公办高校教师的一个重要原因就是民办高校教师的收入水平明显低于公办高校教师。因此，要想实现民办高校教师的身份变革，提升其收入水平是必须要做的事情。尤其是在民办、公办高校教师退休后的保障都统一到一个社会保障体系当中的改革背景下——民办高校教师的社会保障水平与其收入水平呈正比例相关关系，即收入高的教师所缴纳的养老金就多，退休后的社会保障水平也会相应提高——提升民办高校教师的收入水平显得更为紧迫。然而，在以学费为主要办学资金来源的运行状态下，民办高校很难有多余的资金用于提升教师收入水平。

我国相关政策法规虽明文规定，"民办学校享受与公办学校同等的税收优惠及其他优惠政策"；同时也"鼓励地方各级政府可以设立专项资金，用于资助民办学校的发展；县级以上各级人民政府可以采取经费资助、出租、转让闲置的国有资产等措施对民办学校予以支持"。但是，这些"优惠与支持"长期以来一直是"落实"的少，"虚置"的多。进入"十二五"之后，尤其是在《国家中长期教育改革和发展规划纲要（2010—2020）》颁布之后情况有所改观，各省市陆续出台了相应的扶持政策，如陕西省制定了《关于进一步支持和规范民办高等教育发展的意见》，该意见指出，"从 2012 年起每年设立 3 亿元民办高等教育发展专项资金，重点用于民办高等教育公共服务和信息平台建设、高水平民办高校建设、改革创新、师资队伍建设、实验室和实习实训基地建设、科学研究、表彰和奖励为民办高等教育做出突出贡献的集体和个人等方面"；同时，细化了民办高校能享受的优惠："民办高校、高等教育助学机构承受的土地、房屋权属用于教育教学的，免征契税。占用的耕地、自用的土地和房产用于教学的，免征耕地占用税、城镇土地使用税和房产税。对学校学生公寓和与学生签订的高校学生公寓租赁合同，按规定免征房产税、印花税。水、电、气、采暖、排污等公用事业性收费享有与公办高校同等的待遇。"除了陕西省，浙江省、福建省、江苏省、贵州省、北京、天津、上海等省市都出台了资助民办教育的相关法律、法规。这代表着我国在扶持民办高等教育方面迈出了可喜的一大步！但是不能否认的是，虽然税费、用地、水电等相关优惠政策逐渐被落实，各地政府对民办教育的财政支持力度仍偏弱——陕西省的每年 3 个亿的财政资助算是力度较大的，其他省市多以几千万的财政资助为主，如北京市政府拿出 1200 万元，设立民办教育发展引导性资金；重庆市政府下拨 2000 万元补助资金，用于民办高校改善教学环境、提高教师素质、建设学生实习实训基地等；贵州省政府从 2011 年起每年安排 2000 万元用于支持民办教育发展。[①] 显然，这种程度的资助难以从根本上改变民办高校的办学经费短缺问题，只能起到一定的缓解作用。

《民办教育促进法》的修订为各地政府进一步提升对非营利性民办高校的财政支持力度带来了契机。首先，"营利性"与"非营利性"的区分将有利于消除各地政府对"非营利性"民办高校的"戒心"，进而加快优惠政策的落实和财政支持力度的增强；其次，依据《民办教育促进法》（修订版）制定的《国务院关于鼓励社会力量兴

---

① 何国伟：《我国非营利性民办高校公共财政资助问题研究》，西南师范大学出版社 2016 年版，第 100—101 页。

办教育促进民办教育健康发展的若干意见》中提出，要"加大财政投入力度。财政扶持民办教育发展的资金要纳入预算，并向社会公开，接受审计和社会监督"。显然，这一举措将进一步提升政府对民办高校财政资助的稳定性和可持续性。可以预见，在"分类管理"制度下"非营利性"民办高校将获得更多的政府财政资助，而资助形式大致可以分为直接资助和间接资助两种。直接资助包括土地划拨、基金奖励、购买学历教育服务和科技服务、给予民办高校教师补贴等形式。间接资助包括税费优惠、水电优惠、捐资激励等形式。但无论是哪一种资助无疑都将使得民办高校获得更多的办学经费和资源，这将为其教师实现身份变革提供必要的物质支持：在政府资助逐步加大的情况下，民办高校将有更多的结余资金可被直接用于提升教师的收入水平；在政府社会保障补贴落实到位的情况下，如在养老保险、职业年金等方面提供的补贴，民办高校教师的隐性收入水平将得到有效提升；随着民办高校对教师培养、培训投入的不断增加，民办高校教师将获得更多的职业发展助力，从而不断增强获得更高水平收入的能力。概而言之，政府相关优惠政策的进一步落实和财政资助强度的进一步加大将给民办高校教师提升收入水平带来希望，而随着民办高校教师收入水平的不断提升，其身份变革的速度也会不断加快。

第四章 印度私立高校教师身份
及其制度成因

印度私立高等教育具有悠久的发展历史，在经历了印度独立后的高等教育"国有化"阶段之后，私立高等教育再次成为印度高等教育体系的重要组成部分。若从是否得到政府的财政资助进行划分，印度私立高校主要可分为受助私立高校（Private aided colleges/universities）和自筹经费私立高校（Private unaided colleges/universities）两大类，前者一般被认为是"假私立高校"——政府给予受助私立高校的财政经费大约能占到其经费总收入的95%，而且大部分财政经费是以教职工工资的形式发放[1]；后者则被认为是真正的私立高校。本章主要研究的是印度自筹经费私立高校，后文简写为私立高校（自筹）的教师身份问题。时至今日，印度私立高等教育在规模上已经超过公立高等教育，这意味着，印度已经完成了高等教育发展模式由以公立为主向以私立为主的转型。[2] 在这一转型过程中，印度私立高校教师身份也几经变化。

---

① James Tooley, *Management of Private-aided Higher Educationin Karnataka*, *India*, Educational Management Administration & Leadership, 2005, p. 1.

② 安双宏、王占军：《印度高等教育私营化：进退两难的战略抉择》，《比较教育研究》2014年第2期。

第一节　印度私立高校教师身份演变历程

印度私立高校教师身份的演变与其私立高等教育发展历程密切相关。虽然印度私立高等教育有着悠久的发展历史，但是现代意义上的私立高校则是起源于殖民地时期，而殖民地时期的高等教育制度又为印度独立后的高等教育制度建设奠定了重要基础，由此，印度殖民地时期私立高等教育的发展是不容忽视的。印度独立后，私立高等教育又经历了完全不同的两个发展阶段：在独立后的"计划经济时期"，私立高等教育在"国有化"的政策下几乎覆灭；而在印度进入"市场化经济时期"后，私立高等教育又迅速崛起并成为印度高等教育体系的重要组成部分。由此，本研究将印度私立高等教育发展划分为殖民地时期、印度独立后"计划经济时期"和独立后"市场化经济时期"三个阶段，在每一个阶段中私立高校教师的身份都有其显著的特征。

一　殖民地时期的私立高校及其教师身份

在古代印度，教师具有很高的社会声望和地位，在种姓制度中，从事宗教和教育工作的婆罗门拥有最高的社会地位。教师同牧师一样，将自己的工作看成是一种社会责任，一份具有崇高价值的事业。因此教师从事教育工作一般也不是为了钱，有时还需要教师拿出自己的钱来满足教育发展需求——"私人教师往往需要通过自我牺牲、自我奉献，勤俭节约和对高深学问的追求来维持教育活动的发展"[1]

---

[1]　C. M. Ramachandran, *Problems of Higher Education In India: A Case Study*, Mittal Publications, 1987, p. 61.

虽然后来，随着宗教组织和皇室都纷纷提供资助，私立学校的经济环境大有改善，但是对于教师而言，其职业的神圣性并未有所改变。1757 年，普拉赛战役结束，印度沦为英国的殖民地，之后不仅大量的英国商行涌入印度，一些英国官员和传教士也将西方教育带到了印度，陆续建立了一批私立学院，这些私立学院的建立为印度近代私立高等教育的发展奠定了重要的基础。1857 年，英印政府建立了印度最早的三所大学，即加尔各答大学（Calcutta University）、孟买大学（Bombay University）和马德拉斯大学（Madras University），这三所大学的建立标志着印度现代高等教育制度正式确立。①

英印政府主要是仿照伦敦大学模式构建的印度大学，即大学只是单纯的考试机构，是接纳附属学院的一种管理机构——这就是至今印度都在采用的"附属制"。这种附属制的主要特点是，大学是一个管理机构，负责考试、课程教学设计、发放学位证书等，其附属学院才是人才培养的主体机构。对于附属学院而言，若不附属于某大学，则其是不具有存在的合法性的。因此，在这种"附属制"确立之后，殖民地时期建立起来的私立学院被纷纷纳入大学，成为大学的附属学院。由此，印度形成了公立学院与私立学院并行发展，并最终统一到大学的高等教育体系，在这样一种体系下，私立学院与公立学院具有平等的地位。同时，由于英印政府对私立高等教育实行"放任自由的政策"，私立学院获得了较大的发展空间，成了印度殖民地时期高等教育体系中的主体。但由于殖民地时期的大学从建立之初就接受政府的管理——大学校长由邦总督兼任，副校长由政府直接任命，因此附属于大学的私立学院也同样需要接受政府的

① 许庆豫、葛学敏：《国别高等教育制度研究》，中国矿业大学出版社 2004 年版，第 214 页。

管理。而为了进一步加强对私立学院的控制，英印政府还为私立学院提供财政补助，其中就包括为教师提供的多种补助，以使其服从政府的管理，为英国统治印度提供人才支持。当然，殖民地时期英印政府虽然推动了印度近代高等教育的发展，但并不是十分重视，因此殖民地时期的高校发展极为缓慢——三所大学建立的 30 年后，即 1887 年第四所大学才得以建立；又过了 29 年，即 1916 年第五所、第六所大学被建立。① 而且，英印政府对大学的管控主要是随着私立学院数量增多和印度传统语言与文化教育发展才不断加强的，这实际上为印度私立学院自主发展提供了较大的空间，因此私立学院的自主、自治意识还是较强的。

随着大学的建立，印度近代高等教育制度体系逐步建立起来，高校教师也逐步演变为一种专门化的职业。为了让大学服务于英国对印度的统治，英印政府视公办高校教师为普通公务员，为其提供一定的薪水，让其为英殖民地效力。这样的做法，实际上是降低了印度高校教师的地位——将教师工作职业化，相当于将其从神圣的圣坛上拉了下来，成为芸芸众生中的普通一员。失去了神圣感的教师职业大大降低了对有才能的人的吸引力，同时由于英印政府付给高校教师的薪水也是比较低的，这进一步降低了高校教师职业的吸引力。② 相对于公立高校教师，私立高校教师与私立高校举办者之间形成了被雇用与雇用的关系。私立高校接受的政府补助十分少，一般不到公立高校补助的三分之一，学费和慈善捐赠成为其主要收入来源，因此在经费的限制下，私立高校教师的收入也不高。但是殖民地时期，受英印政府控制的大学和学院在聘任教师时要求其必须

① Shakeel Ahmed, BadarAlam Iqbal, *Financing of Higher Education in India: Then and Now*, Productivity, 2013, pp. 390 – 401.

② 杨洪：《印度教师的地位》，《贵州教育学院学报》（社会科学）2002 年第 5 期。

具有西方教育背景，因此，高校教师主要是由资产阶级知识分子来
担任——他们大部分出生于当地封建贵族或地主家庭，受封建文化
和当地宗教熏陶，但又是当地人中最先接受西方现代教育的人。[①] 这
样的教育背景要求，再加上大学和学院所培养的学生主要在政府部门
任职，这些又都在无形中维持了高校教师较高的社会地位。总之，在
殖民地时期，虽然英印政府在印度发展高等教育的主要目的是为了巩
固殖民地统治，但在客观上却促进了近代印度高等教育体系的发展，
在这个过程中，印度高校教师也完成了由"个体慈善行为"向"职业
化"的转变，这为独立后印度高等教育的大发展奠定了重要的基础。

二　独立后"计划经济时期"公、私立高校教师的身份趋同

印度独立后，百废待兴，为了尽快摆脱经济上的依附地位，印
度推行了尼赫鲁（Jawaharlal Nehru）经济发展模式，即通过计划发
展经济，在国家主导下发展以公营为主的经济。[②] 在这样的经济背景
下，尼赫鲁政府将高等教育作为促进国家政治、经济、文化发展的
重要工具，同时也把高等教育视作社会福利事业，列入国民经济发
展计划之中。由此在独立后的四五十年里，政府（包括中央政府和
邦政府）一直是高校的主要财政提供者，到了 20 世纪 90 年代，政
府的财政投入占到了高等教育总投入的 90%。[③] 在政府的大力支持
下，印度高等教育在短时间内便实现了跨越式发展，如在独立后的
30 年间，印度的高校数量成倍增长——到 1961 年，大学已经从
1946—1947 年的 10 所增长为 46 所，到了 1975 年更是达到了 102 所；

---

① 杨雅楠：《英属印度殖民教育及其双重效果》，硕士学位论文，河南大学，2011 年，
第 25 页。

② 王瑞明：《印度经济发展模式的演变》，硕士学位论文，山西大学，2008 年，第 1 页。

③ J. L. Azad, *Financing And Management of Higher Education In India：The Role of the
Private Sector*, Gyan Publishing House, 2008, p. 75.

学生规模在 1950—1965 年间，本科生从 191000 人增长为 7590000 人；研究生从 18000 人增长为 86000 人。[1]

独立后的印度高等教育制度基本保持了独立前的特色：一是鼓励和支持私立高校发展；二是继续沿用仿照英国伦敦大学制度形成的"附属制"。因此，独立后不仅公立教育机构规模快速增长，在 1949—2004 年间增长了近 6 倍；私立教育机构也得到快速的发展，在 1949—2004 年间，印度的私立教育机构从 101678 所增长为 250000 所，增长了 2 倍多，这些私立教育机构大部分集中在高等教育阶段。[2] 在"附属制"的作用下，独立后的印度大学与私立学院之间始终保持着千丝万缕的关系，私立学院并不因外界竞争而存在消亡的危机。[3] 而且随着政府对高等教育投入的增多，私立学院也接受了大量的政府拨款，这使得大多数的私立学院都变成了受助私立学院。由于受助私立学院的办学经费大部分来自于政府，且在"附属制"下拥有较少的办学自主权，因此严格意义上来讲，这些受助私立学院无论从经费来源角度，还是从管理模式角度都已经很难被称为私立学院了。

在这样的高等教育发展制度下，印度公立、私立高校教师之间的身份差异较小。首先，在薪酬水平方面。独立后初期，印度公立学院教师的薪水由政府支付，因此公立学院教师薪水要比私立学院教师薪水更高、更稳定，这引起了私立学院教师的强烈不满并直接导致了 1971 年私立学院教师罢工的发生——私立学院教师罢工的主

---

① C. M. Ramachandran, *Problems of Higher Education In India: A Case Study*, Mittal Publications, 1987, pp. 79 – 80.

② J. L. Azad, *Financing And Management of Higher Education In India: The Role of the Private Sector*, Gyan Publishing House, 2008, p. 296.

③ 胡玲琳：《印度私立高等教育扩充的后果及对策分析》，《民办教育研究》2004 年第 2 期。

要目的是希望能够获得和公立高校教师同等的薪酬水平。这场罢工
最终以由政府支付私立学院教师和员工薪水收场，至今，受助私立
学院的教职员工的薪水都是由政府支付的。其次，在招聘和职称晋
升方面。印度大学拨款委员会（在印度，"大学拨款委员会"是中央
政府的代理机构）对大学和学院的教师聘任程序和标准、教师晋升
的程序和标准都做了详细的规定，这些规定一般在中央大学都能够
得到认真落实，在其他大学和学院主要起到参照作用。总体来看，
公立与私立高校教师使用的是同一套教师聘任和晋升体系，而且由
于在教师从副教授晋升为教授的环节中，印度高校较为普遍采用的
是校外竞聘制度——即某校副教授参加其他高校的教授岗位竞聘或
本校的"全国性教授岗位竞聘"，这在客观上促进了公立、私立高校
教师间的流动。[①] 第三，在职业认同方面。由于在"附属制"下，
无论是公立学院还是私立学院都不拥有课程设置、考试以及学位授
予的自主权力，这导致学院教师普遍形成了只要按大学的课程体系
与课程要求讲好课程就行的心理。因此，无论是公立学院教师还是
私立学院教师都缺乏对学术的追求，只满足于把课教好，并不关心
课程开发、教学改革、学校管理等，更多关心的是薪酬问题和职称
晋升问题。正如印度学者斯瓦米（V. C. Kulandai Swamy）所指出的：
"今天印度高等教育的悲剧是那些在人力资源开发方面负有重要责任
的专业人士更多地将自己看成是打工者，……他们没有远大的抱负，
也不考虑晋升之外的事情。"[②]

　　总之，印度独立后，在计划经济发展模式的影响下，印度高等

---

① 宋爱红、安双宏：《印度高校教师的任用与晋升》，《黑龙江高教研究》2002年第
3期。

② V. C. KulandaiSwamy, *Higher Education In India Crisis In Management*, Viva Books
Private Limited, 2008, p. 17.

教育也逐步走向"国有化"。在这个时期里，私立学院虽然大量存在，但由于政府逐步成为其主要财政来源，尤其是在政府为私立学院教师支付薪水之后，私立学院的属性实际上已经发生改变，形成了"公办民营"的特殊模式，在这种模式下，公立、私立高校教师身份也逐步趋同。

三 独立后"市场化经济时期"公、私立高校教师的身份分化

政府的财政支持是独立后印度高等教育迅猛发展的重要原因和保障，但不能否认的是，如此庞大规模的高等教育体系确实给政府带来沉重的财政负担。而且在政府如此大力支持的情况下，印度高等教育发展仍落后于其他发展中国家和发达国家，如在高等教育毛入学率方面，截止到 2010 年印度是 12%，中国是 25%，巴西是 34%，英国是 57%，美国是 83%。同时，在"国有化"的政策下，无论是公立学院还是私立学院都缺乏发展的活力，高等教育质量普遍偏低。这些问题的存在为印度高等教育的进一步发展提出了新的挑战，为了应对这些新挑战，印度政府开始接受关于高等教育属性的新看法，即高等教育既有"公益性"又有"私益性"，这种认识的转变与印度经济发展模式开始转型，即从计划经济向市场经济转变有着密切的关系。随着市场经济制度的不断发展，高等教育成本分担理论、私立高等教育发展理论逐步占据上风，成为影响政府决策的重要思想。印度高等教育发展的新拐点大致出现在 20 世纪 80 年代末和 90 年代初：随着 1986 年的《国家教育政策》、1992 年的《国家教育政策修正案》以及《行动方案》的陆续颁布，将市场机制引入高等教育的思路日益清晰——1986 年，两个参与制订《国家教育政策》的委员会就曾公开表示，仅靠公共财政来发展高等教育

是不够的，在不增加财政供给的基础上通过自筹经费项目也未尝不是解决高等教育扩容的有效办法。[①] 1997 年之后，印度高等教育财政体系开始发生变化，鼓励自筹经费的私立大学和学院发展的政策开始出现，自筹经费的私立大学和学院也迅速发展起来。截止到 2006 年，印度自筹经费私立学院已达 7650 所，占到全部私立高等教育机构的 60%。[②] 目前，这种自筹经费的私立高等教育机构已经占据了印度高等教育机构的半壁江山。

　　私立高校（自筹）的发展促进了公立与私立高校教师身份的分化。私立高校（自筹）由于经费短缺，在师资上的投入明显不足，师资短缺、优秀教师缺乏已经成为一种常态。在 1980—2011 年间，印度私立高校（这里包括受助私立学院）入学人数增长了 6 倍，而教师人数仅增加了 4 倍，师生比率极不协调，一度达到 1∶26。当然，在印度高等教育入学人数迅速增加的背景下，印度高校师资短缺是一个普遍性的问题，也就是说即使是公立高校也面临着师资短缺问题，这使得公立学院不得不聘请一些短期的、合同制的教师来担任教学工作，公立学院尚且如此，私立学院（自筹）的情况可想而知。在私立学院（自筹）中，授课的教师大部分都是非终身职位的兼职教师，工资以时薪为主，不享有其他福利，流动性很强，许多教师身兼多个学校的课程甚至还跨专业授课。[③] 因此，相比较而言，公立学院教师在政府财政支持下，职业相对稳定，工资薪酬也较高——为了保障并促进高等教育质量提升，大学拨款委员会采取

---

　　① 周江林：《印度私立高校发展的政策逻辑及其启示》，《教育发展研究》2013 年第 9 期。

　　② 安双宏、王占军：《印度高等教育私营化：进退两难的战略抉择》，《比较教育研究》2014 年第 2 期。

　　③ 黄振鹏、杨素萍：《印度私立高等教育质量改进研究》，《教书育人》2017 年第 7 期。

了包括提薪在内的多项措施来吸引并留住教师，这使得公立高校教师职位比私立高校（自筹）教师职位更有吸引力。当然，一些由企业家举办的私立高校（自筹）有着更为充足的办学资金，他们以高薪吸引优秀的教师，所给出的工资往往比公立高校教师高出很多，如印度阿达尼公共管理学院为其教授提供100000卢比（按当时的汇率，相当于2214美元）的月薪，而同种类型的公立高校教师的月薪只有800美元。[1] 另外，与公立高校相比，与企业建立密切联系的私立高校（自筹）可以为其教师提供更多的社会服务、技术咨询的机会，这从另一个方面也增加了私立高校（自筹）教师的收入水平。因此，那些有着雄厚资金基础的私立高校（自筹）对教师的吸引力要大于公立高校，但是这样的私立高校（自筹）目前仍是少数。

第二节　当代印度公、私立高校教师之身份差距

独立后，印度公立、私立高校教师身份经历了从"统一"到"分化"的发展过程。而在"分化"之后，虽然印度秉持公立、私立高校平等发展的理念，实施公立、私立高校"一体化"管理体系，使公立、私立高校教师处于同一职业管理系统，但公立、私立高校教师之间仍存在较大的身份差距，主要体现在薪酬水平、福利待遇和职业权利等方面。

---

① Neelakantan, Shailaja, *In India*, *Industrialists Create New PrivateUniversities*, The Chronicle of Higher Education, 2010. 2. 28.

一　公、私立高校教师处于同一职业管理系统

根据印度的《大学拨款委员会法》，大学拨款委员会有权为高校教师制定入职标准和晋升标准。1991 年，印度大学拨款委员会颁布了关于高校教师任用和职称晋升的规定，而此规定适用于经由中央法、邦法及各地方法建立的各类高校，其中自然包括私立高校（自筹）——建立私立高校（自筹）主要通过三个途径：一是通过邦立法；二是成为人力资源发展部认可的准大学①；三是附属于一所公立大学。② 这就使得印度公、私立高校教师处于同一职业管理系统之中，遵循着同样的最低入职要求、职称晋升模式和标准、最低薪酬标准等。

（一）相同的最低入职要求

独立后，印度政府一直在探索科学的高校教师入职最低要求，如 1973 年大学拨款委员会就规定，高校教师入职的最低要求是拥有良好的研究能力和成果，具有研究生学位和教学能力。1991 年，印度大学拨款委员会颁布了关于高校教师最低入职要求的规定，这一规定对后期的印度高校师资队伍建设产生了重要的影响，其中大部分的要求至今仍在使用，其提出的最低入职要求如下：教授（professor）必须有 10 年的研究生教学工作或研究工作经历（包括指导博士生的工作经历），并有高质量的科研成果出版，或者在知识创新方面有突出的贡献；副教授（reader）必须有 8 年的本科生教学工作或研究工作经历（包括至少 3 年的研究生教学工作经历），拥有博士

---

① 在印度"准大学"（Deemed University）是指，得到人力资源发展部认可的，被认为已经具备了基本的大学特征的高等教育机构，具有授予学位的权力。在印度，这种"准大学"既有公立的，也有私立的。

② PJ Shah, *Regulatory Structure of Higher Education in India*, Centre for Civil Society Submitted to International Growth Centre, 2015, p. 5.

学位或同等学力水平，非教育系统的候选人的硕士学业成绩排名必须在 55% 以上或同等水平，有高水平的论著出版，对教学改革、新课程设计做出贡献；准副教授（lecturer，selection grade）必须有 8 年的高级讲师工作经历，或者 16 年的讲师工作经历；有高水平的论著，对教育改革、新课程设计做出贡献；教学业绩突出，持续获得好评；参加过两次进修课程或暑期学院，或其他被大学拨款委员会认可的继续教育项目；讲师因学科不同要求也有所不同，但总体的要求是硕士学业成绩排名在 55% 以上或同等水平，同时还应通过全国教师资格考试或类似考试。①

之后，大学拨款委员会对高校最低入职要求进行多次修订，如 1998 年印度大学拨款委员会提出了各大学和学院招聘教师的基本程序，并将获得博士学位的教师入职时是否参加"全国教师资格考试"的决定权交给高校②；在 2010、2013 年的修订中，教授和副教授岗位都增加了学术成绩指数（Academic Performance Index，API）③ 的要求，教授要求必须保持在 400 分以上，副教授必须保持在 300 分以上；2016 年又废除了获得博士学位教师应聘副教授岗位时需要通过"全国教师资格考试"的要求，但前提是候选人必须接受过正规博士教育，并且其论文通过至少两位外校专家的评审；在其学位论文基础上发表论文 2 篇，并在会议上做主题发言 2 次以上。④ 当然，大学拨款委员会的入职要求只是最低要求，各高校可根据自身的

---

① *The University Grants Commission Act*, 1958 *And Rules and Regulations Under The Act*, University Grants Commission, 2002, pp. 58 - 59.

② 宋爱红、安双宏：《印度高校教师的任用与晋升》，《黑龙江高教研究》2002 年第 3 期。

③ API 指数是衡量教师学术成绩的一种方式，主要采用的是量化评价方式，包括科研成绩、教学成绩及其延伸性工作业绩。

④ *UGC amends faculty recruitment norms*, Indian Express（http://indiaeducationre-view. com/ugc-amends-faculty-recruitment-norms/）.

情况做调整，但是这种最低要求的提出有效地保障了高校，尤其是私立高校（自筹）的师资队伍质量，使得这类高校不会因"逐利"而随意放低教师聘任标准。但是需要指出的是，在印度高等教育整体面临教师短缺问题的情况下，私立高校（自筹）聘用了大量的临时的、合同制教师，而大学拨款委员会并没有关于这类教师的聘用标准，这使得一些不合格的教师进入了私立高校（自筹），严重影响了私立高校（自筹）教师的职业声誉和办学质量的进一步提升。

（二）相同的职称晋升模式与最低标准

目前，印度高校教师职称晋升一般有两种模式，一种是公开选聘模式，一种是校内晋升模式。所谓公开选聘模式，是指当高校中有教授或副教授职位空缺的时候，就会面向全国公开选聘，受聘者得到晋升。在很长一段时间里，公开选聘模式是印度高校教师实现晋升的唯一模式。这种模式的弊端在于教授或副教授职位空缺十分有限，只有教授退休了或副教授为了晋升而离开才能空出职位来，而印度高校为社会人士预留职位的做法更进一步缩减了职位空缺的空间。但显然，这种职称晋升模式的好处在于一方面可以运用竞争机制有效保障高校聘到高水平的教师，另一方面则可以促进教师流动。所谓校内晋升模式，是指教师在本校内按部就班的从高级讲师晋升为副教授，再从副教授晋升为教授。这一模式是在20世纪80年代传入印度的，这一模式允许具有资格的教师在没有职位空缺的时候也可以实现职称晋升。虽然印度政府文件并未对这两种晋升模式进行区分，但在实践中，通过公开选聘模式晋升的教师比通过校内晋升模式晋升的教师更受公众的认可。同时，校内晋升模式也由于看重资历，不看重学术成绩而广受诟病。印度总理阿姆里克·辛格（Amrik Singh）曾批评这种校内晋升模式：

"遏制了创新，甚至是晋升为教授职位也更看重资历，而不是学术成就"。① 但不能否认的是，由于校内晋升模式扩展了教师的职业发展空间，鼓舞了教师的发展士气，高校对其还是十分青睐的，近些年，通过校内晋升模式实现晋升的教师数量明显多于通过公开选聘模式实现晋升的教师数量。

关于高校教师职称晋升的最低标准与高校聘任标准基本一致，但也略有差异，如在聘任副教授时只强调博士学位，8 年的教学或研究经历（其中至少 3 年的研究生教学工作经历），高水平的论著，对教学改革、新课程设计做出贡献；但是在从讲师晋升为副教授时，除了学位的要求、研究和教学方面的贡献，还要求只有高级讲师才有晋升资格，且必须满足以下条件：在高级讲师岗位服务满 8 年或者在讲师岗位服务不低于 16 年；参加过两次进修课程或暑期学院，或其他被大学拨款委员会认可的继续教育项目；工作持续获得好评；没有博士学位的或者学术水平达不到要求的高级讲师还必须经过准副教授一级才能申请晋升副教授。② 普通讲师向高级讲师晋升一般由高校按照大学拨款委员会所制定的程序进行组织，大部分通过校内晋升模式实现晋升。为了进一步提升校内晋升模式在保障高校师资队伍质量方面的作用，克服以上提及的问题，印度第六次工资改革委员会于 2010 年发布了关于校内晋升的标准（这一标准在 2013 年被修订），此标准侧重于对教师的工作绩效进行评价，具体包括了工作经历、API 分数、专家委员会评价三个方面。

---

① Jandhyala B. G. Tilak and A. Mathew, *Promotion in the Academic Profession in India: Upward mobility of faculty in higher education*, RIHE International Seminar Reports, 2015, p. 19.

② *The University Grants Commission Act*, 1958 *And Rules and Regulations Under The Act*, University Grants Commission, 2002, pp. 58 – 59.

（三）相同的薪酬制度

为了提升高校教师职业的吸引力，印度政府给高校教师提供了较高的薪酬——印度高校教师属政府文职人员系列，文职人员分为四组：A、B、C、D组，其中A组的基本工资最高，而高校教师被列为A组，与政府公务员、律师、医生等都属于印度社会的中上收入阶层。[①] 同时，大学拨款委员会还制定了高校各类教师工资的最低起点和最高点，将这种薪酬水平以制度的形式确立下来。1988年，印度高校普通讲师的最低起点工资为2200卢比，1999年印度政府又一次大幅度提高高校教师工资，从1996年1月开始计算，讲师的起点工资由每月的2200卢比升至8000卢比，而一般的企业技术工人到60岁退休时每月能挣到8000卢比的人也是极少数。[②] 正是由于印度政府实施的这种高工资政策，印度高校师资队伍比较稳定、教师很少跳槽。但是由于大学拨款委员会在设置高校各类教师工资下限的同时还设置了上限，同时政府调整工资范围的频率又不高，所以随着高等教育的快速发展，高校教师工资增长速度缓慢的问题日益凸显，这常常引发高校教师的罢工活动，如2009年9月，来自15所印度理工学院的1500名教师进行了1天的绝食罢工，并威胁政府若不能满足他们提高薪水的要求，将有更多的教师进行绝食罢工。[③]

随着世界高等教育竞争的日益激烈，印度政府也逐渐认识到这种"框架性"的薪酬制度对高校教师待遇的提升造成了较大的束缚。而随着印度高校教师薪酬竞争力的减弱，印度高校教师更多地到加

①　彭青、侯建国：《中印高校教师工资待遇比较分析》，《中国高校教师研究》2010年第5期。

②　宋爱红、安双宏：《印度高校教师的工作量与工资待遇》，《南亚研究季刊》2002年第3期。

③　Geeta Anand, Krishna Pokharel, *World News*：*India's Ivy League Protests Lack of Public Funding—Faculty of the IndianInstitutes of Technology Stages a Hunger Striketo Demand*, Wall Street Journal, 2009. 10. 2.

拿大、英国、美国高校任职的现象日益突出——这不能不说是导致当前印度高校教师紧缺的一个重要原因，目前即使是印度顶尖的私立高校（自筹）也已经出现了教师紧缺的问题。[1] 为了改变高校师资队伍建设的这种不利局面，一种"取消薪酬水平限制，给予高校更多的薪酬自主权"的呼声日益高涨，但至今这种"框架性"工资模式仍在印度占据主导地位，高校教师们主要还是通过呼吁或与政府协商来提升工资水平。

二 公、私立高校教师的身份差距

虽然印度的公立高校、私立高校（自筹）教师处于同一个职业管理系统之中，但却存在着较大的身份差距，这种身份差距主要体现在薪酬水平、福利待遇、职业权利等方面。

（一）薪酬水平方面的差距

虽然大学拨款委员会的薪酬框架适用于各类高校，但是在实际执行过程中，由于缺乏必要的监督，很多私立高校（自筹）会因经费有限而在教师薪酬方面打折扣，如从 2004 年开始，大学拨款委员会专家陆续走访、调查了 53 所私立大学，发现只有 8 所私立大学执行了大学拨款委员会的薪酬标准。[2] 所以，除少数资金丰厚的私立高校（自筹）之外，私立高校（自筹）教师的薪酬水平普遍低于同类型公立高校教师。一般情况下，私立高校（自筹）的教师薪酬支出占总支出的比例都不高，如古吉拉特邦（Gujarat）的一所私立大学2003—2009 年间的教师薪酬支出平均占比为 25%；喜马偕尔邦

---

① Annette Orozco Bhatia, *The Cosmopolition GURU: An Analysis of Indian Faculty Mobility And Career Trajectory*, The University of Arizona, 2015, p. 14.

② Subodh Varma, "Indian higher education: 40% of college teachers temporary, quality of learning badly hit", *The Economic Times*, 2013. 9. 10.

（Himachal Pradesh）的一所私立大学 2003—2009 年间的教师薪酬支出平均占比为 15%。[①] 而在美国、日本私立高等教育发展较好的国家里，一流私立大学的教职工薪酬支出均在 50% 以上，如 2002 年日本私立大学的教师薪酬支出占比平均为 49.7%。[②] 印度私立高校（自筹）之所以可以将教师薪酬支出水平控制在如此低的比例范围内，一方面与其很少执行大学拨款委员会的薪酬标准密切相关；另一方面则与其雇用了大量的兼职教师密切相关。目前，虽然雇用兼职教师是印度高校一种普遍的做法，这些兼职教师的薪酬一般只有正规教师薪酬的 1/4，在不同类型高校间，兼职教师的薪酬水平也是存在差异的，如中央大学的兼职讲师能拿到 8000 卢布/月，邦立大学的兼职讲师能拿到 4000 卢布/月，其他一些地方高校的兼职讲师只能拿到 2000—2500 卢布/月。[③] 目前，虽然印度国内呼吁私立高校（自筹）严格执行大学拨款委员会薪酬标准的呼声越来越高，如 2012 年，印度医学委员会建议私立医学院（自筹）提升教师薪酬水平，使之与公立医学院教师薪酬水平保持一致，以提升私立医学院（自筹）的师资队伍质量，[④] 但是由于相应的私立高校（自筹）监管机制不健全，这种呼吁并未起到实质性的效果，公立、私立高校（自筹）教师薪酬水平差距仍较为普遍的存在。

（二）福利保障方面的差距

印度公立高校教师享受的源自政府的福利较多，如可以享受外

① Sangeeta Angom, *Private Higher Educationin India：A Study of Two Private Universities*, Higher Education for the Future, No. 2, 2015.

② 朱邹莉：《战后日本私立大学教育经费研究》，硕士学位论文，西南大学，2006 年，第 16 页。

③ Subodh Varma, "Indian higher education：40% of college teachers temporary, quality of learning badly hit", *The Economic Times*, 2013.9.10.

④ *Private medical college teachers may soon start getting equal salary*（http：//www. india-medicaltimes. com/2012/10/28/private-medical-college-teachers-may-soon-start-getting-equal-salary/）.

出旅行优惠、物价补贴、医疗补助、女教师带薪休产假、带薪休假、养老金（按月领取）、退休金（一次性支付）等；而私立高校（自筹）教师虽然也需要通过大学拨款委员会要求的资格考试才能被聘任，但他们却不能享受与公立高校教师同样的福利待遇，这使得公立高校教师与私立高校（自筹）教师之间产生了较大的保障差距。以养老保障为例，印度的养老保障水平相对较低，但是公务员的养老保障水平却相对较高，而公立学校教师正属于公务员系列。印度的养老保障制度具有碎片化的特征，即会因身份、工作部门的不同而在社会养老保障水平上有较大差异，其中公共部门工作人员的养老保障制度沿袭了英国的高福利政策。[①] 因此，公立高校教师与私立高校（自筹）教师在养老保障方面形成了较大的差距。在传统公务员养老金制度下，公立高校教师的养老金一般无须个人缴费，只要满足服务十年的要求就可取得获得养老金的资格。后随着印度公务员养老金制度由"固定收益模式"（Defined-Benefit）向"固定缴费模式"（Defined-Contribution）转变，公立高校教师与公务员一样也需要缴纳一部分费用，一般是缴纳工资的10%（政府再配套相同数额的费用放入养老基金）。[②] 在法律上，私立高校（自筹）也被要求为其教师提供与公立高校教师相同的养老保障，但很少有私立高校（自筹）真正执行，在私立高校（自筹）中，教师的养老金问题常常是被忽视的。这种状况引起了私立高校（自筹）教师的强烈不满，近些年来，教师们通过工会和各类教师组织要求私立高校（自筹）依法提升工资和福利待遇水平的呼声越来越高，甚至要求政府提供财政补助以使私立高校（自筹）能够为其教师提供养老

[①] 李熠煜等：《印度社会治理研究》，湘潭大学出版社 2016 年版，第 208 页。

[②] Renuka Sane and Ajay Shah, *Civil Service and Military Pensions in India*, Working Paper, 2011, p. 3.

金和退休金。① 总之，公立高校与私立高校（自筹）教师间的这种福利保障差距至今仍较为普遍的存在。

（三）职业权利方面的差距

从法律角度讲，印度公立高校和私立高校（自筹）教师都拥有同样的职业权利。但是由于私立高校（自筹）具有较高的办学自主权，受到来自政府的制约较少，这使得其教师所拥有的权利或相关权利实现程度与公立高校教师之间存在着较大的差距。如，参与学校管理方面的权利相对较少。一般情况下，中央大学都有教师工会，这使得教师有机会表达自己关于大学内部事务的建议，在一定程度上拥有参与大学管理的权利；相对而言，邦大学的教师工会偏少，邦大学教师参与学校管理的机会也偏少；而在印度，私立高校（自筹）是不被要求成立教师工会的，这使得私立高校的管理更多呈现出"集权"的特征，教师几乎没有机会参与到学校管理之中。② 因此，私立高校（自筹）教师常常在归属感方面显示出较低的水平。再如，学术发展权受限。由于私立高校（自筹）面向市场办学，因此更重视与市场需求密切相关的实用性知识与技能的传授，对于私立高校（自筹）教师而言，教学任务常常是首位的，科研工作被忽视的情况较为普遍。在一项涉及 400 位私立高校（自筹）教师的工作满意度调查中显示，仅有 25% 的教师认为"学校是允许教师从事学术研究的"，有 29% 的教师认为"学校是鼓励教师组织学术会议的"；有 26.5% 的教师认为"学校是为学术活动提供资金支持的"。③

---

① "Private College Teacher Demand Abolition Of Block Grant System", *The Time of India*, 2016. 2. 18.

② Khushboo Raina and Puja Khatri, *Faculty engagement in higher education: prospects and areas of research*, On The Horizon, 2015, p. 13.

③ D. Sugumar, *A Study on the Job Satisfaction Among the Teaching Faculty of Self Financing Art and Science Colleges Affiliated to Bharathidasan University*, *Tiruchirappalli*, Bharathidasan University, 2011, pp. 256 – 257.

这种对学术研究支持力度偏小的状态不仅制约着私立高校（自筹）教师的学术发展，其实也制约着教师的职业发展，从前文的职称晋升条件不难看出，科研成就是不可或缺的。

第三节　印度公、私立高校教师身份差距的制度成因

从前文的阐述中可以看到，虽然印度公立、私立高校教师处于同一个职业管理系统，拥有相同的职业发展模式，但却在经济地位、福利保障、职业权利等方面存在较大差距，形成了显著的地位差。这严重制约着印度私立高校师资队伍建设水平和办学质量的进一步提升。而私立高等教育法律不完善、缺乏有效的政策执行监督机制、高校质量认证制度不健全是造成这种地位差距产生并持续存在的主要制度性原因。

一　私立高等教育法律不完善

长期以来，印度一直缺乏统一而明确的国家层面的私立高等教育法律框架，有关私立高等教育的政策与发展计划大多散落在相关的政策与规划之中，虽然这些零散的政策与规划表明了印度中央政府对私立高等教育发展持积极鼓励的态度，但相关法律建设的滞后使得印度私立高等教育发展始终缺乏有效的法律支撑。1995年，一个有关"私立大学法"的提案被提交到印度国会，但可惜的是，这一提案引来了很多邦的反对，最终未被通过。那些持反对意见的邦认为，这样一部法案违反了印度宪法，对邦的高等教育管理权形成

了挑战。① 依据 1950 年的印度宪法，发展教育的主要责任在邦，虽然这种主要责任在很长的一段时间里并未真正实现——中央政府通过财政拨款拥有着高等教育发展与管理的实际掌控权，但随着邦政府为附属于邦大学之下的私立学院提供越来越多的财政补助，邦在高等教育管理方面的主体地位逐渐凸显。② 而"私立大学法"提案的相关内容有削弱邦高等教育管理权的嫌疑。由此，至今印度也没有一部全国性的私立大学法，大多数的私立大学（自筹）都是依据邦相关法律建立的。

　　在缺乏统一的全国性私立大学法的情况下，依据邦私立大学法建立私立大学（自筹）从一开始便暴露出了邦与中央政策之间的矛盾与冲突，如 2002 年恰蒂斯加尔邦（Chhattisgarh）率先出台了私立大学法（Chhattisgarh Private Sector Universities Act，2002），在该法支持下，2002—2005 年间该邦出现了 100 多所私立大学（自筹）；后因这些大学大多不具备基本的办学条件，这些大学与恰蒂斯加尔邦均被起诉，最高法院最终判决认为，恰蒂斯加尔邦私立大学法忽视了大学拨款委员会认可大学的权力，是无效的。③ 虽然邦私立大学法的建设从一开始就遭受打击，但是邦建立私立大学的权力却得到认可。因此，随后很多邦纷纷出台私立大学法，目前印度大部分邦都颁布了私立大学法，私立大学（自筹）便依此建立。当然，也有些邦是先有私立大学（自筹），后才颁布了私立大学法，如堪培拉大学（Nirma University）是 2003 年建立的，其所在邦吉吉拉特邦

---

① Parth J. Shah, *Regulatory Structure of Higher Education*, Center for Civil Society Submitted to International Growth Centre, 2015, p. 14.

② Martin Carnoy, Rafiq Dossani, *Goals and governance of higher education in India*, High Educ, No. 65, 2013.

③ 宋鸿雁：《印度私立高等教育发展研究》，博士学位论文，华东师范大学，2008年，第 32 页。

（Gujarat）于 2009 年才颁布了私立大学法。[①]

虽然各邦纷纷出台私立大学法，但由于邦立法机构建设较为落后，很多法案并未经过详细论证就能通过——每天邦立法机构需要处理很多被提交上来的需求紧迫的法案，这使得邦立法机构很难去详细了解、讨论这些法案内容（哪怕是装模作样的）。[②] 因此有学者指出，如果想更好、更有效的监管私立大学（自筹），让其必须通过邦立法的途径成立并没有什么好处。如，印度各邦很少花费精力研究私立高校（自筹），因此在相关法案中，私立高校（自筹）的特殊性并未被充分考虑，这使得私立高校（自筹）难以真正按照市场需求与人才成长需求分配资源，造成了很多不必要的浪费，如拉贾斯坦邦（Rajasthan）和哈里亚纳邦（Haryana）要求私立大学（自筹）在成立的前三年必须花费至少 100 万卢比购买图书和杂志，花费至少 500 万卢比购买图书馆设施，这样的要求显然是武断的——随着数字化时代的来临，学生们必然更喜欢电子资料与高度电子化的图书馆。[③] 再如，有很多邦实行"一校一法"的做法，即针对每一所私立大学（自筹）都构建一部法案，这给私立大学（自筹）举办者造成了不小的困扰。这种"一校一法"的做法固然有针对性强的优势，但同时也很容易形成"区别对待"——随着时间的推移，邦政府常常会变换成立标准与要求，这使得私立大学（自筹）在成立之前很难把握邦政府的标准与要求，进而使其建立过程变得繁琐、耗时。

中央层面和邦层面相关法律建设的滞后也是私立高校（自筹）教师身份问题迟迟得不到解决的重要原因。其实，针对私立高校（自

---

① NAAC Annual Report 2016 – 17（http：//www. naac. gov. in/resources），p. 364.

② PJ Shah, *Regulatory Structure of Higher Education in India*, Centre for Civil Society Submitted to International Growth Centre，2015，p. 14.

③ Ibid.

筹）教师身份问题，1995 年的私立大学法提案曾建议将受雇于私立大学（自筹）的教师和管理人员视为公务员。但可惜的是，随着私立大学法提案被驳回，这一政策建议也未被采纳。虽然 1995 年的私立大学法提案成为后期邦私立大学法构建的重要基础，但截止到目前，各邦的私立大学法均未提出将"受雇于私立大学（自筹）的教师和管理人员视为公务员"的条款。随着私立高校（自筹）规模的不断增长，私立高校（自筹）教师被视为公务员的可能性越来越小——印度私立高校（自筹）发展的一个重要意义就在于减轻政府的财政负担，让私立高校（自筹）教师像公立高校以及受助私立学院教师那样由政府发放工资，显然是不现实的。由此，印度私立高校（自筹）教师与公立高校教师之间的法律身份差异将长期存在，而在私立高校（自筹）办学经费有限的情况下，这种法律身份上的差异是私立高校（自筹）教师薪酬水平与福利待遇明显低于公立高校教师的重要源头之一，也是其职业角色定位更倾向于"打工者"的重要原因之一。

二　缺乏有效的私立高校（自筹）监管体系

印度高等教育的管理体系较为松散，从纵向来看，印度缺少进行统一协调管理的全国性核心高等教育管理机构，大学拨款委员会等高校管理机构虽然面向全国高校，但随着大学及学院数量的不断扩展，其影响力主要局限于中央大学，对邦大学及私立高校（自筹）的约束力越来越小——2010 年大学拨款委员会针对"准大学"颁布的管理规定，并没有将私立高等教育机构（自筹）纳入监管范围，同时也没有明确这样的管理规定是否适用那些在邦相关法律下建立的私立大学（自筹）[①]；从横向来看，全国性高校管理机构较为多

---

① *NAAC Annual Report* 2016 – 17（http：//www. naac. gov. in/resources），p. 365.

元，除了大学拨款委员会之外，还有印度农业研究委员会、医学委员会、技术教育委员会、建筑委员会、药学委员会等多个高校管理机构，他们之间的改革方向与改革建议经常会出现冲突与矛盾。[①] 在这样一种管理体系下，印度的高等教育几乎是在无计划的状态下发展起来的。而这种较为松散、混乱的管理体系恰恰为私立高校（自筹）创建了较大的发展空间，使其在建立与发展过程中较少受到来自政府的干预。因此有些学者认为印度私立高校（自筹）几乎拥有绝对的自治权是不无道理的。然而，这种"自治"状态对于私立高校（自筹）发展却是一把双刃剑：一方面私立高校（自筹）可以拥有较大的管理灵活性，进而很好地适应市场发展需求；但另一方面也为私立高校（自筹）忽视质量，过度追求经济利益提供了空间——事实上，在很大程度上，印度私立高校（自筹）都被认为在"非营利"的名义下行着"营利"之实，这一点与我国民办高校比较像。

印度私立高校（自筹）教师身份劣势状态的形成与全国性高校管理机构对私立高校（自筹）监管力度不足有着密切的关系。如在教师薪酬方面，虽然大学拨款委员会提出了各类高校教师的薪酬标准，但是由于其缺乏具体的落实监督机制和实质的惩罚权，这些标准实际上很难被高校真正实施。一般情况下，执行最好的是中央大学，其次是邦立大学——实际上有很多邦立大学都没有完全执行大学拨款委员会提出的薪酬标准，私立高校（自筹）的执行情况最糟糕！针对那些不能按要求执行薪酬标准的学校，大学拨款委员会等高校管理机构通常只能提出建议与呼吁。一般情况下，私立高校

---

① V. C. Kulandai Swamy, *Higher Education in India*: *Crisis in Management*, Viva Books Private Limited, 2003, p. 5.

（自筹）教师的罢工活动或者对学校提起诉讼则可能更有利于促进私立高校（自筹）提升教师的薪酬水平和福利待遇水平。大学拨款委员会等高校管理机构对高校约束力偏小的另一个表现则是其很少参与到高校的建立过程中，换言之，印度高校的成立并不需要得到大学拨款委员会等高校管理机构的许可，这种许可权主要掌握在中央政府和邦政府手里，这在很大程度上削弱了大学拨款委员会等高校管理机构的影响力。而对于即使成立后也无需向大学拨款委员会等高校管理机构申请财政拨款的私立高校（自筹）而言，其约束力弱是一种必然结果。

除了全国性高校管理机构，邦政府对私立高校（自筹）的监管也是不到位的。一般情况下，私立高等教育管理被纳入邦高等教育管理体系之中，邦教育局是主要的管理部门。[1] 为了促进邦高等教育管理水平的进一步提升，早在1986年的"国家教育政策"中便提出了"邦通过成立高等教育委员会管理、协调邦内高等教育事务"的建议。但是，截止到2003年，仅有安德拉邦（Andhra Pradesh）、泰米尔纳德邦、北方邦（Uttar Pradesh）三个邦建立了高等教育委员会。[2] 直到2014年，也只有很少的邦建立了高等教育委员会。[3] 在这种情况下，邦对私立高校（自筹）的监管水平可想而知。实际上，即使是在那些建立了高等教育委员会的邦，高等教育委员会也因缺乏真正的自主权、缺乏相关的技术专家和业务专家、缺乏有效的信息管理系统等问题难以发挥预期作用。同时，由于真正自治权的缺

---

① 吴媛媛：《印度私立高等教育行政管理体制研究》，硕士学位论文，浙江师范大学，2013年，第26页。

② V. C. Kulandai Swamy, *Higher Education in India：Crisis in Management*, Viva Books Private Limited, 2003, p. 5.

③ N. V. Varghese, Garima Malik, *India Higher Education Report* 2015, A Routledge India Original, 2016, p. 36.

失，邦高等教育委员会在履行新机构许可、副校长选举等基本职责的时候出现了大量的"玩忽职守"的行为。① 在这种情况下，私立高校（自筹）教师的权益很难得到保障。

三　高等教育质量认证制度不健全

相比于西方高等教育发达国家，印度高等教育质量认证制度起步较晚。目前，印度有两个主要的全国性认证机构——国家评估与认证委员会（National Assessment and Accreditation Council，NAAC）和国家认证委员会（National Board of Accreditation，NBA）。② 国家评估与认证委员会是由大学拨款委员会建立的；国家认证委员会是由印度技术教育委员会（All India Council of Technical Education，AICTE）建立的，两个认证机构均成立于 1994 年。这两个认证机构都属于自治机构，前者侧重于高校的整体质量评估，后者则侧重于技术教育和专业教育的质量评估。这种评估与认证机构的建立促进了印度高等教育质量认证制度的快速发展，截止到 2017 年，已经有 10392 所学院和 503 所大学通过了 NAAC 的认证。③ NAAC 除了实施高校评估与认证工作之外，还积极促进建立邦高等教育质量保障机构和高校内部质量保障机构，以进一步提升高等教育质量保障水平。截止到 2015 年，有 90% 通过 NAAC 认证的高校都建立了内部质量保障机构，并且大学拨款委员会还为其提供基金支持。④ 除了 NAAC 和 NBA 之外，前文提到的印度农业研究委员会、医学委员会、技术教育委员会等机构也有对专业院校实施认证的职能，这种较为多元的

①　*NAAC Annual Report* 2016 – 17（http：//www. naac. gov. in/resources），p. 408.

②　Sona Kanungo，*Current Trends in Professional Educational Institutions in India*，NJSIT，No. 1，2015.

③　*NAAC Annual Report* 2016 – 17（http：//www. naac. gov. in/resources），p. 12.

④　Ibid.，p. 150.

高等教育质量认证机构的建立与发展在促进高等教育质量提升方面起到了非常积极的作用，通过认证的学校或专业意味着其满足了国家的相关质量标准，同时随着更多的高校申请进行质量认证，这种认证制度有效地促进了高校自我评估、同行评估理念的形成，促进了质量提升意识与质量文化的形成，促进了多元高等教育质量保障机构的形成。

但在很长一段时间里，无论是 NAAC 还是 NBA 实施的都是自愿申请制度，即由高校自愿申请认证。从实践效果来看，在这种自愿申请制度下，大多数都是那些具有良好办学基础与社会声誉的学校申请认证，而那些办学条件与社会声誉一般，或者不好的学校很少有主动申请认证的。因此，在高校自愿参加的制度下，申请 NAAC 认证和 NBA 认证的高校数量并不多，如截止到 2007 年，安德拉邦申请 NAAC 认证的学院各地区平均只有 12.78%。[1] 这使得高等教育质量认证制度的质量保障作用的发挥受到了很大的限制，尤其是在保障私立高校（自筹）的质量方面作用甚微。如截止到 2004 年，哈里亚纳邦（Haryana）共有 3 所大学和 137 所学院通过了 NAAC 的认证，而这些学校均是公立或受助私立高校[2]；截止到 2005 年，旁遮普邦通过 NAAC 认证的附属学院中，公办学院占 85%，私立受助学院占 15%，没有自筹经费学院通过认证[3]；截止到 2005 年，中央邦通过认证的学院中，75% 是被政府资助的学院，25% 是自筹

---

① Latha Pillai, Katre Shakuntala, *State-wise Analysis of Accreditation Reports-Andhra Pradesh*, National Assessment and Accreditation Council, 2007, p. 27.

② Latha Pillai, K. Rama, *State-wise Analysis of Accreditation Reports-Haryana*, National Assessment and Accreditation Council, 2004, p. 22.

③ Shakuntala Katre, Latha Pillai, Ganesh Hegde, *State-wise Analysis of Accreditation Reports-Punjab*, National Assessment and Accreditation Council, 2005, p. 15.

经费学院[①]。而之所以会出现这种情况，一方面与很少有私立高校（自筹）申请 NAAC 认证有关，另一方面则与私立高校（自筹）办学质量本身不高密切相关。

随着 NAAC 影响的不断扩展，申请 NAAC 认证的高校也不断增加：截止到 2004 年 1 月 8 日，共有 848 所高校（其中大学 104 所，学院 744 所）通过了 NAAC 认证；到了 2013 年 6 月 16 日，通过 NAAC 认证的大学增加到 172 所，学院增加到 4857 所。[②] 但即使 NAAC 认证工作有了如此大的发展，通过 NAAC 认证的大学和学院仍属于少数——截止到 2013 年，全印度共有 620 所大学和 35000 多所学院。[③] 因此，为了进一步促进高等教育质量提升，2013 年大学拨款委员会将高校参与认证由一种自愿行为转变为一种强制性行为，即要求所有高校必须申请质量认证。同时大学拨款委员会还为那些接受政府财政援助的高校提出了完成认证的最后期限，即在 2015 年 1 月 1 日之前必须完成认证，否则将冻结财政援助。[④] 这种强制性的认证制度虽然有利于增强高校的认证意识，促进高校提升办学质量，但是这种强制性的认证要求以及将其与政府财政援助紧密挂钩的做法，在认证机构数量偏少且认证机构本身并不完善的情况下很容易滋生寻租和徇私舞弊行为，同时对不受政府财政援助制约的私立高校（自筹）认证积极性提升所起到的作用也是十分有限。

总之，经过二十多年的发展，印度高等教育质量认证制度已经

① Satya Deo Tripathi, B. S. Ponmudira, *State-wise Analysis of Accreditation Reports-Madhya Pradesh*, National Assessment and Accreditation Council, 2005, p. 26.

② M. M. Gandhi, *International Initiatives in Assessment of Quality and Accreditation in Higher Education*, International Journal of Educational Planning & Administration, No. 2, 2013.

③ Ibid.

④ *UGC sets 2015 deadline for accreditation by Indian varsities* (http：//zeenews.india.com/news/nation/ugc-sets-2015-deadline-for-accreditation-by-indian-varsities_897770.html).

基本形成，但无论是自愿性认证制度，还是强制性认证制度都没有充分考虑到私立高校（自筹）的特殊性与发展需求，使其至今仍游离在高等教育质量认证制度的边缘，严重制约着其办学质量与社会声誉的提升。而办学质量与社会声誉不高是导致好教师不愿到私立高校（自筹）就职的重要原因之一，也是导致私立高校（自筹）教师的社会地位明显低于公立高校教师的重要原因之一。

第五章　美国私立高校教师身份及其制度成因

私立高校是美国高等教育最初的组织形态，建国后随着州立大学的兴起与发展，美国高校逐步划分为私立和公立两种类型。在此基础上也形成了私立高校教师和公立高校教师两大教师群体。从美国高等教育发展历史当中可以看到，美国私立、公立高校教师虽然在某一历史时期内曾存在着较显著的身份差异，但是很快便构建了统一的身份体系，使得私立、公立高校教师在同等的身份、地位基础上，通过竞争形成"自然分化"。历史实践证明，私立、公立高校教师的这种同等身份的构建，对于促进美国整体高等教育发展起到了积极的作用。而私立、公立高校教师这种统一身份的构建，不仅得益于联邦政府、州政府所营造的公平政策环境，同时也得益于社会公益组织的协调、促进与支持。

第一节　美国私立高校教师身份的演变历史

在美国高等教育发展历史进程中，私立高校教师身份经历了从

"兼职"到"专职",从"专门化"到"专业化",再由"专业化"转向"学术化"的演变历程。与这样的演变历程相对应,可将美国私立高校教师身份发展历程划分为职业身份确立期(殖民地时期和建国初期)、专业身份形成期(19世纪中后期)、独立的学术职业身份构建期(20世纪至今)三个阶段。

一 从"兼职"到"专职":教师身份确立

殖民地时期,传播宗教是各欧洲宗主国对美洲进行文化控制的重要手段,随着英国清教徒移民的大量到来,清教思想逐渐占据主导地位,成为美国近代时期的主流文化思想。美国高等教育的发展亦深受清教徒及清教思想的影响,事实上,美国第一所学院——哈佛学院即是在清教徒的积极倡导与推进下建立的。之后,不同的清教派别都积极举办学院,以促进本派别宗教思想的传播,如威廉·玛丽学院是由圣公会发起的,耶鲁学院是由公理会教士举办的,普林斯顿大学是由长老会举办的等等。殖民地学院与宗教传播之间的这种密切关系决定了其人才培养与教学内容具有浓厚的宗教特征,其教师也一般同时具有牧师身份,如1638年哈佛学院正式开学,共有9名学生和1位教员,这名教员同时又是牧师;继哈佛学院之后出现的高等学校——威廉·玛丽学院由牧师布莱尔(James Blair)创办。殖民地学院教师这种"双重身份"的形成一方面是由美国殖民地学院的宗教发展背景所决定的,另一方面也与殖民地时期学院教师社会地位不高,收入比较低密切相关。

殖民地时期,私立学院的教师数量非常少,如"国王学院在1755—1757年之间雇用了1名助教和1名教授,他们讲授全部课程","皇后学院在1771年开办时只有1位助教,后来雇用另1位助教,但当其中1位助教离开之后,另1位助教只好教授全部课程。"① 又如"威廉·玛丽学院 40 年间只有 10 位教授。费城学院只有 5 位主要教师。耶鲁学院在 1702 年到 1789 年间，每年大约有 4 位助教在工作，他们的任期一般是 3 年，1746 年设立了神学教授职位。"② 这一时期，私立学院教师主要有教授和助教两类，其中助教占据着教师队伍的主体。私立学院的助教大多数是刚刚毕业的学生，通常负责一个班所有科目的讲授。助教繁重的工作量常常令人难以长期忍受——助教是不允许结婚的，必须住在学院内一天 24 小时监督学生；他们薪水很少，仅能勉强维持生计。③ 同时，由于大多数助教的最终职业目标并不是教师而是牧师，因此私立学院助教队伍的流动性很大，很少有助教能够在一个学院待到他所教班级的学生毕业④。私立学院中的另一个教师群体——教授的职业稳定性相对高些，很多教授在私立学院一干就是一辈子。一般情况下，教授都是在该领域受过研究生教育的，他们无须因照顾学生而住在学校，同时只讲授特定的科目。值得一提的是，在这个时期，助教并不是教授的主要后备力量——只有个别助教会晋升为教授，大多数私立学院是直接从校外聘请教授。这在一定程度上也打击了助教长期留在学校内工作的积极性。因此，从整体上来看，殖民地时期，私立学院教师职位的吸引力并不强，其社会地位也不高。之所以仍有人愿意到私立学院工作，一方面是为了所任职学院的荣誉——学院培养了牧师，公务员精英群体，学院象征社区的尊严，是否拥有一所

---

① 叶俊威：《美国大学学术评议会和我国大学学术委员会的比较研究》，硕士学位论文，江西师范大学，2013 年，第 14 页。

② ［美］科恩：《美国高等教育通史》，李子江译，北京大学出版社 2010 年版，第 25—26 页。

③ 宋艳丽：《富兰克林与费城学院的创建》，硕士学位论文，沈阳师范大学，2012 年，第 21—22 页。

④ 刘进、沈红：《大学教师流动与学术职业发展——基于对中世纪大学的考察》，《高校教育管理》2015 年第 9 期。

学院被看作文明社区与野蛮部落的区别；另一方面，与牧师相类似，教师也肩负着培育虔诚的职责——正如约翰·布林思利（John Brinsley）在《给予我们文法学校的安慰》中所言，"教师的两项主要职责是直接通过教授年轻人阅读经文来推进虔诚以及间接地通过教育一组挑选出来的牧师来推进虔诚"①，这使得学院的教师职位对那些有志于推进宗教事业的人具有一定的吸引力。当然，由于私立学院工资很低，大部分教授并不是把全部的精力都放在学院工作上，而是同时兼做牧师、律师、医生等工作。这种学院教师的"兼职"状态直到美国建国之后才有所转变。

美国建国初期，私立学院的教师规模有所增长。私立学院中教师人数（教授和助教）从1790年的141人增长到1869年的5450人②。虽然助教仍然占到大多数，但是在一些著名的学院，经常通过慈善捐赠来设立一些全职教授职位③。到1800年，在大多数学院都出现了终身教授④。到1825年末期，教授人数超过了助教，比例达到了3∶1。⑤ 这种教授人数增长现象的产生是多种因素作用的结果。其一，在私立学院引入数学、自然科学以及人文学科等方面的高级课程之后，对授课教师的受教育程度有了更高的要求，因此相对于那些刚刚毕业的学生和兼职的牧师，学院更愿意聘用拥有一定学术声望的学者。其二，学院的任务更加多元化，除了要履行对青年的

---

① ［美］劳伦斯A.克雷明：《美国教育史1：殖民地时期的历程（1607—1783）》，周玉军等译，北京师范大学出版社2003年版，第29页。

② J. Church Herbst, *State and Higher Education*: *College Government in the American Colonies and States before* 1820, History of Higher Education Annual, No.1, 1981.

③ 张兰茜：《美国大学教师薪酬制度研究》，硕士学位论文，长江大学，2016年，第10页。

④ 陈亚辉：《美国早期教师及其培养研究》，硕士学位论文，河南大学，2014年，第52页。

⑤ ［美］科恩：《美国高等教育通史》，李子江译，北京大学出版社2010年版，第65页。

监护责任和对他们进行思想道德价值观教育外，还要承担一些世俗的责任，如"除了培养牧师以外还要为其他职业培养人才；为开民智提供普及教育；传播以美国精神和民主共和政体的核心价值理念为主的共同文化遗产"。① 显然，这些目标需要具有精熟的专业知识和深厚的人文知识素养的人来完成。其三，教师职业制度得到进一步发展，越来越多的"助教"开始追求学院教授这一永久职位。19世纪末，美国私立学院出现了职业发展阶梯——少数学院聘用讲师作为初级教师，并希望他们能晋升为高级教授，这样大学教师具有了职业特点及职业晋升的概念。②

在以上这些因素的影响下，私立学院的教师队伍规模不断扩展，教师从一种"兼职"状态转变为"专职"状态——高校教师成为众多职业中的一种，而且开始显露出"学术化"的特征。19世纪初期，高校教师对于加入学术组织以及发表学术著作的行为并不认同，但这一情况随着时间发生了变化。到19世纪中期，美国主要私立学院教师在自己研究领域内发表文章，并且参加专业组织活动的比例占到了教师群体的50%，甚至更高。当更多的教师在专业领域发表作品时，一种新的现象产生了，即教师对学科专业的忠诚度要大于对某一学校的忠诚度。一位教授可能会为了一个职位离开自己的学院到另外一个是竞争对手的学院去工作③。与这种现象相对应的，越来越少的教师去巡回布道，越来越多的教师致力于学术研究和把自己的专业知识应用到社区或州的事务上。

---

① 郭强：《意识形态视域下美国建国初期高等教育的道德教育发展研究》，《教育与教学研究》2012年第9期。

② 韩小娟：《美国联邦立法对大学自治的影响研究》，硕士学位论文，沈阳师范大学，2015年，第17页。

③ 杨志刚：《解决好完善现代大学制度的基本问题》，《中国高等教育》2013年第17期。

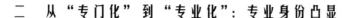

二　从"专门化"到"专业化"：专业身份凸显

时至 19 世纪中后期，美国社会发生了急剧的变革：在政治方面，南北战争的爆发结束了奴隶社会制度，使得联邦形式的资产阶级政治制度和民主共和制度得以确立；在经济方面，进入了工业化大发展时期，1893 年工业总产值跃居世界榜首；在文化方面，实用主义哲学思想影响日盛，促使实用主义文化成为美国的主流文化。在政治、经济、文化等方面诸多变革的影响下，美国高等教育领域也出现了重大的变革，进入了"大学化发展阶段"。在这一发展阶段中，美国高校主要朝着两个方向发展：一是建立满足社会经济发展需求的新型学院或大学，如赠地学院；二是以德国大学为模板建立研究型大学。虽然两类高校的发展方向不同，但无论是以服务地方经济发展为宗旨的新型学院或大学，还是研究型大学都对教授的专业水平和专业素养提出了更高的要求。如约翰·霍普金斯大学第一任校长丹尼尔·吉尔曼（Daniel Coit Gilman）在就职演说中言到："真正的大学……必须提供在教授指导下从事高级研习的机会。而这些教授本身就是自己所在领域的学者"①。美国高等教育发展历史显示，美国学院的"大学化"，尤其是研究型大学的兴起与发展极大地提升了高校教师职业的专业性——如果大学教师只是从事本科教学，其专业化进程是不会如此迅速的。② 随着专业性的不断提升，私立高校教师的身份地位也得以不断提升。

---

① 沈红：《美国研究型大学形成与发展》，华中理工大学出版社 1999 年版，第 32—33 页。

② 崔姣姣：《赫钦斯在芝加哥大学通识教育改革的特点》，《太原城市职业技术学院学报》2014 年第 1 期。

首先，私立高校教师薪酬水平进一步提升。20 世纪初，随着高校间竞争的不断加剧，私立高校为了增强发展竞争力，以高薪吸引优秀的学者和其他高校的教授，这在客观上起到了提升教师薪酬水平的作用。如威廉·哈珀（William Rainey Harper）担任芝加哥校长伊始，第一个举动就是在全国遍寻最好的教授——芝加哥大学是由洛克菲勒以及几个芝加哥商业群巨头建立的，因此哈珀拥有的办学资金相对充裕。他聘用了耶鲁大学教授以及一些学院的前校长，其中包括威斯康星大学校长。哈珀的克拉克大学"挖人"行动是一个典型事件，他越过克拉克大学校长，直接向该校的教师提出招聘，其中诱人的条件之一是承诺向他们提供双倍的薪酬；当克拉克大学校长提出抗议后，他索性直接邀请该校长也加入芝加哥大学；最终他从克拉克大学聘走了 15 位教授[①]。

其次，阶梯式职位晋升体系基本成型，专业水平越高教师地位越高。19 世纪晚期，私立高校开始实行从讲师到助理教授、副教授、教授的职务晋升制度。讲师一级职务的任期期限通常不确定。逐渐地，"非升即走"的教师管理理念与制度开始出现，随着 1940 年美国大学教授协会发表《关于学术自由和终身教授制的宣言》[②]，这种"非升即走"的制度被广泛地确立起来。美国大学教授协会的政策规定：在最长不超过 7 年试用期后，新任大学教师要么进入终身教职教师聘用序列，要么被解聘。大多数高校都在不同程度上实行了这一政策，并写入学校规章和教师手册之中。由于高校教师晋升的主要依据是其专业发展水平，因此这种"非升即走"制度的确立，更

---

① 吴洪富：《美国研究型大学教学与科研关系的演化》，《现代大学教育》2016 年第 6 期。

② 1940 *Statement of Principles on Academic Freedom and Tenure with* 1970 *Interpretive Comments*（http：//www. aaup. org/statements/RedbookJ 1940stat. htm）.

进一步地加快了高校教师的"专业化"进程。

第三，福利制度进一步完善，私立高校教师的职业优越感提升。在1880年左右，哈佛大学实行教师学术休假制，这一制度迅速传播开来，以至于到了19世纪末，其他一些研究型大学也开始这样做，教授每工作七年可以享受一年时间的休假，休假期间保留部分薪水。实行学术休假的初衷是保证教授有充足的时间进行更高深的研究，并保持在专业上的领先地位，到了后期这一制度逐步演变成为高校在招聘教师时，为教师提供的福利。

第四，大量专业学会的产生进一步增强了高校教师的专业归属感。随着高等教育规模的不断扩大，学科专业发展的日益精细化，大量的专业学会在社会中涌现，如1869年美国语言学会成立；19世纪80年代，现代语言学会、美国历史学学会、美国经济学学会陆续成立；19世纪90年代，美国化学学会、美国心理学会成立；20世纪初的几年中主要成立的专业学会有美国哲学学会、美国人类学学会、美国政治科学学会和美国社会学学会等。这些专业学会成立的主要目的是把同学科专业的人员聚集在一起，以进行学术探讨、成果交流，促进知识的发展。这些专业学会的产生与发展不仅有效地促进了学术交流，同时也在客观上促进了高校教师专业归属感的提升，这对其增强自身职业认同具有重要意义。

三　从"专业化"到"学术化"：追求独立的学术人身份

时至20世纪，美国私立高校教师的"专业化"程度进一步加深；薪酬水平也稳步提升，基本能够维持一定水准的生活；对学校的控制权也越来越多，职业权利因受到法律的保护而制度化；学术自由不再只是原则声明中的概念，而是一种受到法律保护的特权。这些都标志着美国私立高校教师的社会地位进一步提升①。而随着私立研究型大学的发展与影响力的不断扩大，私立高校教师职业的"学术性"特征日益凸显出来，换言之，对于一名高校教师而言，单纯拥有深厚的专业知识基础已经不足够了，只有不断提升学术研究水平才能获得更高的地位与更多的尊重。1942年洛根·威尔逊（Logan Wilson）在其著作《学术人》中第一次使用了"学术职业"（Academic Profession）这一概念。之后，"学术人"和"学术职业"两个概念越来越多地被使用在与高校教师有关的研究之中，人们也日益将高校教师职业看作是一种学术职业，将高校教师称为"学术人"。显然，与"专业化"相比，"学术化"的发展趋势进一步加强了高校教师在知识创新、学术发展方面的责任。而对于"知识创新"和学术发展而言，学术自由与学术自治是最重要的基础，因此随着这种"学术化"倾向的不断加深，美国私立高校教师职业发展的主要特征即是学术自由和学术自治权不断增强。

虽然美国深受欧洲学术文化与高等教育思想的影响，具有学术自由与学术自治的文化传统，但在美国私立高等教育发展实践中，学校举办者、董事会、校长等常常成为威胁教师学术自由与学术自治的因素。在历史上，斯坦福大学、宾夕法尼亚大学、芝加哥大学、霍普金斯大学等著名私立高校都曾发生过公然侵犯教师学术自由的事件。为了保障高校教师的学术自由，促进其学术自治，美国大学教授协会（AAUP）于1915年成立。AAUP主要通过两种途径来提升高校教师学术自由与学术自治水平。第一种途径是促进终身教职制度的确立。AAUP在1940年发布的《关于学术自由与终身教职原则的声明》中，明确提出"对于获得终身教职的教授和研究人员，

---

① 刘仿强：《论美国大学教师地位的变迁》，《中国高教研究》2016年第4期。

除了明显的失职行为、因年龄退休或学校财政困难外，学校不得无故解除与他们之间的长期聘用合同"①。第二种途径则是促进教师民主参与学校管理，并掌握学术事务管理的主导权。AAUP 在 1966 年的《有关高校管理的声明》中指出"教师应在课程、专业、教学与研究、教师地位以及与教育过程相关的学生生活事务等领域负有主要责任；同时，教师也应在教师聘任、续聘、解聘、晋升、终身教职授予等方面负有主要责任，另外，教师还应积极参与关于工资管理与提升的政策制定"②。总之，在 AAUP 的不断努力下，美国私立高校教师的学术自由与职业安全得到了有效的保障，而这样一种保障模式，使得美国私立高校教师群体形成了较强的"行业自治"意识——相对于"雇员"身份，美国私立高校教师更倾向于认为自己是独立的"学术人"，这突出地表现在私立高校教师对学术组织的忠诚度明显高于对高校的忠诚度；同时，随着终身教职制度的确立和教师民主参与学校管理制度的不断完善，那些获得终身教职的教授并不把自己看成是学校的"雇员"，而是学校的"主人"或"管理者"。

由此可见，随着私立高校教师职业"学术化"倾向的日益加重，其教师地位也随之得到进一步提升，但需要指出的是，由于美国高校实行终身教职和非终身教职两大系列，因此，描述美国私立高校教师的地位也必须在区分这两大系列的基础上进行。一般情况下，拥有终身教职的教授在高校中拥有的权力最大，地位也最高；而非终身教职的教师则常常处于"被管理"地位，"雇员"身份较为突

---

① 1940 *Statement of Principles on Academic Freedom and Tenure* （https：//www. aaup. org/report/1940-statement-principles-academic-freedom-and-tenure）.

② *Statement on Government of Colleges and Universities* （https：//www. aaup. org/report/statement-government-colleges-and-universities）.

出，相应的自主权力较少、地位偏低。另外还需指出的是，由于受到经济、政治等诸多因素的影响，美国私立高校教师的"学术自由"与"学术自治"水平仍有较大的提升空间，如在公共财政资助缩减的情况下，高校对企业的依赖日益加重，这使得基于效率和收益的商业逻辑对教师的学术自由产生了巨大的掣肘。[①] 因此，虽然随着学术职业特征日益显著，美国私立高校教师对"独立的学术人"身份日益看重，但在现实条件的局限下，这种身份仍是其追求的一种理想化目标。

第二节　美国公、私立高校教师身份的
差异与统一

从美国私立高校教师身份发展变化的历史梳理中可以看到，美国私立高校教师职业身份特征的演变基本上遵循着高校教师自身的职业发展规律，并未因身处私立高校而遭遇到特殊的阻碍。这样的演变特点与美国的政治、经济、文化背景以及高等教育发展历史有着密切的关系。1819 年弗吉尼亚大学被授予特许状，标志着美国公立高校开启了发展征程，逐渐地，美国高校教师队伍也划分为私立高校教师和公立高校教师两大阵营。由于公立高校主要是由州政府举办，具有公共机构的属性，因此在法律上其教师获得了不同于私立高校教师（雇员）的身份，即公务雇员身份。在这种法律身份差异的作用下，美国公立、私立高校教师在权利义务、福利待遇等方面存在一定的差异，但在相关法律与政策的协调下，这种差异逐步

---

① 蒋玉梅：《美国高校学术职业发展的特点和趋势——基于 HERI 教师调查（1989—2014）》，《国家教育行政学院学报》2017 年第 2 期。

被减弱，甚至消除。虽然目前在美国公立、私立高校教师间仍存在着不少的差异，但从整体上来看，这种差异更多地源自市场竞争，而非组织归属。

一　公、私立高校教师间的身份差异

受美国高等教育发展传统影响，公立高校在发展之初受到的来自州政府的控制并不大。正如美国教育学家布罗迪（Alexander Brody）所言："革命后创办的早期州立大学与私立机构差别甚小，大学作为一个州的部门的概念尚未形成，其结果是此类机构在创办之初，州政府仅掌握部分控制权。到19世纪中叶，随着公众对高等教育重要性认识的加强，州立大学才完全由州政府所掌握。"① 随着州政府对公立高校控制的不断增强，公、私立高校教师之间的身份差异日益凸显出来，突出地体现在基本权利和福利保障两个方面。

（一）基本权利方面的差异

1. 学术自由权方面的差异

在 AAUP 的努力下，美国高校教师的学术自由与学术自治权利在总体上都得到了发展与保障，但是私立高校教师与公立高校教师的学术自由权利间仍存在着一定的差异。而这种差异主要源自两者不同的法律身份——在法律层面上，私立高校教师是雇员身份，与私立高校间只是契约关系；公立高校教师是公务雇员身份，与公立高校间不仅仅是契约关系，还是行政法律关系。根据美国联邦宪法第一修正案，政府可以对自己雇员的言论进行约束，那么作为公务雇员的公立高校教师的言论自然也要受到政府的约束。这种源自政府的束缚在特殊的历史时期尤为突出，如19世纪50年代，美国出

---

① 王宇晖：《美国公立高校分层管理研究》，暨南大学出版社2016年版，第21页。

现了反共、排外的"麦卡锡主义"思潮，在这个思潮的影响下，若干高校和州议会规定，"每个雇员必须签署一项声明，保证自己不是共产党员，也不是任何主张推翻美国政府的组织成员和支持者。"①这种狂热的麦卡锡主义的蔓延，从根本上威胁到高校教师的学术自由。AAUP认为，教师职业的本质并不要求必须清除共产党员教师，不应该强制大学教授接受不同于其他公民的民事限制，因此大多数私立大学没有要求其教师签署这样的誓约。但州议会对公立高校的董事会施加压力，导致公立高校教师必须签署这样的誓约，违背者将面临解聘的危机，其中最具代表性的是加利福尼亚大学31名教授因为拒绝签署誓约，遭到解聘。20世纪50年代末，尽管对于共产党员的仇视逐渐减弱，但仍有15个州明文规定不得雇用共产党员员工。②

随着在1967年凯伊西安诉纽约州立大学董事会一案（Keyishian v. Board of Regents）中，纽约州立大学董事会的败诉——联邦最高法院认为州立法要求大学教师签署声明保证从未加入共产党的做法，因为违反宪法无效；联邦最高法院的这一判决推翻了1951年纽约州法院的判决，当时纽约州法律规定不得聘用那些加入了颠覆活动组织的教师——州政府干预公立大学教师学术自由的局面得以扭转。但由于依据宪法第一修正案，州政府作为雇主仍有权对其雇员的言行做出要求与规范，因此关于公立高校教师的"学术自由"问题至今仍在法律层面存在争议。一个总体的发展趋势是，当公立高校教师在校园内、课堂里，发表与教学、研究工作无关的言论，尤其是政治言论时，是不受宪法第一修正案的保护的；而当其以公民身份

---

① 刘仿强：《论美国大学教师地位的变迁》，《中国高教研究》2016年第4期。
② D. P. Moynihan, "The Politics of Higher Education", *Daedalus*, No. 104, 1975.

在校外发表政治言论时，则是受宪法第一修正案保护的。当然，这样的区分在具体的执行过程中是相当有难度的。[①] 在实践操作中，美国法院更多赞同的是在马文·皮克林（Marvin Picking）诉教育委员会一案中形成的审判原则，即是否对其所工作的学校提供公共服务造成损害。1968 年，联邦最高法院受理了一起教师因写信批评学校董事会财务管理政策而遭到解聘的案子，这就是历史上著名的皮克林诉教育委员会案。联邦最高法院最后之所以支持了诉讼请求，主要是依据以下原则：皮克林与其所批评的单位之间并不存在工作关系，虽然这封信引起了公众关注，但是并没有给其所工作的学校造成消极影响，换言之，并未影响其所在学校提供有效的公共服务。[②]

2. 集体谈判权方面的差异

1935 年，美国联邦政府颁布《国家劳动关系法》，又称《瓦格纳法案》（The Wagner Act），本法规定："美国的政策鼓励集体谈判的做法和程序，保护工人充分的结社自由，自己组织起来的自由及指定他们自己选择代表的自由，以便对他们就业的条件进行谈判或就其他问题进行互助或互相保护"；"雇员有权自己组织起来建立、参加或帮助工会组织，有权通过自己选出来的代表进行集体谈判，并有权进行以集体谈判或保护为目的的其他共同活动"。[③] 自此，集体谈判获得了美国法律上的支持与认可。美国高校教师工会的集体谈判也在这一部法律以及后期各州颁布的相关法律的支持下逐步发展起来。

威斯康星是美国第一个通过集体谈判法案的州——1959 年，威

---

① Vikram David Amar & Alan E. Brownstein, *A Close-up*, *Modern Look at First Amendment Academic Freedom Rights of Public College Students and Faculty*, Minnesota Law Review, No. 5, 2017.

② Weber, Chaz, *Picking on Pickering*：*Proposing Intermediate Scrutiny in Public Employee Religious-Speech Cases Berry V. Department of Social Servaces*, Case Western Reserve Law Review, No. 2, 2007.

③ 赵应文：《工资集体协商》，研究出版社 2011 年版，第 214 页。

斯康星建立了公务员集体谈判法，允许工人（包括教师）通过集体谈判争取自己的权利，公共机构应当履行各自的就业谈判义务。20世纪60年代至70年代，由于教师对工作条件的不满，一系列的教师罢工发生了，最有影响力的是纽约的罢工。1962年4月11日，在教师联合会（United Federation of Teachers，UFT）领导下的一天罢工之后，纽约市市长罗伯特·瓦格纳（Robert Wagner）允许教师投票决定是否参加集体谈判。1962年6月，美国教师联合会（UFT）达成了一项正式的集体谈判合同——教师平均工资增加到1000美元，并提供免费的午餐。由此，教师组织中的集体谈判概念逐渐得到发展，并得到教师的支持。[1] 1965年，密歇根州通过了一项法律，要求公立大学和教师工会之间进行集体谈判。在5年内，夏威夷州、马萨诸塞州、纽约州、宾夕法尼亚州、罗得岛州和南达科他州也颁布法律，赋予公立高校雇员参加工会进行集体谈判的权力。美国最高法院随后支持公立高校雇员集体谈判的这些法律，推动了公立大学的集体谈判法的制定[2]。1969年，纽约城市大学（City University of New York）的集体谈判协议生效。1970年，集体谈判的趋势继续发展，马萨诸塞州大学、密歇根大学通过集体协商与教员签订了合同。渐渐地，全国的教师开始组织工会，大多数公立学校赢得了集体谈判权。

公立高校教师的集体谈判权之所以受到法律的支持与保护，与其公务雇员的身份密切相关。相对应的，私立高校教师由于没有公务雇员的身份，同时又存在着"雇员"身份与"管理者"身份模糊不清的问题——并不是每个雇员都能加入集体谈判的组织，州成文

---

① David L. Angus, Jeffrey Mirel, *Professionalism and the Public Good: A Brief History of Teacher Certification*, Thomas B. Fordham Foundation, 2001, p. 32.

② M. Gregory Saltzman, *Legal Regulation of Collective Bargaining in Colleges and Universities*, The NEA 1998 Almanac of Higher Education, 1998, p. 46.

法通常排除了主管人员、其他管理人员甚至是为主管或管理人员工作的机要雇员①，因此在较长一段时间内无法获得合法的集体谈判权。其中最典型的案例是1980年的全国劳动关系委员会诉叶史瓦大学（Yeshiva）案。该案上诉到美国最高法院后，最高法院的裁决使得私立高校教师失去了集体谈判权。在这一案例中，法院裁定，私立大学教师是管理人员，而不是雇员，因为他们参与了学术事务和人事决策。法院对私立大学教师在学术和非学术方面的作用进行了考察，得出结论：教师在学术领域的权力是绝对的。他们决定应该教什么课程，什么时候教他们，谁来教他们。他们讨论和决定教学方法和分类政策，有效地确定哪些学生被录取、留用和毕业。因此，法院判决中写道"雇员在实施雇主的政策或提出有效建议时，能够拥有控制权和行动自由，且代表管理部门的利益，将被视为管理人员，而被排除雇员身份。"② 而作为管理者，他们不受到集体谈判法的保护。

　　除了学术自由权、集体谈判权方面的差异之外，在一段时间里，由于受到美国宪法第十一修正案的限制，国会并不拥有强制州政府机构（包括公立高校）执行联邦法律的权力，这就意味着国会所颁布的与工作保护相关的法律无法适用于各州的公立高校教师，同时，各州公立高校教师也无法到联邦法院控告他们的"雇主"。这使得国会所颁发的有关反性别歧视、反种族歧视、反残疾歧视、保障家庭医疗休假等法律都难以惠及公立高校教师。③ 当然，这种情况随着美

---

　　① ［美］米基·英伯；泰尔·范·吉尔：《美国教育法》（第3版），李晓燕等译，教育科学出版社2011年版，第355页。

　　② *NLRB v. Yeshiva Univ.*，444 *U. S.* 672（1980）（https：//supreme. justia. com/cases/federal/us/444/672/［2018－10－13］）.

　　③ Michael D. Simpson, *Eleventh Amendment Immunity and Academic Freedom*, National Education Association, Higher Education Research Center, 1999, pp. 3－4.

国宪法第十四修正案的颁布而有所改变。

（二）福利保障方面的差异

美国高校为其教师提供的福利是较为多元的，较高的福利水平也成为高校吸引人才的一个重要手段。但由于学校财政来源和法律身份的不同，公立、私立高校教师在福利保障方面还是存在一定差异的，这种差异主要体现在退休制度和医疗保险制度两个方面。

1. 退休制度方面的差异

美国教师退休金制度发展得比较晚，出现于19世纪末，发展于20世纪。推动美国教师退休金制度发展的力量主要有两种。一种力量是民间组织，如1905年卡内基教学促进基金会（The Carnegie Foundation for the Advancement of Teaching）成立，其主要的项目之一就是为其高校教师会员无偿提供退休资助。另一种力量是联邦政府和州政府，如1896年，新泽西州率先实施了公立学校教师退休金计划；马萨诸塞州于1911年实施了专门针对公立学校教师的退休金计划；1920年联邦政府颁布了《联邦雇员退休法》[①]，之后有更多的州开始实施公立学校教师退休金计划，时至20世纪20年代末，已经有23个州实施了公立学校教师退休金计划。相比较而言，19世纪时期退休金制度在公立高校中的发展速度明显要快于私立高校。后随着退休金制度成为高校应对财政紧张、发展教师队伍的一种重要手段，私立高校也陆续为退休教授提供退休金。时至今日，美国已经形成了一个包括社会养老保险计划（由政府强制执行的社会养老保险计划，即 Social Security）、公共部门养老金计划或雇

---

① Tara Lewis, Matt Teeter, *A Policy Analysis of Public School Retirement Systems*, Graduate School of Saint Louis University, 2010, p. 21.

主养老金计划、个人储蓄养老金计划在内的三支柱的教师养老保障体系。[①]

在美国高校教师退休金制度发展进程中，除了公立高校要比私立高校发展快些之外，在退休金制度方面也存在较大的不同。美国公共部门或雇主提供的退休金计划主要有两种模式：一种是固定收益退休计划（Defined Benefit Plan），即由雇员和雇主定期缴费（有些州只要求雇主缴费），雇员退休时即可享受固定的退休金；一种是缴费确定型退休计划（Defined Contribution Plan），即雇员和雇主定期向退休基金缴纳费用，这些费用会被拿去投资，会员享受相应的收益，但同时也承担投资失败的风险，因此，会员的退休金是不确定的。固定收益计划的优点是没有收益减少的风险，但缺点是缺乏灵活性和可迁移性，参加固定收益模式的雇员若辞职，是很难将之前的投入拿走或转移的，换言之，离开的雇员将面临失去部分退休收益的损失。相对应的，缴费确定型退休计划就灵活得多，不会因会员的工作变动而影响其退休收益。在美国高校的发展历程中可以看到，公立高校更多实施的是固定收益退休计划；而大多数私立高校则更青睐于缴费确定型退休计划——在提供缴费确定型计划的高校中私立高校占到了76%。[②] 这种退休金制度的不同可能与公立、私立高校经费来源不同和教师流动率不同有着密切的关系。

2. 医疗保险制度方面的差异

美国是世界上推行医疗市场化最典型的国家，它的医疗保险主要以私立医疗保险项目为主，政府医疗保险项目为辅，其中政府主要针对特殊人群实施医疗照顾和补助，这些特殊人群包括老年人、

---

① 龚钰淋：《美国公立高校教师社会保障制度研究——以公务雇员法律身份为核心》，《河北法学》2013 年第 11 期。

② 魏建国：《美国高校教师养老金制度》，《中国高等教育》2013 年第 24 期。

低收入群体、退伍军人和特殊患者等。① 无论是美国公立高校还是私立高校都有为其教师提供医疗保险的传统，虽然高校也和其他雇主一样也在尽力减缓在医疗保险方面开支增长的速度。随着私立医疗保险项目的日益多元化，美国高校也为其教师在医疗保险方面提供了多元化的选择。而提供这种多元化选择的主要目的，其一是使得教师的医疗保险项目更具针对性，其二是减少学校在医疗保险方面的开支。如斯坦福大学从 1992 年开始实施竞争模式的医疗保险项目体系，即为教师提供多种可供选择的医疗保险项目②；这种竞争模式的医疗保险项目体系可以帮助斯坦福大学每年至少节约 4.4 亿美元的支出。③

实际上，由于美国医疗的高度市场化，私立高校与公立高校教师所能享受的医疗保障模式与水平相差并不大。但相比较而言，在不同的财政制度下，美国公立高校教师的平均医疗保险水平要略高于私立高校教师，如从教师保险和年金协会大学退休基金（Teacher Insurance and Annuity Association College Retirement Equities Fund, TIAA - CREF）的调研数据中可以看到，公立高校的教师退休金和医疗保险平均支出水平普遍高于私立高校，如 1990 年的 TIAA - CREF 调查显示，在所调查的 634 所高校中，大部分公立高校的退休金和医疗保险支出处于平均每年每人 7500 美元左右，而大部分私立高校处于 4250—4499 元之间。④ 从 1990 年的调查数据还可以看到，在医疗保险项目方面，虽然不同类型高校间的教师医疗保险支出水平差

---

① 高芳英：《美国经济透视与医疗改革探析》，苏州大学出版社 2014 年版，第 134 页。

② 这种多元化的医疗保险项目一方面可以减少斯坦福大学在那些使用频率不高的项目上的支出，同时有些项目是需要雇员自己缴纳一部分保险费用的。

③ Alain C. Enthoven and Brian Talbott, *Stanford University's Experience With Managed Competition*, Health Affairs, No. 6, 2004.

④ *College and University Employee Retirement and Insurance Benefits Cost Survey*, 1990, Teacher Insurance and Annuity Association College Retirement Equities Fund, 1990, p. 09.

异较大，但在同类型高校中，公立高校的平均每年每人的支出水平普遍高于私立高校，具体请见表5-1。时至今日，这种差距仍存在着，如据AAUP调查显示，2014—2015年度，私立高校教师福利支出中，医疗保险占总支出的7.9%，而公立高校占总支出的9.8%，具体请见表5-2。

表5-1　　　　　　　　不同类型高校的医疗保险项目平均

每人每年支出水平　　　　　　　（单位：美元）

高校 项目	研究型大学 （1类）		研究型大学 （2类）		博士学位授予 大学（1类）		博士学位授予 大学（2类）	
	公立	私立	公立	私立	公立	私立	公立	私立
医疗保险 项目	2236	1358	1357	1128	1141	1220	1798	1951

高校 项目	综合性大学 （1类）		综合性大学 （2类）		学士学位授予 院校（1类）		学士学位授予 院校（2类）	
	公立	私立	公立	私立	公立	私立	公立	私立
医疗保险 项目	1747	1417	1249	1199	—	1362	1476	1065

数据来源：*College and University Employee Retirement and Insurance Benefits Cost Survey*，1990，Teacher Insurance and Annuity Association College Retirement Equities Fund，1990，pp. 19-20。

表5-2　　　2014—2015年公立、私立高校教师福利明细与占比（单位：%）

序号	项目	公立	私立
1	退休金	11.3	9.2
2	医疗保险	9.8	7.9
3	牙科保险	0.4	0.2
4	医疗和牙科混合	1.6	1.0
5	伤残津贴	0.2	0.3
6	学费津贴	0.2	2.0
7	社会保险	6.2	6.6
8	失业保险	0.1	0.2
9	团体人身保险	0.2	0.2

序号	项目	公立	私立
10	工伤补偿险	0.6	0.5
11	其他福利	0.2	0.6
12	总计	30.8	28.6

数据来源：2014—2015 年度的 AAUP 高校教师薪酬调查中 1029 所样本高校数据。American Association of University Professors（AAUP），ACADEME，2015，p. 30。

二　公、私立高校教师身份逐步统一

"统一的身份"并不是指使其拥有相同的法律身份——至今在法律层面上，公立高校教师仍是公务雇员身份，而私立高校教师是雇员身份，而是指公、私立高校教师在基本权利、职业认同、社会地位等方面是相同的。在美国高等教育发展过程中，虽然公、私立高校教师因组织归属不同而在基本权利、福利保障方面形成差异，但是这种"差异"并未随着时间的推移被扩大为"差距"，而是在美国政府、社会组织的积极干预下逐步被缩减甚至消除。时至今日，美国公、私立高校教师已经构建起了统一的身份，除了在职业认同方面依旧保持一致之外，还拥有同等的职业权利和社会地位。

（一）公立高校教师"学术自由"范畴逐步扩大

前文指出，由于受公务雇员身份的影响，公立高校教师的"学术自由"受到了很大的限制，相对于私立高校教师而言，受到的政治影响与约束比较多。这种状况随着公立高校自治权的不断扩展和教师集体谈判权的确立而有所转变。由于公立高校发展得比较晚，而私立高校发展相对成熟，因此很多州在公立高校建设过程中都积极地借鉴私立高校的办学经验与模式，这使得虽然州政府逐步地加强了对公立高校的控制，但是仍积极采用"自我否定条例（self-denying ordinance，即州政府自己抑制自己权力的条例）"，把管理权力留给了高校自己。① 当然，由于各个州的理念与做法不同，公立高校的自治权范畴大小不一，有的公立高校具有高度的自治权，成为与州行政、司法和立法部门平行的"第四部门"，如加利福尼亚、爱达荷、内华达、南达科他、路易斯安纳、密歇根等州的公立高校；有的自治权范畴相对小些，受到的州政府干预相对较多，但公立高校拥有更多的自治权是总的发展趋势。随着公立高校自治权的扩大，教师拥有的学术自由范畴也越来越大，如 1956 年最高法院受理了"斯洛科沃诉教育局"案件。哈里·斯洛科沃（Harry Slokovo）是布鲁克林学院遭到解雇的教授，他援引宪法第五号修正案起诉麦卡锡委员会对他过去共产党员身份的问询，法院最终支持了斯洛科沃的诉讼请求。② 随着这一最高法院的判决生效，麦卡锡主义对公立高校"自治权"及其教师"学术自由"的威胁终被解除。

在保障、促进公立、私立高校教师享有同等的"学术自由"权利方面，除了司法力量之外，作为社会组织的 AAUP 也起到了重要的作用。如关于高校教师的校外言论自由问题，AAUP 在成立之初就阐明，高校教师的校外言论自由是其学术自由的基本构成部分，但这一观点在公立高校中却经常受到挑战，AAUP 通过一系列的调查报告和声明促进了这一观点在公立高校的确立与发展。伊利诺伊大学史蒂文·萨拉塔（Steven Salaita）副教授事件③是 AAUP 调查的"由于校外言论遭受解雇或停止聘用"的典型事件之一。史蒂文·萨拉塔原是弗吉尼亚理工大学英语专业的副教授，2014 年夏天，他辞去

---

① 谷贤林：《在自治与问责之间：美国公立研究型大学与州政府的关系》，《比较教育研究》2007 年第 10 期。

② *Slochower v. Board of Higher Education of New York City*（https：//www. law. cornell. edu/supremecourt/text/350/551）.

③ *Academic Freedom and Tenure：The University of Illinois at Urbana-Champaign*（https：//www. aaup. org/report/UIUC）.

了弗吉尼亚理工大学的终身教职，准备到伊利诺伊大学就职。然而就在萨拉塔办理就职的最后一段时间里，以色列与巴基斯坦之间爆发了严重的武装冲突。作为具有巴基斯坦血统的萨拉塔在一个公开的微博中发表了对以色列的严重不满，这些言论引发了以色列支持者的"不满"与"攻击"。不久，萨拉塔就接到了伊利诺伊大学香槟分校校长的通知，称不会将其聘任申请提交给学校董事会了，其给出的理由是，"萨拉塔的言论与行为是伊利诺伊大学不能容忍的不礼貌的言论和行为"。很快，萨拉塔事件受到了伊利诺伊大学教师以及全美高等教育系统的关注，同时 AAUP 也介入进来，并在所提出的"在调查期间，伊利诺伊大学应为萨拉塔提供工资"的建议未得到回应的情况下，为萨拉塔提供了 5000 美元的资助。经过 AAUP 的深入调查发现，伊利诺伊大学香槟分校校长的终止聘任推荐行为首先在程序上是不正当的；其次，以萨拉塔的校外言论为依据推测其不胜任终身教职岗位也是与 AAUP 所提出的有关"高校教师具有校外言论自由，校外言论不能成为判定其是否胜任某一学校岗位的依据"的主张相冲突——事实上，本次调查显示，无论是伊利诺伊大学香槟分校校长、伊利诺伊大学校长还是董事会成员都未对萨拉塔的学术水平以及之前的教学效果进行再次审查，仅依据其在校外的言论就武断地认定其难以胜任其岗位，会给学生带来"不安全感"。AAUP 的调查报告产生了重要的影响，虽然最终诉讼并未导致伊利诺伊重新聘用萨拉塔，但是却使其付出了 60 万美元赔偿款（支付给萨拉塔）和 27.5 万元的诉讼费用的代价——这些钱可都是纳税人的钱。① 可以预见，之后的美国公立高校在处理教师"校外言论"事

---

① *A Six-Figure Settlement on Campus Free Speech* （https://www.theatlantic.com/nation-al/archive/2015/11/a-six-figure-settlement-on-campus-free-speech/415680/）.

情时会更加谨慎。

（二）私立高校教师获得集体谈判权

1990 年美国《国家劳动关系法》被修订，在新的规定下，大量私立高校尝试再次使用集体谈判权。正如考特尼·李德曼（Courtney Leatherman）所言，"私立高校的工会运动在沉睡了 20 年以后又觉醒了"①。在这一过程当中，主要有两个司法判决支持了私立高校的教师集体谈判权。首先是 1995 年开始的大瀑布大学（University of Great Falls）与全国劳动关系委员会（National Labor Relations Board，NLRB）之间的诉讼。长期以来，大瀑布大学以"该校是一个宗教支持机构，不受国家劳工关系委员会管辖"；"董事会不能实行与工会的集体谈判是因为这样做会违反宗教自由恢复法案"等理由拒绝承认工会。1995 年 10 月 16 日，蒙大纳教师联合会（the Montana Federation of Teachers）再次向国家劳工关系委员会要求，承认该组织作为大瀑布大学的教师集体谈判的代理。由此，蒙大纳教师联合会、大瀑布大学、国家劳工关系委员会之间开始进行法律诉讼，这一诉讼在 2002 年 2 月 12 日法院做出最终裁决。法院承认大瀑布大学是具有宗教性质的机构，所以支持了其不受国家劳工关系委员会管辖的请求，撤销了国家劳工关系委员会的决定和命令，并拒绝董事会的交叉请求执行。但另一方面，法院也认为，大瀑布大学认为教师不具有谈判权是错误的，具有谈判权的单位包括作为非管理人员教职员工，不包括院长②。也就说，大学的非管理人员的教师具有集体谈判权。

---

① AAUP, *Issues in Higher Education*：*Collective Bargaining*（http：//www.aaup.org/AAUP/ issues/CB/default）.

② *UNIVERSITY OF GREAT FALLS V. NATIONAL LABOR RELATIONS BOARD*，278 *F.* 3d 1335（https：//law. resource. org/pub/us/case/reporter/F3/278/278. F3d. 1335. 00 – 1415. html）.

另一个司法判决与此案件相似，所涉及的私立高校同样具有宗教背景，即私立高校曼哈顿学院（Manhattan College）与兼职教师是否拥有集体谈判权的诉讼。在此案中，国家劳工关系委员会该区域主管（the Regional Director）强调学术决策是由非教师人员组成的委员会做出的，私立大学教师不是管理者，因此应拥有组建工会和集体谈判的权力①。在 2015 年 8 月 26 日的最终判决中，法官认为随着时代发展，曼哈顿学院实际上除了具有宗教使命之外，在发展计划和培养学生目标中也提到具有社会使命；同时，"学院认为自己是一个宗教教育环境，但是学院未能证明兼职教师在维护学院的宗教教育环境方面起着特殊的作用。因此，国家劳工关系委员会对学院行使管辖权是适当的。"② 自上述两个司法案件判决公布之后，叶史瓦大学案对私立高校的约束逐渐被打破，私立高校教师的工会组织逐步发展起来，并获得了集体谈判权。

（三）私立高校以薪酬优势抵消了福利保障方面的劣势

前文已经阐述，在退休、医疗等福利保障水平方面，公立高校教师略高于私立高校教师，这种差异至今仍存在。但是，在后期的竞争过程中，私立高校却逐渐用薪酬优势抵消了这种劣势，因此对于同类型的高校教师而言，无论是身处私立高校还是公立高校，其经济社会地位基本上是相同的。

在 20 世纪 60 年代后期和 70 年代早期，美国公立高校和私立高校的教师工资相对一致，私立高校教师稍微优厚一些，所有教师的工资平均差异不到 2000 美元。1980 年以后，美国公立、私立

---

① *Manhattan College*, *Case No. 02 - RC - 023543*（https: //www. nlrb. gov/case/02 - RC - 023543）.

② *Manhattan College*, *Case No. 02 - RC - 023543. RD Decision and Order*（https: // www. nlrb. gov/case/02 - RC - 023543）.

高校教师工资差距开始明显增加，并且整个 20 世纪 90 年代都在持续增加，到 1998 年差距超过 14000 美元。F. 金·亚历山大（F. King Alexander）指出，与私立研究型大学相比，仅有三所一流的公立研究型大学改善了他们在教师工资市场中的位置。[①] 甚至加利福尼亚大学和威斯康星大学等美国最著名的公立大学，与私立大学在教师平均工资方面的差距也有所加大。美国公立、私立高校教师工资差距之所以日益扩大，一方面与私立大学拥有雄厚的资金基础有关——美国私立高校在自力更生、竞争激烈的压力下，具有较强的自我谋生能力和应对外部变化的能力，强大的自主创业能力和雄厚的外部资金体系为私立高校创造了坚实的经济基石；另一方面则与石油危机后，政府资金紧张，公立大学所获得的财政拨款日益缩减密切相关。

但随着高等教育的不断发展，美国高校间的人才竞争也日益激烈，各校在保持良好的学术氛围，保障研究条件外，还在教师的工资和福利上相互竞争，这使得公立高校教师的薪酬水平也很快得到了提升。以加利福尼亚大学为例，加利福尼亚大学有着迷人的自然环境、优良的工作条件、经济待遇。尽管如此，加利福尼亚大学理事会和校长们也形成了一个共识：没有竞争力的工资和福利，大学将无法招募和留住最有潜力的学者和专家。因此，加利福尼亚大学理事会提出了一个工资竞争机制。所谓"竞争性工资"，用马丁·特罗（Martin Trow）的话说就是："我们（教授）自己不用协商我们的工资，而是让美国其他大学替我们做，而且这一做法已经取得了加州政府和立法的认可。那就是在加州大学伯克利分校，不同级别

---

① F. King Alexander, *student tuition and higher edcation marketplace*: *policy implication for public universities*, Journal of Staff, Program, and Organization Development, No. 2, 2000.

教授的工资大致要与美国其他同类大学如哈佛、耶鲁和哥伦比亚等 8 所顶尖的大学保持一致或高于它们。"① 在 8 所大学中，4 所为公立研究型大学，4 所为私立研究型大学。顶尖大学每年都会公布教授薪水的基本数据。根据这些基本数据，加州大学伯克利分校将对教师的薪金和福利进行评估。

但不能否认的是，随着公立高校和私立高校在可用资源上日益增加的差距，公立高校在这种"薪酬"大战中逐渐败下阵来。正如 F. 金·亚历山大所说，在过去的 30 年里，联邦和州直接性学生资助政策的增加使那些对学生学费依赖很大的大学受益匪浅。② 而公立高校却由于受到政治约束和公众观念限制，不能充分利用州和联邦直接性学生资助项目所提供的财政资金。同时，在过去 20 年中，作为公立高校收入一部分的州专项拨款减少了 25%，再加上 20 世纪 90 年代后期股票上涨期间，私立大学所获得的私人捐赠急剧增加③，公立高校学生的平均经费远远落后于私立高校。AAUP 的年度报告显示，在 1981—2011 年间，私立研究型大学教师工资增长速度明显高于公立研究型大学，并且这一差距在近十年来有所扩大④。从表 5 - 3 可以看到，在 2015—2016 年度中私立研究型高校各职称等级的教师薪酬水平均高于公立研究型高校，如果观察不同职称教师在这三类研究型高校中的薪酬水平（除了学士学位授予单位副教授、助理教授），可以得出同样的结论。以教授职称为例，私立研究型高

---

① 马万华：《研究型大学建设：伯克利加州大学成功的经验和面临的问题》，《清华大学教育研究》2005 年第 3 期。

② F. King Alexander, *student tuition and higher edcation marketplace*: *policy implication for public universities*, Journal of Staff, Program, and Organization Development, No. 2, 2000.

③ Patricia Gumport, *A higher education reaseach agenda for the 21st century*, Stanford: National Center for post-secondary improvement, 2002.

④ 顾全：《美国公立研究型大学教师薪酬机制研究》，博士学位论文，华东师范大学，2017 年，第 66 页。

校教授年均收入为 158080 美元，公立研究型高校教授仅有 125833，

相差 32247 美元，占到后者工资的四分之一。

表 5 - 3　　　2015—2016 年度公立、私立高校各职称等级

教师薪酬比较　　　　　　　（单位：美元）

高校类型　职称	授予博士学位的高校		授予硕士学位的高校		学授予士学位的高校	
	公立	私立	公立	私立	公立	私立
教授	125833	158080	92982	96556	87751	88112
副教授	89870	107763	74907	76974	71145	70483
助理教授	78959	94913	65584	66551	60791	60479
讲师	56975	76808	51879	54892	49886	50917

资料来源：2015—2016 年 AAUP 高校教师薪酬调查 1023 所高校反馈数据，高校分类根据卡耐基高等教育机构分类标准。*American Association of University Professors*（*AAUP*），ACA-DEME，2016，pp. 24 - 29。

第三节　美国促进公、私立高校教师平等身份构建的制度因素

美国公立、私立高校教师平等身份的构建，是政治、经济、文化等外部因素和高校治理体系、学术自治制度、财政来源多元化等高等教育内部因素共同作用的结果，其中高校内外部管理制度起到了尤为关键的作用，如"一视同仁"的政府财政资助制度促进了公立、私立高校平等地位的确立；高校自治和学术自由保障制度促使公立、私立高校教师形成了统一的职业认同；统一、完善的权利救济制度保障了公立、私立高校教师相同的职业权利与职业尊严感；高校内部民主管理制度的确立与不断完善保障了公立、私立高校教师的"主人翁"地位。

一 "一视同仁"的财政资助制度

实际上，在很长的一段历史时期中，美国高校的公、私属性是模糊的，是不能被清晰辨别的，因为美国高校从殖民地时期开始，其财政来源就较为多元，除了学费之外，既有来自政府的拨款，也有来自个人、团体或宗教组织的捐赠。如在殖民地时期，哈佛学院就是在马萨诸塞州议会拨款400英镑的基础上建立起来的，后因约翰·哈佛（John Harvard）牧师把他遗产的一半（合779英镑17先令2便士）和全部藏书捐赠给了学院，为了表达感激之情，州议会于1639年3月13日命令"此前决定在剑桥建立的学院应被称作哈佛学院"。[①] 在哈佛学院之后的发展进程中，州政府一直以直接划拨土地、税收、允许学校征收各种费用等方式给予财政支持，据统计，1669—1682年间，哈佛学院年收入的52.7%来自于政府，而捐赠占12.1%，学费只占9.4%。[②] 又如弗吉尼亚州允许威廉·玛丽学院收取烟草税，同时还有从皮毛交易中获取利润的权力；康涅狄格州免除了耶鲁学院学生的税收和兵役；佛蒙特州将其拥有土地的一半赠予了达特茅斯学院，等等。总之，在美国私立高校的发展进程中，州政府的作用是不容忽视的。但是，州政府对私立高校的这种财政资助随着公立高校的出现与发展而逐渐缩减，尤其是在1819年达特茅斯诉讼案之后——该案的判决导致美国公、私立高等院校的分离，确保了私立院校的自治权，州政府对私立高校的财政资助缩减进一步加剧。以马萨诸塞州为例，州资助哈佛大学的最后时间是1823年；1890年，麻省理工学院虽然仍获得了州20万美元的资助，但与

---

① ［美］劳伦斯 A. 克雷明：《美国教育史1——殖民地时期的历程1607—1783》，周玉军等译，北京师范大学出版社2003年版，第166页。

② 同上书，第175页。

1865—1890 年马萨诸塞州立学院每年获得州 60 万美元的资助相比，则显得相对微薄。①

虽然州政府对私立高校的财政资助在逐步缩减，但是联邦政府的财政支持却日益增多。1862 年，林肯总统签署了《莫雷尔土地赠予法》，规定联邦向各州提供联邦土地，以资助各州农业和工艺教育的发展，当时得到土地赠予的不仅有公立高校，还有大量的私立高校，如现在世界知名的康奈尔大学就是一所接受了联邦赠地的私立高校。1958 年美国联邦政府为了应对美苏冷战带来的危机，提升美国教育质量，出台了《国防教育法》，该法律明确规定"向非营利的私立学校提供贷款"，② 这为私立学校的发展、新学科的设置、新课程的开设提供了财政支持。1965 年美国正式通过了其历史上第一部完整而系统的高等教育法律——《高等教育法》。该法以立法的形式确定美国联邦政府对私立高校进行资助的多种方式：经费支持、赠地、税收减免等。这一法律的通过对于美国私立高等教育发展具有里程碑意义，自此美国私立高校获得联邦财政支持逐步走向常态化。据美国国家教育统计中心（NCES）数据显示，2009 年，在 1790 所私立非营利性高校的收入中，来自联邦和州政府的经费（包括拨款、赠款和合同）占到了 26.1%；虽然由于受到 2008 年金融危机的影响，这一占比在 2010 年锐减至 11.5%，之后一直在 10% 左右波动，但政府对私立高校负有资助责任这一认识却被牢牢确立起来。③

---

① 黄宇红：《美国州立大学的发展历程》，北京航空航天大学出版社 2013 年版，第 3 页。
② 柯卫：《国外私立高校教师权利保障制度的比较及启示》，《法制与社会》2016 年第 5 期。
③ 数据是通过 NCES 统计数据整理而得，https：//nces. ed. gov/ipeds/trendgenerator/tganswer. aspx？ sid ＝6&qid ＝15。

实际上，除了联邦和州政府的直接拨款、赠款、合同经费之外，联邦和州政府实施的各种学生资助项目也是私立高校间接接受政府资助的重要途径。为了促进教育公平，扩大高等教育机会，美国联邦和州政府对高校的财政资助从直接资助模式逐步向间接资助模式转变，即由直接将经费拨给高校转向通过资助学生来间接资助高校。而联邦和州政府的学生奖、助、贷项目是面向所有高校学生的，甚至覆盖了营利性高校的学生，因此，非营利性私立高校和营利性私立高校均通过这种学生资助项目获得了大量的来自联邦政府的经费，如2011—2012学年，非营利性私立高校中，4年制博士授予高校有84.9%的学生，4年制非博士授予高校有87.4%的学生，低于4年制高校有80.2%的学生获得了各种资助；营利性私立高校中，4年制高校有90.4%的学生，2年制高校有82.2%的学生，低于2年制高校有88.5%的学生获得了各种资助，这些资助大部分是来自联邦和州政府。[①] 显然，这种学生资助制度为私立高校的发展奠定了更坚实的财政基础。

众所周知，世界上很多国家的公立高校依赖政府支持在高等教育体系中获得了主导性地位，相对应的，也使其教师获得了比私立高校教师更高的社会地位。但这种情况在美国被有效地避免了。面对公立、私立高校共存的高等教育体系，美国政府并未放弃对私立高等教育的扶持责任，虽然州政府以公立高校为重点资助对象，但联邦政府和州政府仍通过多种途径给予私立高校财政支持，以帮助其减轻财政方面的困扰。在这种"一视同仁"的财政资助制度下，公立、私立高校确立了平等的社会地位，同时获得了公平竞争的发

---

① NCES. 2011 – 12 *National Postsecondary Student Aid Study*（*NPSAS*：12）：*Student Financial Aid Estimates for* 2011 – 12（https：//nces. ed. gov/pubs2013/2013165. pdf）.

展环境。这为公立、私立高校教师平等身份的构建奠定了重要的组织基础。

二　高校自治和学术自由保障制度

不能否认的是，从法律层面上来看，美国公立、私立高校教师是存在身份差异的，前者属于公务雇员，后者属于雇员。那么这种身份差异是否会影响其职业角色认同呢？在很多国家，公立高校教师被纳入到政府官员系列之中，而私立高校教师则被等同于企业雇员，在这种状态下，公立、私立高校教师很难形成共同的职业角色认同，如被归入到政府官员系列中的公立高校教师很容易形成自己是国家或政府的服务者和服从者的角色定位，而被归入企业雇员系列的高校教师很容易形成自己是"打工者"的角色定位。从前文的论述中我们可以看到，在美国高等教育发展历程中，美国公立、私立高校教师由于这种法律身份差异，在所享受的基本权利方面确实是存在差异的，但是这种差异很快被削弱或消除了。因此，目前美国高校教师无论是受雇于私立学校，还是公立学校，其所享受的职业权利基本上是一致的，而基于这些职业权利所形成的职业角色认同也是较为一致的，如对其职业的专业性、学术性、公益性等基本职业属性高度认同；享有同等的学术自由权利；拥有同样的学术管理权力等等。那么，美国是如何促进公立、私立高校教师基本权利走向"统一化"，并在此基础上构建其共同的职业角色的呢？除去文化、政治、经济方面的因素，美国高校的高度自治和学术自由保障制度的不断完善起到了关键性的作用。

与世界其他国家相比，美国高校拥有较大的办学自主权，即使是公立高校，其办学自主权也在欧陆国家公立高校之上。但美国高校的自治地位也并不是一开始就具有的，在美国高等教育发展进程中，法人制度、公共信托制度、"第三方"评估制度的不断发展与完善为高校确立自治地位，获得发展自主权提供了重要保障。殖民地时期以及建国初期，美国私立高校虽具有法人资格，却深受州政府的控制，这也就是为什么在建国初期很多州都试图将私立高校转型为公立高校的重要原因之一。随着1819年达特茅斯案的宣判，州政府对私立高校的控制权与干预权被从法律上否定了，自此，私立高校的独立法人身份被确立起来，享有不受政府干涉的高度自治权。有了私立高校的"自治"传统与经验，美国各州在建立公立高校时也尽力保障其"自治"地位与权利，如虽然大多数公立高校的董事会成员是由州政府直接任命的，但是其成员资格却是有任期限制的，这就使得州政府既可以对公立高校进行控制，同时也对这种控制形成了一种制约。还有一些州在保障公立高校自治权方面做了更为积极的探索，如密歇根州和加利福尼亚州将公立高校提升到"公共信托"① 的地位，从宪法层面将其公立高校理事会视为与州立法、行政和司法平行的"第四部门"，这样密歇根大学和加州大学就享有完全独立于州政府的自主权。② 除了法人制度和公共信托制度之外，美国的"第三方"高校评估制度在确立高校的自治地位方面也具有不可忽视的作用。众所周知，美国的高校评估是由处于高校和政府之间的社会评估组织来实施的，这种"第三方"评估组织的评估资质由政府进行认定，但其评估模式与标准是依据高校运行的基本规律由评估组织独立制定的。从长期的实践效果来看，美国的这种"第三

---

① 公共信托理论是指主权国家或州，基于全体公民的委托，作为受托人，为了社会公众的共同利益，对特定的自然资源进行管理和保护，社会公众则可以基于信托资源的公共目的和用途对其进行自由利用。［王继军：《三晋法学（第7辑）》，中国法制出版社2012年版，第23页。］

② 欧阳光华：《董事、校长与教授：美国大学治理结构研究》，高等教育出版社2011年版，第76—79页。

方"高校评估制度有效地避免了政府对高校办学的直接干预，对高校自治形成了有效保障。

毫无疑问，高校自治地位的确立对于其教师的学术自由与学术自主管理权利是一种根本保障。如前文已经阐述，在"麦卡锡主义"盛行的时期里，正是因为私立高校具有高度自治权，因此其教师的学术自由权利才免受政府侵害。但是，除了要避免政府对高校教师学术自由权利的侵害之外，高校教师的学术自由还面临着来自举办者和行政主管等学校内部管理权威的侵害，对于这类侵害，美国主要构建了基于司法和社会组织两个层面的保障体系。关于司法层面的权力救济保障体系将在下文专门论述，此处不再赘述。美国高校教师组织之所以产生并快速发展起来，一方面源自于学术发展的需要，如各种基于学科建立起来的学会；但更重要的是源自对学术自由的需求，如美国教授联合会（AAUP）的建立与发展。前文已经论述，在美国教师学术自由权利保障方面，AAUP起到了非常重要的作用，其促进高校教师学术自由的两大途径：一是促进高校建立终身教职制度；二是促进教师参与学校管理。历史实践证明，终身教职制度保障了高校教师的职业安全，使其拥有了更多的学术自主权；而教师参与学校管理，则有效促使教师摆脱"被管理"、"被雇用"的地位，进而掌握学术管理的主动权与主导权。实际上，对于当前的美国高校而言，其教师间的职业角色认同差异更多地存在于终身教职系列教师和非终身教职系列教师之间，而非公立、私立两类高校教师之间。终身教职系列教师和非终身教职系列教师之所以会产生职业角色认同差异则与非终身教职系列教师难以获得与终身教师系列教师同等的学术自由权利密切相关。目前这一问题已经引起了AAUP的重视。

三　统一、有效的教师权利救济制度

"无救济，则无权利"，美国公立、私立高校教师平等地位的确立离不开统一、有效的权利救济制度。美国依法治教的观念较强，教育法制也较为健全，同时教师依靠法律进行维权、获得权利救济的意识也比较强。目前，美国高校教师的法律救济途径较为多元，有校内申述、司法诉讼、集体谈判和协会调解、仲裁等等。一般而言，集体谈判制度、校内申诉制度和仲裁制度三道防线基本能够解决教师权利的救济问题，因此，这里重点从集体谈判制度、校内申述制度和仲裁制度三个方面梳理一下美国高校教师权利救济制度体系。

前文已经从教师基本权利的角度对美国高校教师的集体谈判制度做了一些介绍，接下来将重点阐述一下这种集体谈判制度在高校教师权利救济方面所发挥的作用。首先需要指出的是，集体谈判制度的应用范畴是有限的——法院为了维护学区教育委员会的经营管理权，规定凡是属于学区教育委员会经营管理权范畴的议题均被列为不得谈判的议题，如教师的续聘与解聘、教师的工作调整与晋升等。[1] 因此，集体谈判制度主要维护的是高校教师的群体利益，谈判的内容主要集中于薪酬、工作时间、工作环境等议题。当然，在学区教育委员会同意的情况下，一些法律未禁止的谈判议题——一般称为"自由议题"也可通过集体谈判的方式进行协商，如教师评估问题，长聘教师的聘任条件问题，教授的聘任程序与规则问题等等。[2] 因此，集体谈判不仅是美国高校教师进行权利救济的重要途

---

① 罗朝猛：《教师申诉制度：美国的实践与我国的现状》，《比较教育研究》2007 年第 7 期。

② Paul D. Staudohar, *Negotiation and Grievance Arbitration of Teacher Tenure Issues*, Labor Law Journal, No. 6, 1978.

径，同时也是其提升自身地位的一种重要方式，因为，很多学校尤其是综合性大学中的教师集体谈判不仅涉及经济问题、程序问题，还涉及政策问题，换言之，教师可以通过集体谈判的方式影响学校政策的制定，显然，这有利于从根本上保障教师的权益不受侵害！教师集体谈判制度虽然在美国只有几十年的发展历程，但是它的积极作用已经显现无疑，正如美国国家教育联盟（National Education Association，NEA）指出的，集体谈判有利于促进教学条件的改善，有利于吸引优秀的人才从事教育工作，有利于营造一个公平的就业环境，有利于保障教师在学校中的话语权。[①]

校内申诉制度是美国高校教师寻求个人权利救济的首要途径。美国高校内部均设有教工申诉委员会，申诉委员会委员由学校治理委员会任命，一般由常任教员中的 3 位教授组成。申诉委员会负责管理校内教职工申诉工作，学校财务部门会依据实际情况给予委员会委员相应的经济补偿以弥补缺席教学造成的经济损失。对于高校教师的校内维权行为常常要遵循以下程序。首先，当事教师可以通过与所在院系领导协商寻求公正的解决方法，一旦协商不能解决问题，当事教师可以向院长或系主任表明向申诉委员会申诉的意愿，同时当事教师还可以书面请求的形式，申请院长出具相关的书面说明，以对申诉的理由进行陈述。一旦当事教师对院长的答复不满意或在规定的期限内未予以答复，当事教师则可直接向申诉委员会提出申诉。其次，教师提出申诉后，申诉委员会要进行核查并决定是否受理申诉，若受理，申诉人就有权申请召开听证会。第三步是举行听证会。申诉委员会在受理相关申诉后的一个月内应举行听证会。申诉的当事教师和被申诉人均享有同等的机会在听证会上陈述，相

---

① *Bargaining Benefits Everyone in Education*（http：//www. nea. org/）.

关裁定由陪审团在听证会结束后做出。最后一步是呈现调查结果。调查报告在听证会结束后，由陪审团与法律顾问协商做出。书面报告需递交教务长，内容必须依据听证会的结果并包含少数不同意见。报告应清晰说明该案件的每一个申诉环节，并要将调查结果清晰的标识出，最后提出教务长可以采取的行动建议。当事教师若对申诉委员会的"判决"不满意的话，可申请教育仲裁或进行司法诉讼。

仲裁是一种邀请以公正身份出现的第三方个人或团体来解决集体合同双方争端的方式；分为调解、查明事实、仲裁三步；进行仲裁后，第三方的结论具有司法效力，双方必须切实遵守。[①] 当前在美国，仲裁制度已经成为除诉讼制度之外的另一重要教师权利救济制度。而且相对于司法诉讼，教育仲裁具有不受管辖局限、解决纠纷时间短、花费少等特征，这使得美国教师及教师工会更倾向于在发生争端时申请教育仲裁，而不是直接进行诉讼。教育仲裁制度是伴随着集体谈判制度的发展而发展起来的。1968—1971 年间，随着越来越多的高校教师工会组织成立，越来越多的集体谈判争端也被移交给仲裁机构——1968 年有 3 例，到了 1971 年就已经增长到 39 例了。[②] 与集体谈判一样，教育仲裁也是有范围限制的，如很多州法院将终身教授聘任、教师评价程序、院系合并、试用教师解雇等列为不可申请仲裁的议题。但是，由于美国各州的立法不同，各州在教育仲裁范围方面也是存在差异的，有的州允许就终身教职问题申请仲裁，有的州允许就试用教师解雇问题申请仲裁。[③] 后随着教育仲裁

---

① 文晓红：《美国高校教师集体谈判研究》，硕士学位论文，华中师范大学，2010年，第 25 页。

② William F. Edmonson and Alex J. Simon, *Arbitration in Higher Education*, The Arbitration Journal, No. 4, 1974.

③ Ned B. Lovell, *Grievance Arbitration in Education*, Phi Delta Kappa Educational Foundation, 1985, p. 22.

制度的不断发展，各州的教育仲裁范畴都有所扩展，除了处理集体谈判中的争端之外，还处理大量有关教师个人的问题，如解聘、惩罚、终身教职、职称晋升、绩效评定，等等。显然，这样一种仲裁制度在一定程度上削弱了学校行政管理者在以上问题上的单边决定权，提升了对高校教师的权益保障水平。

四　高校内部民主管理制度

虽然从法律角度来讲，无论是公立高校教师，还是私立高校教师都拥有"雇员"身份，但是随着美国高校内部民主管理制度的建立与发展，教师的这种"雇员"身份在现实中被逐步瓦解，与此同时，其"主人翁"地位和"独立、自主的学术人"身份日益凸显。

（一）教授委员会制度与教授权力的扩张

教授委员会，又称学术评议会（Academic Senate）是最早使美国高校教授拥有参与学校管理权力的一种制度，创建于 18 世纪末期的耶鲁学院。1795 年，蒂莫西·德怀特（Timothy Dwight）出任耶鲁学院校长，他利用校长权力指定 3 位教授组成教授会，协助其处理学校事务，这个三人教授会便是最早的教授会。[①] 后来，"教授会立法、校长同意、董事会批准"逐渐成为耶鲁学院的治校格言，同时，这种"教授参与治校"的模式也很快被哈佛学院等其他高校所效仿，至今美国已有 90% 以上的高校建立了教授委员会。[②] 在美国高校内部治理结构中，教授委员会主要是保障教师参与学校层面管理的一

---

① 韩笑：《耶鲁大学教授治校实现程度分析》，硕士学位论文，吉林大学，2015 年，第 15 页。

② 欧阳光华：《从法人治理到共同治理——美国大学治理的历史演进与结构转换》，《教育研究与实验》2015 年第 2 期。

种制度设计。当然，教授委员会的管理范畴更多地聚焦于学术事务，如招生、教学、教师聘任与评价、职称晋升等，较少涉猎财政预算、学校发展决策等事宜。另外，由于各个学校的传统与制度设计不同，教授委员会所发挥的功能也不同，有的学校的教授委员会可以参与学校决策，具有决策功能，但有的学校教授委员会则只发挥咨询功能。但从总体而言，教授委员会制度在提升高校教师地位，促进高校内部民主治理方面都起到了非常重要的作用，到20世纪末期，这种教授委员会制度已经使得教师成为与行政权力平起平坐的一方力量，特别是"多数一流大学的教师获得了与校长同等重要的权力"。①

（二）学术委员会制度与教师学术管理主导权的确立

除了教授委员会之外，学术委员会也是保障美国高校教师参与学校层面管理的一种制度，其与教授委员会之间的关系在不同的学校有不同的界定，有的学校将学术委员会置于教授委员会之下，如加州大学；有的学校将教授委员会置于学术委员会之下，如斯坦福大学。除了学校层级的学术委员会之外，美国高校院系层级一般也设立学术委员会。院系学术委员会和校级学术委员会在职责方面存在差异，前者负责的是具体学术事务管理，如课程设置、学位授予、教学评价、教师评价等，而后者负责的是宏观学术事务管理，主要关注的是学术政策、学术管理制度的制定等。从实践层面来看，这种院系层级的学术委员会在保障教师学术自主权和学术事务管理主导权方面具有更为重要的意义。正如伯顿·克拉克（Burton Clark）指出的，大学是一种"底部沉重的知识创新机构"，即知识的创造与传播工作主要是由基层院系的教授们实现的，因此保障他们在院系

---

① 彭阳红：《论"教授治校"》，博士学位论文，华中科技大学，2010年，第50页。

层级的管理权,对于提升教师地位,保障学术自由更为重要。[①] 当然,美国高校内部治理结构较为多元化,有的高校院系层级设立的不是学术委员会,而是教授委员会,或教授评议会,但不管是怎样的称呼,其主要职责与功能均是保障教师在学术事务方面的管理主导权。

总之,教授委员会、学术委员会制度使得美国高校教师成功地获得了学术事务管理的主导权,并使之常态化,这从根本上改变了美国高校教师的地位。当然不能忽视的是,无论是教授委员会,还是学术委员会,其权力均是通过授权获得,在美国高等教育发展史上,这种授权有的来自于校长,有的来自于董事会,但更多的是源自于学校章程。即使是由校长或董事会授权形成的教授委员会或学术委员会,其权利范畴也要最终通过学校章程明确下来。因此,参与学校章程制定与修改的权力以及相关制度设计,也是美国高校教师充分行使自己权利的重要保障。

---

① 刘鸿鹤:《美国大学民主管理的理念与实践》,《东北财经大学学报》2010 年第 3 期。

第六章　我国民办高校教师身份变革的外部制度阻碍

　　促进民办高校教师身份变革，对于增强民办高校教师职业的吸引力，扭转民办高校在高等教育质量竞争中的弱势局面具有重要的意义。前文已经分析，随着国家民办高等教育政策的快速发展与不断完善，民办高校教师身份实现变革，缩小甚至消除公办、民办高校教师间的身份差距的可能性也正不断增强。那么目前，最为重要的事情是要深入分析、准确定位制约民办高校教师身份变革的关键性因素，以更加有的放矢的进行改革，加快缩小公办、民办高校教师身份差距的步伐，使得民办高校师资队伍建设尽早突破"身份"牢笼，形成健康、有生命力、可持续的发展模式。从第二章的分析中可以看到，当前民办高校教师身份的形成既有历史原因，也有现实原因，但无论是历史还是现实，制度是形塑民办高校教师身份的最直接工具，因此，在理念、认识已经发生改变的情况下，要想促进其身份变革必须从制度着手。制约民办高校教师身份变革的制度分为内部制度和外部制度两个层面，本章将重点分析外部制度。综合来看，民办高校法人制度不健全、民办高校教师社会保障制度不完善、民办高校教师权利救济制度建设滞后等外部制度供给不足问题是导致其身份差距长期存在，且难以缩小的重要原因。

第一节　法人制度不健全从根本上
制约身份变革

法人制度是确认某一组织或团体法律上之主体地位的最重要法律形态和规制。法人制度在西方法制体系中占有重要地位，并具有悠久的发展历史。我国真正确立法人制度是在 20 世纪 80 年代——1987 年 1 月 1 日施行的《民法通则》设专章对法人问题做了详细的规定包括法人的一般规则，企业法人的设立、变更和终止以及承担责任的范围，确定机关、事业单位和社会团体的法人资格，初步建立了我国的法人制度。[①] 总体来讲，我国的法人制度发展历程较短，至今不过三十年左右，存在许多需要进一步完善的地方，尤其是民办学校法人制度亟待完善，其中法人属性、法人产权的不清晰，法人治理结构的不完善直接制约着民办高校教师身份的变革。

一　法人属性不清晰导致教师组织身份模糊

法人就是具有民事权利能力和民事行为能力，依法独立享有民事权利和承担民事义务的组织。[②] 不同类型的法人所具有的属性是不同的。从世界的角度来看，各国大部分遵循的是"公、私法人二元论"的法人分类原则，同时虽然各国具体法人类型均有所差异，但都是在社团法人和财团法人的基础上演变、发展出来的。因此，以

---

① 尹珊珊：《法人制度的基本理论及完善法人制度的探索》，硕士学位论文，兰州大学，2006 年，第 5 页。

② 王利明：《民法》，中国政法出版社 1997 年版，第 85 页。

公、私法人二元论为基础，以社团法人、财团法人两分法为主体的法人分类体系是广为认可的。[①] 在我国，依照《民法通则》，法人被分为企业法人、机关法人、事业单位法人和社会团体法人四类。这样的法人分类方式存在诸多问题，其中没有明确公、私法人的分类；以所有制身份为分类标准；事业单位法人包含类型宽泛、没有确认财团法人等问题突出。随着市场经济的深化发展，我国的这种法人"四分法"已经不能涵盖所有的法人类型了，尤其是我国民办学校长期以来一直游离在四大法人类型之外，难以获得明确的法人权利，承担清晰的法人义务。

2003 年的《民办教育促进法》第九条要求"民办高校应当具备法人条件"。因此，依法成立的民办高校自然应当取得法人资格，成为法人。但由于民办高校在民政局是注册为民办非企业单位，拥有的也是民办非企业单位法人资格，这使其无法归入我国现有的四类法人中的任何一种。"民办非企业单位"可以说是我国独有的一种组织类型。我国在 1998 年颁布的《民办非企业单位登记管理暂行条例》中，明确了民办非企业单位的内涵，即"指企业事业单位、社会团体和其他社会力量以及公民个人利用非国有资产举办的，从事非营利性社会服务活动的社会组织"。可见，民办非企业单位主要具有以下特征：一是利用非国有资产举办的；二是非营利性；三是从事的是社会服务活动。从这三个特征来看，其显然区别于企业法人、机关法人和事业单位法人。企业法人是指以营利为目的，独立从事商品生产和经营活动的法人；而民办非企业单位是不以营利为目的。机关法人指依法享有国家赋予的行政权力，并因行使职权的需要而享有相应的民事权利能力和

---

① 马俊驹：《法人制度的基本理论和立法问题之探讨》（上），《法学评论》2004 年第 4 期。

民事行为能力的国家机关；而民办非企业单位并不拥有行政权力。事业单位是指国家为了社会公益目的，由国家机关举办或者其他组织利用国有资产举办的，从事教育、科技、文化、卫生等活动的社会服务组织；而民办非企业单位是利用非国有资产举办的。

从定义上看，民办非企业单位与社会团体最为接近。社会团体法人是指由自然人或法人自愿组建，经批准从事社会公益、文学艺术、学术研究、宗教等活动的组织，如工会、妇女联合会、工商业联合会、宋庆龄基金会。可见，民办非企业单位与社会团体都是非国有资产举办的，且不以营利为目的。但由于社会团体的财产来源主要是通过会员会费、捐赠等形式构成，具有无偿性、捐赠性；同时法人财产独立性程度高，即社会团体中的"构成成员"对其财产没有直接的管理控制权。这与我国民办高校财产来源多元化、法人财产独立程度不高等现实形成鲜明对照，因此也不能简单地将民办非企业单位法人归为社会团体法人。就这样，民办非企业单位在无法归入任何一类现存法人类型的情况下，其相应的权利和义务都是模糊不清的，最直接的后果就是没有与之相对应的财政、税收、人事、社会保障、土地、金融等方面的配套政策，如现实中民办高校财务管理中连正式的发票都没法开具，这严重制约着其经营活动和管理水平的提升。

民办高校法人属性的模糊不清是制约民办高校提升社会地位，改善发展环境的一个根源性问题，同时也是其教师身份模糊的根源性问题。在民办高校教师身份模糊的情况下，无论是政府相关部门，还是民办高校自身，在实施民办高校管理时均表现出较强的主观性。如，在教师保障制度建设过程中，民办高校参照的是企业执行标准。从理论上讲，这显然是不科学、不合适的，但从现实讲却可以为民办高校节省下来一大笔钱，这在民办高校主要依靠学费生存的状况下无疑是一个比较有利于学校存续发展的选择。再如，在民办高校教师评奖、评课题、评职称等事情上，相关行政部门显现出的明显"偏公"倾向，也是政府管理者忽视民办高校公益属性，将其与公办高校相区别，甚至相对立的一种主观选择结果。这种管理上的浓厚主观性色彩是导致民办高校教师难以得到公平对待的重要原因。

所幸的是，2017 年 3 月 15 日《中华人民共和国民法总则（草案)》经过第十二届全国人民代表大会第五次会议表决通过，自 2017 年 10 月 1 日起正式实施。《民法总则》将原来列举式的法人分类方案改为按照是否营利分为"营利性法人"、"非营利性法人"和"特别法人"。显然，这种法人分类方法与民办教育的分类管理模式相呼应，为进一步明确民办学校的法人属性奠定了基础——非营利性的民办学校可以归属于"非营利性法人"；营利性的民办学校归属为"营利性法人"。但如何进一步明确民办学校的法人权利与义务，如何从法人的角度促进民办学校与公办学校平等地位的真正落实，仍需展开深入的研究。

二　法人财产权难落实影响教师职业认同

法人财产权制度是法人制度的核心构成，是一项重要的民事法律制度。法人的独立人格就是建立在法人的独立财产基础之上的。公司具有独立的法人财产权至少包含两层含义：第一，公司的财产来自股东的投资，股东一旦把自己的投资财产交付给公司，就丧失了对该财产的所有权，而相应取得股权；公司对自己的财产享有所有权。第二，在公司存续期间，股东无权抽回这部分财产，只有当公司依法定程序解散时，股东才能取得剩余的财产。[①] 关于法人财产

---

① 安青松：《公司转型：中国公司制度改革的新视角》，经济管理出版社 2012 年版，第 18 页。

权的内涵，学界有着多元的界定。笔者认为丁洁的界定较为全面，即"法人财产权是法人基于所享有的财产而享有的权利义务的总称。这种财产权要求具备符合法人成立条件的组织，要求主体必须拥有独立的合法财产，这里的财产既包括有形财产，也包括无形财产；既包括实体物，也包括非实体物，即债、智力成果等。法人对其所享有的财产依法行使权力和履行义务的关系，就是一种财产权利。"①具体而言，法人财产权主要包括以下内容：（1）对法人财产的使用权和处置权；（2）对法人财产的收益权；（3）对法人财产的风险责任权。② 清晰的法人财产权是公司得以组建、运行的重要保障。对于民办高校而言，清晰的产权制度同样重要，可以有效地保障企业、私人出资人、社会力量资助者、学生的合法权益，使其免于遭受难以挽回的损失。③

　　从政策法律层面，我国民办高校早已拥有法人财产权，并做了较为详细的界定。如 2003 年的《民办教育促进法》第 35 条规定："民办学校对举办者投入民办学校的资产、国有资产、受赠的财产以及办学积累，享有法人财产权"。2006 年国务院办公厅公布的《关于加强民办高校规范管理 引导民办高等教育健康发展的通知》中进一步规定了"民办高校要落实法人财产权，出资人按时、足额履行出资义务，投入学校的资产要经注册会计师验资并过户到学校名下，任何组织和个人不得截留、挪用或侵占"。2007 年教育部发布的《民办高等学校办学管理若干规定》中再次细化关于法人财产权的规

---

① 丁洁：《论民办高校的法人财产权制度》，硕士学位论文，山东大学，2013 年，第 3 页。

② 《现代企业制度全书》编委会编：《现代企业制度全书》，企业管理出版社 1994 年版，第 154 页。

③ 丁洁：《论民办高校的法人财产权制度》，硕士学位论文，山东大学，2013 年，第 2 页。

定："民办高校的举办者应当按照民办教育促进法及其实施条例的规定，按时、足额履行出资义务。民办高校借款、向学生收取的学费、接受的捐赠财产和国家的资助，不属于举办者的出资。民办高校对举办者投入学校的资产、国有资产、受赠的财产、办学积累依法享有法人财产权，并分别登记建账。任何组织和个人不得截留、挪用或侵占民办高校的资产。……民办高校的资产必须于批准设立之日起 1 年内过户到学校名下。本规定下发前资产未过户到学校名下的，自本规定下发之日起 1 年内完成过户工作。资产未过户到学校名下前，举办者对学校债务承担连带责任"。

然而，在现实中，民办高校法人财产权存在诸多未落实的情况。如有些学校的房产证、土地证在投资方的公司名下，只有设备在学校账上；有的学校虽然初始投资已经到位，但存在用办学结余转做投资的现象；有的学校的资产在投资方名下，而贷款在学校的名下，加大了学校的财务风险；有的学校存在投资方长期借用学校办学资金的情况等等。① 那么，是什么导致了这种"落实难"问题的产生，并且长期得不到解决呢？笔者认为，没有处理好"民办高校举办者较为普遍的投资办学模式与民办高校的非营利性属性之间的矛盾"是最主要的原因。从前文可看到，企业法人财产权具有的独立性是以所有权和经营权相分离为前提的，但投资人的所有权并没有消失，只不过转换成了股权，同时通过股权可以获得相应的收益，在企业倒闭时还享有剩余财产的所有权。而我国民办高校在确立法人财产权制度时，只要求投资人将资产所有权转到民办高校名下，并没有考虑其如何收益的问题。从本质上说，这是在强制性地将投资办学

① 乔春华：《江苏省落实民办高校法人财产权的思考与对策》，《审计与经济研究》2008 年第 1 期。

转变为捐资办学，必然引起初始投资人的抵触，进而使大多数民办高校法人财产权难以真正落实。再加上我国相应的政策制度仍不健全，如虽然确立了民办高校的法人财产权，但对于民办高校法人代表资格却没有做具体的限制，这使得大多数民办高校的投资人或举办者，同时又是办学者和学校的具体管理者，为民办高校法人财产权不能真正落实提供了可能性与操作空间。

法人财产权得不到真正落实，一方面使民办学校面临着较大的财务风险；一方面也使得民间资金和财政资金不愿进入民办高校，这从根本上制约着民办高校办学经费多元化筹措渠道的建立和办学经费不断增长的能力；更为重要的是，在投资人同时掌握财产所有权与经营权的情况下，投资人在民办高校中拥有不可撼动的领导地位，民办高校教师经常会有"我在给老板打工，我只需对老板，而不是学校负责"的心理体验，这在很大程度上影响着其对自身教师职业的认同。

三 法人治理结构虚置影响教师的归属感

从经济学角度说，法人治理结构是一套制度安排，它主要规定了公司内部所有者、日常运作决策者、决策执行者以及监督者四个权利主体的责权利及其相互之间的关系。① 公司法人治理结构与公司法人产权制度有着极其密切的联系，治理结构从某种意义上说是企业法人产权制度的组织结构形式。健全的法人治理结构是真正落实企业的法人实体地位，实现法人自主权的重要保障。我国民办高校作为独立的法人实体，同样需要建立科学、完善的法人治理结构以

---

① 张辉峰：《传媒经济学理论、历史与实务》（第 3 版），人民日报出版社 2015 年版，第 113 页。

确保其法人地位的落实和法人自主性的实现。具体而言，民办高校法人治理结构是指民办高校作为独立的法人实体，在举办者、决策者、管理者和教职工等权益相关人之间建立的有关学校运营与权利配置的一种机制或组织结构。① 完善的民办高校法人治理结构的建立需要依靠健全的董事会制度、校长遴选与职权制度、学术委员会制度、教职工代表大会制度等来实现。

我国在很长一段时间内并未从法律层面对民办高校的法人治理结构做出任何规定，直到 2003 年在《民办教育促进法》中，才正式提出了民办学校应设立董事会，并对其人员数量，成员所具有的资格能力作出了要求，同时要求其将人员名单备案于国家机关。《民办教育促进法实施条例》也对民办学校董事会的召集、决策等程序做了原则性规定。虽然相关法律法规有了较大发展，但我国民办高校的法人治理结构至今仍是不健全的，究其原因，除了相关法律法规仍不健全之外，很多现有政策法规方面的要求没有被落实到位也是重要原因。如 2007 年民政部在《关于进一步做好民办高校登记管理工作的通知》中要求各民办高校要建立和完善监事会制度，但由于此通知缺乏上位法的支撑，因此并未得到很好的落实。又如，虽然《民办教育促进法》规定章程是民办高校成立的必备要件，但由于民办高校管理普遍缺乏科学管理理念的指导，在章程制定过程中也存在认识不到位、制定程序不规范等问题，致使章程在大多数情况下只是个摆设，未真正起到促进现代化管理制度不断完善的作用。再如，虽然我国教育法要求所有的高校都要设立教职工代表大会，但由于民办高校教师结构复杂、流动性大以及管理权力相对集中等原

---

① 徐绪卿：《我国民办高校内部管理体制改革和创新研究》，中国社会科学出版社 2012 年版，第 41 页。

因，此制度也未得到很好的落实。总的来讲，目前我国民办高校的法人治理结构虚置问题最为突出，主要体现为：第一，董事会形同虚设。一方面表现为董事会成员较少，参与人员大多是投资者或举办者的近亲属，没有真正的教职工；另一方面则表现为虽有一些教育界知名人士、专家进入董事会，但很少甚至不参与学校董事会决策会议。第二，董事会议事规则不规范，董事间存在信息不对称的情况，难以形成集体决策，往往演变成董事长的个人决策。第三，董事长、校长、董事会间的关系未理顺；董事长不是选举产生，而是由出资人直接担任；校长与董事长之间的职责分工不明确。另外，民办高校的学术委员会制度、教职工代表大会制度等也大多处于"有名无实"的状态。概而言之，大多数民办高校只是在表面上形成了法人治理结构，但并未真正发挥协调各方利益、科学配置权责的作用。

这种法人治理结构形同虚设的状态严重影响着民办高校教师的归属感水平。首先，董事长与校长权责分工不清的情况下，民办高校校长离职率偏高。校长走马灯似地换，有的民办高校一年换一个校长，甚至一年换几个校长。[①] 校长的这种频繁更替一方面会严重影响民办高校内部管理政策的连续性；另一方面也会起到"动摇军心"的作用，使教师强烈地感受到民办高校的不稳定性，这都会影响到民办高校教师的学校归属感水平。其次，教师很难进入董事会，即使进入了也由于议事规则的不完善，很难真正履行自己的职责、实现自身的权利；同时教职工代表大会的"有名无实"也让教师很难参与到学校的管理与发展决策之中，这使得教师的利益诉求得不到

---

① 周海涛、施文妹：《完善民办高校法人治理结构的难题与策略》，《江苏高教》2015 年第 4 期。

学校决策者的重视。在这种情况下，教师很难形成"主人翁"意识，更难形成积极、主动地工作状态。第三，法人治理结构的这种不完善，使得民办高校董事长无论在决策环节，还是在执行环节都具有绝对的权威。这种权力的绝对集中使得民办高校管理具有浓厚的"主观色彩"，管理的科学性水平偏低——"有规矩，没制度；规矩每天都在变，规矩间还自相矛盾"的问题较为普遍的存在。这在很大程度上影响了教师对学校的认同感

第二节 社会保障制度不完善难解
身份差距之难题

社会保障制度是以国家或政府为主体，依据法律规定，通过国民收入再分配，以社会保障基金为依托，对公民在暂时或永久失去劳动能力或者由于各种原因生活发生困难时给予物质帮助，保障其基本生活的制度，具体包括社会保险、社会救济、社会福利、优抚安置、社会互助等内容。[①] 长期以来，我国公办高校教师的社会保障是一种"国家保障"的福利型保障体制——国家和学校承担了社会保障的全部责任，其社会保障水平基本等同于国家机关的公务员，比农民、工人高得多。[②] 社会保障范围涵盖养老、医疗、工伤、残疾、死亡和生育等各项保险或救助项目，同时还享受公积金、食品补贴、住房分配补贴、交通费用补贴、取暖补贴、降暑补贴等福利

---

① 七五普法图书中心：《宪法学习读本》，中国法制出版社 2016 年版，第 31 页。
② 薛梅青：《高校教师社会保障制度研究——以 J 大学为例》，《江苏技术师范学院学报》2011 年第 7 期。

项目。虽然随着我国社会保障体制逐渐从"国家保障"向"社会保障"，从"福利型保障"向"风险型保障"转变，公办高校教师个人也需要承担一定比例的保险费用，但国家和公办高校通过提薪、补贴等方式，使公办高校教师的收入水平不仅没有因社会保障制度改革降低，反而还有不同程度的提高。相比之下，民办高校教师的社会保障水平就低很多——长期以来，民办高校均需要个人承担一部分保险费用，所享受的保险项目数量偏少；而且还很少能享受到其他福利补贴。那么，是什么造成两者间的如此差距呢？两者执行的社会保障标准不一样是最关键的致因——公办高校教师执行的是公务员标准；民办高校教师执行的是企业职工标准。社会保障水平方面的差距是民办、公办高校教师身份差距的最主要体现。因此，不解决民办高校教师社会保障水平偏低以及民办、公办高校教师社会保障水平差距偏大的问题，就很难解决两者之间的身份差距问题。从社会基本保障的角度来看，目前民办、公办高校教师社会保障水平间的差距主要体现在养老保障制度和医疗保障制度两大方面。

一 养老保障制度之间的差距

民办与公办高校教师养老保障水平间巨大差距的存在，与民办高校教师模糊的组织身份有着密切的关系。我国现行养老保险主要有四种模式——公务员、事业单位、企业、农民，模式不同，费用来源不同，保障程度也不同，而且彼此独立。显然，作为"民办非企业单位"的职工，民办高校教师的养老保险难以归入其中任何一类。最终从费用来源的角度和节约成本的角度，大多数民办高校执行的是企业模式和标准。以陕西为例，民办高校社会保险一直参照企业社保制度执行，这从参保名称上就可以看出——民办高校社保归类为"城镇企业职工保险"。

那么，企业标准与事业单位标准之间究竟存在哪些差异呢？缘何民办高校教师的养老保险缴费水平参照了企业标准，其退休保障水平就变得低了呢？这一方面与事业单位养老保险制度的特殊性有关；另一方面则与民办高校办学资金短缺有关。关于事业单位养老保险制度的特殊性要分两个阶段来认识。第一个阶段是"国家福利型"保障阶段，大致在1952—2015年之间。在这一阶段中，我国事业单位的养老保障制度采用的是待遇确定型的退休金计发办法，而企业采用的是缴费确定型基本养老保险制度。[①] 因此，教师的退休金按教师离退休时的原工资标准计发。一般情况下，工作满35年的按90%发放；工作满30年但不满35年的按85%发放；工作满20年但不满30年的按80%发放；工作满10年但不满20年的按70%发放；工作不满10年退职的按50%发放。[②] 而企业员工的退休金则是由社会平均工资和个人账户的储存额决定的，与本人在职时的工资水平关联度不大。一般情况下，企业员工的退休金水平大概达到在职工资水平的50%—60%左右。两者间的差距显而易见。第二个阶段是2015年至今的"社会统筹型"保障阶段。这一阶段的主要特点是事业单位与企业养老保险制度并轨，均需要个人缴纳一定比例的养老保险费用。从表面上看，这种改革消除了长期以来存在的事业单位与企业养老保险的"双轨制"，促进了事业单位职工与企业员工之间的保障公平。但从实际操作层面上来看，公办高校一般都能按事业单位工作人员的缴纳工资基数缴纳费用——事业单位工作人员的缴费工资基数由本人上年度工资收入中的基本工资、国家统一的津贴

① 王磊：《事业单位养老保险法律制度改革与完善研究》，博士学位论文，吉林大学，2012年，第17页。

② 郑秉文：《事业单位养老金改革的关键是三个"联动"》，《中国证券报》2009年第2期。

补贴（艰苦边远地区津贴、西藏特贴、特区津贴等国家统一规定纳入原退休费计发基数的项目）、绩效工资组成。同时，很多公办高校还实施了职业年金制度，有效地提升了其教师的养老保障水平。相对应的，由于办学资金紧张，为了减轻负担、降低成本，很多民办高校只按基本工资（不包括补贴和绩效工资），甚至使用当地社保缴费基数的最低线为基数计算缴纳费用，同时也很少有学校实行职业年金制度。这使得民办高校教师的养老保障水平仍远远低于公办高校教师。以一位 30 岁参加工作，60 岁退休的教师为例。假设 30 年来，他在民办与公办高校每个月的收入是一样的，都是 6500 元（3500 元的基本工资、3000 元的绩效工资）；个人平均缴费指数[①]为 1。那么，他在公办高校退休拿到的月养老金为 2872.4 元，计算方式如下：

基础养老金[②]：4376（2014 年济南市社平工资）×1×30×1% = 1312.8 元

个人账户养老金[③]：6500×8% = 520 元（一个月个人上缴社保养老费用）

520×12 = 6240 元（一年上缴社保养老费用）

6240×30 = 187200 元（30 年个人账户累计余额）

退休后每月领取的养老金：187200÷120 = 1560 元（个人账户养老金）

1312.8 + 1560 = 2872.4 元（月养老金总额）

替代率：2872.4÷6500 = 44.2%

---

① 个人平均缴费指数是指参保人员当年月缴费工资额与当年全省职工月平均工资的比值。

② 由本地区所有单位缴纳的养老保险费用构成。单位缴费的比例是不得超过单位工资总额的 20%。

③ 由个人缴费构成，个人缴费比例是 8%。

在现实中，公办高校教师的月缴费工资额一般是高于省职工月平均工资的，因此，个人平均缴费指数一般不会是1，而是大于1。这将进一步提升其替代率。

相对应的，如果该教师是在民办高校退休，则拿到的月养老金为2152.8元（以基本工资为基数），计算方式如下：

基础养老金：4376（2014年济南市社平工资）×1×30×1% = 1312.8元

个人账户养老金：3500×8% = 280元（一个月个人上缴社保养老费用，以基本工资为基数，不包括绩效工资）

280×12 = 3360元（一年上缴社保养老费用）

3360×30 = 100800元（30年个人账户累计余额）

退休后每月领取的养老金：100800÷120 = 840元（个人账户养老金）

1312.8 + 840 = 2152.8元（月养老金总额）

替代率：2152.8÷6500 = 33.1%

一些民办高校要是以当地社保的最低线为缴纳基数的话，那其教师的养老金就更少。在实际调查中，我国不少的民办高校均是按最低线为基数的。具体计算如下：

基础养老金：4376（2014年济南市社平工资）×30×1% = 1312.8元

个人账户养老金：2324（2014年济南市的社保缴费基数下限）×8% = 185.92元（一个月个人上缴社保养老费用）

185.92×12 = 2231.04元（一年上缴社保养老费用）

2231.04×30 = 66931.2元（30年个人账户累计余额）

退休后每月领取的养老金：66931.2÷120 = 557.76元（个人账户养老金）

1312. 8 + 557. 76 = 1870. 56 元（月养老金总额）

替代率：1870. 56 ÷ 6500 = 28. 8%

实际上，若是按社保的最低线为缴纳基数的话，那么，民办高校教师的月缴费工资额肯定会低于省职工月平均工资的，因此，个人平均缴费指数一般不会是 1，而是小于 1。这样其替代率将进一步下降。

总之，在公办高校教师享受"国家福利型"养老保障的时候，民办高校是在参照企业模式与标准为其教师提供养老保障，两者间的保障水平差距显而易见。在公办、民办养老保障制度"一体化"的情况下，因受资金的局限，民办高校不仅在缴费基数方面远低于公办高校，而且普遍没有建立职业年金制度，同样也造成了两者教师养老保障水平间的巨大差距。显然，这种养老保障水平之间的差距问题不解决，民办与公办高校教师间的身份差距很难缩小或消除，公办高校教师比民办高校教师具有显著的身份优越性。

二　医疗保障制度间的差距

我国《教师法》明确规定："教师的医疗同当地国家公务员享受同等的待遇；定期对教师进行身体健康检查，并因地制宜安排教师进行修养"。但在现实生活中，只有公办学校的教师实现了与公务员同等的待遇，民办学校教师并未实现。因此除了民办与公办高校教师养老保障水平方面的巨大差距之外，民办高校教师因生病而受到的不公正、不人道对待也日益受到人们的关注。2016 年，兰州交大博文学院开除患癌教师刘伶俐的事件被曝光后，更是将民办高校教师的医疗保障问题推到了风口浪尖上。关于民办、公办高校教师的医疗保障差距问题，我们也需要分两个阶段来看：第一阶段是公费医疗制度阶段；第二阶段是社会医疗保险制度阶段。

（一）公费医疗制度阶段的差距

1952 年，我国开始建立起公务人员的公费医疗制度。该制度是国家为保证国家工作人员身体健康而实行的一项社会保障制度。[①] 公费医疗的待遇主要包括到指定的门诊部或医院就诊、住院以及经批准的转院，除挂号费、营养滋补药品以及整容、矫形等少数项目由个人支付费用外，其他医疗费用全部或大部分由公费医疗经费开支。[②] 公费医疗的经费主要由国家和地方政府财政全额承担，每人每年享受待遇的预算定额由中央财政确定，超支部分由地方财政补贴。至 1956 年，我国公费医疗覆盖范围已由国家工作人员扩大到大专院校以及高等学校的学生、国家机关工作人员的子女和退休的国家工作人员。与这种国家工作人员享受的公费医疗制度相对应，我国针对国有企业和部分集体所有制企业职工，实行的是劳保医疗制度。依据劳保医疗制度，企业职工患病后，在该企业的卫生室或医务室、医院、特约医院诊治，其所需诊疗费、住院费及普通药费均由企业负担。企业职工供养的直系亲属患病时，由企业负担一半的手术费及普通药费。[③] 企业职工的医药费由企业依据国家的规定，从按职工工资总额的一定比例提取的职工福利基金中开支。

显然，这种计划经济时期的公费医疗、劳保医疗制度只是针对特有群体的，广大农民、城市非从业人员以及众多的集体所有制企业的职工、私营企业的职工都不在列。公办高校教师因其"国家干部"身份而成为可以享受公费医疗待遇的幸运儿。与之相对应，民办高校教师的"非国家干部"、"非国有企业职工"的身份则使其难以享受公费医疗待遇和劳保医疗待遇，只能选择社会医疗保险或商

---

① 关信平：《社会工作政策法规》，中国社会出版社 2015 年版，第 277 页。
② 路云：《社会医疗保险信息系统的统筹规划》，东南大学出版社 2013 年版，第 3 页。
③ 同上书，第 2 页。

业医疗保险。事实上，在民办高等教育恢复与发展的 20 世纪 80、90 年代，正是我国医疗保障制度改革与发展进入新阶段的历史时期，在这一时期里，"社会统筹与个人账户相结合"的社会医疗保险模式被构建起来。依据 1999 年国务院颁布的《社会保险费征缴暂行条例》的相关规定，作为民办非企业单位的民办高校应与教师个人按照各自应承担的比例共同缴纳医疗保险费用。但由于我国民办高校办学资金十分有限，尤其是在办学的初级阶段资金更是十分紧张，所以很多民办高校没有为其教师缴纳医疗保险费用，而大多数的民办教师自身又缺乏维权意识和医疗保险保障意识，这就导致了很多民办高校教师在生病时，尤其是患有重大疾病时难以得到有效治疗和医疗救助事件的发生。总之，在这一阶段里，民办高校教师的这种医疗保障普遍缺失的状况与公办高校教师的"公费医疗"待遇形成了鲜明的对比，公办高校教师的身份优势凸显。

（二）社会医疗保险制度阶段的差距

改革开放 30 年，我国医疗保险制度经过多次改革，基本完成了从公费医疗、劳保医疗到社会医疗保险制度的历史性转变。1998 年 12 月，国务院公布的《关于建立城镇职工基本医疗保险制度的决定》（以下简称《决定》），标志着公费医疗制度和劳保制度将逐步退出历史舞台，我国医疗保险制度进入了"社会统筹与个人账户相结合"的社会医疗保险制度建设阶段。依据 1998 年的《决定》，"城镇所有用人单位，包括企业（国有企业、集体企业、外商投资企业、私营企业等）、机关、事业单位、社会团体、民办非企业单位及其职工，都要参加基本医疗保险"。同时，"基本医疗保险费由用人单位和职工共同缴纳。用人单位缴费率应控制在职工工资总额的 6% 左右，职工缴费率一般为本人工资收入的 2%。随着经济发展，用人单位和职工缴费率可作相应调整"。因此，对于公办高校教师而言，医疗保障制度从公费医疗转向社会医疗保险以后，最大的变化就是需要个人缴纳一定比例的保险费用。

从表面上，在实施了"城镇职工基本医疗保险制度"以后，民办高校教师和公办高校教师的医疗保障被放在了"一个篮子里"，民办高校若能够依照规定，正常为其教师缴纳医疗保险费用的话，那么，其教师的医疗保障水平和公办高校教师的医疗保障水平应该是差不多的。但是目前，民办高校教师的医疗保障水平仍远低于公办高校教师，究其原因，与公办高校教师享受与公务员同样的医疗补贴有着密切关系。依据 1998 年的《决定》，"国家公务员在参加基本医疗保险的基础上，享受医疗补助政策"。2013 年颁布的《中华人民共和国城镇职工基本医疗保险条例》进一步规定"国家公务员及符合规定的其他人员，在参加基本医疗保险的基础上，实行医疗补助"。由于公办高校教师的医疗保障水平是参照公务员标准执行的，因此同样享受这份医疗补助。

2000 年发布的《关于实行国家公务员医疗补助的意见》明确规定："原享受公费医疗待遇的事业单位工作人员、退休人员，可参照国家公务员医疗补助办法，实行医疗补助"，同时指出："公务员医疗补助的原则是要保证国家公务员原有医疗待遇水平不降低，并随着经济发展有所提高"。可见，虽然公办高校教师的医疗保障从公费医疗制度转变为了社会保险制度，但是在医疗补助制度的作用下，其医疗保障水平并不会有所下降。在现实中，公办高校教师的医疗报销比例均在 90% 以上，有时甚至达到 100%。因为按照公务员医疗补助制度，公办高校教师除了普通医保报销的 90% 之外，个人支付的 10% 由医疗补助金支付 80%—100%。如果公办高校是省属单位，其教师参加的是省直医保的话，那在报销比例和报销范围上比市直医保（一般民办普通高校教师参加的都是市直医保）还要更大一些。这样，民办高校教师在不能享受政府医疗补助、学校又没有办理补充医疗保险、个人也没有购买商业医疗保险的情况下，其医疗报销比例按职工医保报销比例执行。以济南市职工医保报销比例为例，其最高可报88%，最低为35%，具体见表6-1。其实，公办高校教师的医疗保障水平远高于民办高校教师的医疗保障水平，不仅仅体现在医疗保险报销比例上，还体现在是否有定期的免费或低费用的体检、是否有"带薪休病假"的权力、女职工能否享受到"带薪休产假"的待遇等多个方面。

表6-1　　　　　　　　　济南职工医保报销比例

项目		住院/门诊规定病种				门诊			
医院等级		一级	二级	三级	定点社区	一级	二级	三级	定点社区
起付标准		700元	700元	1200元	400元	700元	700元	1200元	400元
报销比例	起付标准以上、10000元以下部分	85%				55%	55%	35%	60%
	10000元以上至最高支付限额部分	88%							
报销限额		24万元				1600元			
备　注		1. 一个医疗年度内，普通门诊费用报销后超过限额部分由大额医疗费救助金解决，最高支付限额为800元。							
		2. 一个医疗年度内，参保人第2次住院起付标准比上一次降低20%，从第三次住院起不再计算起付标准。							
		3. 退休人员住院费用统筹基金负担比例比提高三个百分点。							
		4.1949年前老工人统筹基金报销比例较退休人员负担比例提高5个百分点。							

数据来源：济南市社保查询网（http://jinan.chashebao.com/yiliao/14496.html）。

第三节　权利救济制度建设滞后
影响教师身份认同

　　前文已经分析，权利间的不对等是民办与公办高校教师身份差距的重要体现。虽然从政策法律层面上，民办高校教师与公办高校教师享有同等的地位与权利，如《民办教育促进法》中规定"民办学校教职工在业务培训、职务聘任、教龄和工龄计算、表彰奖励、社会活动等方面依法享有与公办学校教职工同等权利"。但在现实中，民办高校教师的权利往往受到侵害，存在诸多的"歧视性"政策。而在民办高校内部，民办高校教师的权利也存在诸多被剥夺或侵害的情况，如有些民办高校过于看重学生权利而剥夺教师的教育权；民办高校投资人或举办人的"一言堂"管理模式常常侵害教师的管理知情权和参与权；不规范的薪酬管理制度也会侵害教师的公平竞争权和获得报酬权；民办高校较随意的人事管理制度有时也会侵害教师的工作权，等等。这些权利侵害事件的存在与不断增多显然会影响到民办高校教师的身份认同，因为与公办高校教师相比，他们缺乏最基本的职业安全感和职业尊严感。表面上虽然他们被冠以"高校教师"之名，但实质上他们却实实在在扮演着私企员工的角色。综观这一现状，并深入分析其产生的原因，可以看到除了外部政策环境的"偏公"倾向之外，民办高校教师权利救济制度建设滞后也是一个关键性原因。诚如法谚所言，"有权利必有救济"，"无救济即无权利"。

一　面对公权力的侵害，权利救济缺失

从法律的角度来讲，人民的权利遭受侵害一般存在两种情形：一是来自平等主体的自然人、法人的侵害，如张三打了李四，某公司因员工生病而将其开除等；一是来自不平等主体的公权力机关的侵害，如立法机关制定的法律损害了人民的权利，公安机关错捕犯罪嫌疑人等。[①]虽然改革开放以来，我国陆续颁布了《行政诉讼法》（1989 年）、《行政复议条例》（1990 年）、《国家赔偿法》（1994 年），逐步建立了行政诉讼、行政复议、国家赔偿等法律制度，为公民、法人权利的行政救济提供了途径。但以目前的情况来看，这些法律法规的执行力度仍需加强，当人们受到公权力侵害时，得不到有效权利救济的情况仍较为普遍的存在。

在我国民办高等教育发展历程中，无论是民办学校还是民办学校教师遭遇到的来自于公权力的侵害是比较多的。如，在民办高等教育恢复发展的初期，1987 年国家教育委员会发布的《关于社会力量办学的若干暂行规定》将民办教育定位为"国家办学的补充"，并将其发展范围界定在"各种类型的短期职业技术教育，岗位培训，中、小学师资培训，基础教育，社会文化和生活教育，举办自学考试的辅导学校（班）和继续教育的进修班"。这在很大程度上限制了民办高等学历教育的发展，将民办高等教育放在了与公办高等教育不平等的位置上。这种定位显然侵害了民办高等学校的办学自主权和平等发展权。

再如，长期以来的"民办高等学校不得以营利为办学宗旨，其财产归学校，任何单位和个人不得侵占"（摘自 1993 年的《民办高

---

①　柳经纬：《从权利救济看我国法律体系的缺陷》，《比较法研究》2014 年第 5 期。

等学校设置暂行规定》）的政策与法律规定，并不符合我国民办高校的实际发展情况，不仅对于投资人或举办人的权益没有进行有效保障，甚至是对民办高校投资人权益的一种侵犯。即使后来 2003 年的《民办教育促进法》提出了"合理回报"的政策，但却因缺乏实际操作的措施而流于形式。2016 年的《民办教育促进法》（修订版）虽然为营利性高校打开了一个发展通道，但仍由于政府在"营利性"与"非营利性"民办高校间设置了相差悬殊的政策优惠待遇，而使大多数民办高校不敢选择"营利性"。所以可以说，至今有关民办高校投资人权益的保障问题仍没有得到解决。面对这样的公权力侵权问题，民办高校举办者往往无可奈何，除了呼吁，并没有常规的、有效的法律权利救济途径。

对于民办高校教师而言，情况同样如此，甚至更糟。大部分的"非营利性"民办高校被要求注册为"民办非企业单位"。这种"非驴非马"的组织类型给民办高校教师带来的伤害可是不浅。而且在实践中，这种"民办非企业单位"的民办高校及其教师往往被看作"企业"和"企业职工"。这从民办高校难以享受到与公办高校同样的税收优惠，民办高校教师养老保险、医疗保险执行的都是企业模式和标准就可看出了。这样的政策以及政策执行模式使得民办、公办高校教师明显具有不同的身份和地位，而且"同工不同酬"的情况普遍存在。更具危害的是，教育行政管理部门往往在具体的管理过程中，用"有色眼镜"看待民办高校教师，使其在职称评审、项目评审、奖项评审、培训进修等方面都要低公办高校教师一等，甚至一些权益被直接剥夺。面对这种公权力的侵权行为，民办高校教师毫无反抗之力，没有任何权利救济途径，只能默默忍受或尽快逃离。在这种公权力侵权情况偏多又很少能够获得法律权利救济的情况下，民办高校教师必然形成"低人一等"的自我身份认识。

那么，有人会问，民办学校和民办学校教师不能通过行政诉讼、行政复议的途径获得权利救济么？当然是可以的，但是正如前文所言，我国的《行政诉讼法》、《行政复议条例》和《国家赔偿法》的法律落实程度和执行力度都有待于加强，所以，这些权利救济渠道并不十分通畅。更重要的是，民办高校及其教师的法律维权意识与维权能力普遍不强，在"小胳膊扭不过大腿"的思想作用下，大多选择了沉默！不过近些年来，随着民办高等教育的不断发展、壮大，一些民办高校举办者成为人民代表，获得了参与立法的机会，这为扭转当前民办高校及其教师的不利局面，保障其基本权益带来了契机。但不能忽视的是，科学、系统的权利救济制度仍需进一步完善。

二　面对私权力的侵害，权利救济无力

对民办高校教师而言，来自私权力的侵害，主要是指民办高校对其职业权利的侵害。目前，民办高校侵害其教师合法职业权利的事件时有发生，严重影响着民办高校教师的学校归属感和职业认同感。依据《中华人民共和国教师法》的规定，教师具有如下权利：①进行教育教学活动，开展教育教学改革和实验；②从事科学研究、学术交流，参加专业的学术团体，在学术活动中充分发表意见；③指导学生的学习和发展，评定学生的品行和学业成绩；④按时获取工资报酬，享受国家规定的福利待遇以及寒暑假期的带薪休假；⑤对学校教育教学、管理工作和教育行政部门的工作提出意见和建议，通过教职工代表大会或者其他形式，参与学校的民主管理；⑥参加进修或者其他方式的培训。此外，《高等教育法》还对高校教师的权利做了补充，除了上述权利之外，还具有学术自由权、高校民主管理参与权、行业自律权等权利。与这些教师职业权利相对照，民办高校教师的权利被侵害情况不容忽视——民办高校教师科学研究资

源少、难以享受国家规定的福利待遇和寒暑假的带薪休假、大多数不能参与学校管理、进修培训机会少等问题均比较突出，更遑论学术自由权和行业自律权了。这种侵权行为长期得不到扼制与纠正就严重影响着民办高校教师的职业认同水平。目前，仍有很大一部分民办高校教师将自己看作是"打工者"就不足为奇了。

那么，为什么民办高校教师所遭遇到的侵权事件无法通过权利救济渠道得以扼制或解决呢？是缺乏权利救济制度，还是权利救济制度不完善、权利救济渠道不畅呢？在笔者看来，原因应主要是后者。当前，从法律上来看，我国是有针对教师的权利救济制度的。《教师法》第三十九条规定："教师对学校或者其他教育机构侵犯其合法权益的，或者对学校或者其他教育机构做出的处理不服的，可以向教育行政部门提出申诉，教育行政部门应当在接到申诉的三十日内，作出处理。教师认为当地人民政府有关行政部门侵犯其根据本法规定享有的权利的，可以向同级人民政府或者上一级人民政府有关部门提出申诉，同级人民政府或者上一级人民政府有关部门应当作出处理"。1995 年发布的《国家教委关于〈中华人民共和国教师法〉若干问题的实施意见》中还进一步对"申诉"与行政复议、行政诉讼的关系做了说明："逾期未作处理的，或者久拖不决，其申诉内容涉及人身权、财产权以及其他属于行政复议、行政诉讼受案范围的，申诉人可以依法提起行政复议或者行政诉讼。……申诉当事人对申诉处理决定不服的，可向原处理机关隶属的人民政府申请复核。其申诉内容直接涉及其人身权、财产权及其他属于行政复议、行政诉讼受案范围事项的，可以依法提起行政复议或者行政诉讼"。同时，由于民办高校教师与其学校签署的是聘任合同，这种法律关系是受《劳动法》及《劳动合同法》等调节的。因此，民办高校教师可以依照《劳动法》的有关规定，进行劳动仲裁和民事诉讼以获得权利救济。可见，我国有关教师，包括民办学校教师的权利救济制度已经构建起来。

但在具体操作中，一方面，对于所有高校教师而言无论是教师申诉、教育行政复议还是教育行政诉讼都存在很多不足之处，这直接影响着其所得的救济水平。在目前我国构建的教师救济机制中，高等教育所具有的特殊性并未被充分考虑——高校不仅仅具有行政权力以及平等的民事行为，还有一种非权力的权威的存在，即高校学术权力。① 而教育行政机关与法官都不具备对学术性事务进行专业判断的能力，如果介入不当的话很容易对高校的学术活动产生负面影响。因此目前我国普遍的做法是，教育行政机关和人民法院都对学术纠纷望而止步，这使得我国高校教师权利救济出现了一个很大的空隙。以高校教师职称纠纷为例，我国高校教师的评职称纠纷往往难以通过教育行政复议和教育行政诉讼途径获得权利救济。而事实上，高校教师职称评审并非仅仅涉及学术权利，其中也包含了行政权力。从以下两个案例中，我们可以看到对这种行政权利和学术权利的详细划分非常重要，影响着高校教师所能获得的救济水平。

大陆案例②：

2003 年，武汉一名大学讲师因不满学校职称评审向法院起诉，状告教育部行政不作为，6 月 10 日，北京市第一中级人民法院对该案进行了一审宣判，讲师败诉。

案件回放：今年 49 岁的华中科技大学土木工程与力学学院讲师王晓华，因其在学校举行的高级专业技术职务资格评审中未通过副

---

① 陆波：《高等学校教师权利法律救济机制研究》，硕士学位论文，上海师范大学，2008 年，第 36 页。

② 评不上副教授武汉一讲师状告教育部败诉引，南方网（http：//www.southcn.com/news/china/zgkx/200306120966.htm）。

教授的资格评审，认为学校在资格评审工作中存在弄虚作假的问题，而教育部又对其提出的行政复议做出了不予受理决定，因而向法院起诉。2002 年，华中科技大学进行了高级专业技术职务的评聘工作。评聘委员会认定王晓华在学校没有主持或参加过一项科学研究项目，不符合《华中科技大学申报专业技术职务的条件》中副教授任职资格。王晓华认为其符合副教授的任职资格，该校在职称评定问题上存在弄虚作假问题，故多次向湖北省教育厅及教育部等部门反映、检举。

2002 年 12 月，湖北省教育厅做出了"对王晓华职称问题申诉的复函"，经调查，认为王晓华反映的问题是不属实的，并希望其进一步努力，为评聘高一级教师职务创造条件。2003 年 1 月，王晓华向教育部递交了"行政复议及检举信"。而教育部作出行政复议不予受理决定，理由为华中科技大学是经过国家批准具有评定副教授职务资格的高等学校，该校具有制定具体的评聘条件和程序，并组织相应的教师职务评审委员会的法定权力，教师职务评审委员会的评审行为不属于具体行政行为，王晓华因不符合条件而未能通过教师职务评审，属于学校内部的正常管理活动。

法院认为，根据高等教育法第 37 条的规定，评聘教师及其他专业技术人员职务是高等学校的自主权。华中科技大学专业技术职务评聘委员会有权在教育部核定的专业技术职务岗位的职数范围内对副教授的任职资格进行审定，教育部据此对王晓华提出的行政复议申请不予受理是正确的。

宣判当天，王晓华表示将继续提起上诉。

台湾省案例：

简某是台湾成功大学交通管理学系副教授，参加该校 1992 学年度教师职称评审，申请升等为教授。经成功大学初审总成绩达 88

分，复审总成绩亦达 82 分，送请校外专家审查，分别经 3 位专家审查结果全部获得通过（依规定 2 人以上通过即属合格）且其中一位评分高达 80 分，评语颇佳。但是，成功大学教评会却以"无记名"且"不具理由"的投票方式作为未通过升等的决议。

于是，简某向成功大学提起申诉，申诉未果后，又向行政法院提起行政诉讼。在被驳回诉讼后，他申请大法官解释，认为行政法院 1994 年裁字第二九三号侵害其诉愿及诉讼权。"司法院"大法官会议于 1998 年 7 月 31 日做成释字第四六二号解释。根据该解释，第一，各大学的校院系教师评审委员会是受委托行使公权力的行政主体。第二，其所做的关于教授升等的最后审定，应属行政处分（相当于大陆地区的具体行政行为），故得救济。第三，行政救济机关仍得对专业判断的程序及结果有无违法或显然不当的情形进行审查。①

除了与公办高校教师共同面临的这些权利救济方面的问题之外，对于民办高校教师而言，其权利救济水平不高的重要原因还在于实施救济的机关受整个大环境的影响，具有明显的偏公倾向，并倾向于将民办高校看作一个拥有高度人、财、物分配权的类似于企业的组织。这使得民办高校教师在职业权利受到损害时，不知是该到劳动部门去申诉，还是到教育行政部门去申诉；即使有申述，适用于其权益保障的法律法规也不是很明确。以民办高校教师解聘为例。目前，我国公办高校正在由以"编制"为基础的人事管理制度向以"聘任合同"为基础的人事管理制度转变。众所周知，在以"编制"为基础的人事管理制度下，公办高校教师是不能被轻易解聘的，这

---

① 陆波：《高等学校教师权利法律救济机制研究》，硕士学位论文，上海师范大学，2008 年，第 42 页。

与其"国家干部"身份密切相关。而在以"聘任合同"为基础的人事管理制度下，公办高校虽拥有了较大的人事自主权，但对于其教师仍不能轻易解聘，这由其事业单位的组织属性所决定。依据2014年颁布的《事业单位人事管理条例》第十五、十六条，"事业单位工作人员连续旷工超过15个工作日，或者1年内累计旷工超过30个工作日的，事业单位可以解除聘用合同。事业单位工作人员年度考核不合格且不同意调整工作岗位，或者连续两年年度考核不合格的，事业单位提前30日书面通知，可以解除聘用合同。"除此之外，公办高校是不能因教师患病、女教师处于哺乳期、教师的教育教学理念与相关领导冲突等事由将教师开除的。显然，民办高校因其"民办非企业"组织身份，并不受该《条例》约束，而主要受制于《中华人民共和国劳动合同法》。虽然《劳动合同法》也规定了："劳动者有下列情形之一的，用人单位不得依照本法第四十条、第四十一条的规定解除劳动合同：从事接触职业病危害作业的劳动者未进行离岗前职业健康检查，或者疑似职业病病人在诊断或者医学观察期间的；在本单位患职业病或者因工负伤并被确认丧失或者部分丧失劳动能力的；患病或者非因工负伤，在规定的医疗期内的；女职工在孕期、产期、哺乳期的；在本单位连续工作满十五年，且距法定退休年龄不足五年的"。但也规定了出现如下情况是可以解聘的："劳动者患病或者非因工负伤，在规定的医疗期满后不能从事原工作，也不能从事由用人单位另行安排的工作的；劳动者不能胜任工作，经过培训或者调整工作岗位，仍不能胜任工作的；劳动合同订立时所依据的客观情况发生重大变化，致使劳动合同无法履行，经用人单位与劳动者协商，未能就变更劳动合同内容达成协议的"。由于高校教师这一职业是具有特殊性的，所以很难完全依据《劳动合同法》来判断，民办高校对教师的解聘行为是否合法。如，对于高校教师所患之病是否是职业病很难判断；怎样是不能胜任，若依据学校的岗位规定来判断的话，那么在学校岗位职责制定本身就存在问题的情况下，难以进行科学、合理的判断；在处理有些女教师因怀孕或进入哺乳休假期而被调岗、降薪等"隐性"解聘的状况时，缺乏救济依据。

第七章　我国民办高校教师身份
变革的内部制度阻碍

　　法人制度的不健全、社会保障制度的不完善以及权利救济制度的建设滞后都使得民办高校教师在社会地位、职业认同方面难以达到与公办高校教师一样的水平，是其身份变革的重要阻碍因素。而除了这些外部制度因素之外，民办高校内部的制度因素也对教师社会地位提升和职业认同水平提升具有不可忽视的阻碍作用。当然，民办高校内部管理制度存在的问题很多是源自于外部制度的不健全，如法人属性的不明确、法人产权的不清晰以及法人治理结构的不健全，使得大多数民办高校内部构建的是类似于企业，而且是私人企业或家族企业的管理模式。这是促使民办高校教师产生"我只是打工者"的认识与感受的重要原因。另外，举办者或董事长的教育理论素养积淀和管理水平也是决定民办高校内部管理制度的科学性与有效性的重要因素。正如一位被采访的从公办高校到民办高校担任中层管理干部的教师所言，在民办高校从事管理工作与公办高校最大的不同是"所有的管理都要围绕着董事长的想法开展，而不是教育规律；董事长的命令或工作要求比任何制度都具有效力"，因此，董事长或举办者是否按教育规律办学，是否有真正的教育情怀格外重要。从总体上来看，目前我国民办高校内部管理仍主要处于"人治"模式阶段，存在着"企业化管理制度盛行"、"偏离教育教学规律的管理制度普遍存在"、"学术发展保障与支持制度不健全"和"教师职业发展支持制度偏少"等问题。这些问题的存在严重制约着其教师的职业认同水平和学校归属感水平。

第一节 企业化管理制度强化教师
"打工者"身份

高校与企业虽然在某些地方相似，但却仍是完全不同的两类组织，这决定了高校完全照搬企业管理模式是不科学的，从育人的角度来看更是弊大于利。企业管理讲究的是效率和效益，所以无论在资源分配上，还是在人员管理上，都以提升效率与效益为核心目标。现代企业管理实践表明，越是标准化的管理越具有效率与效益；同时员工对领导的绝对服从也是提升工作效率的必然要求。而这样的管理理念与模式运用到高校管理之中就有违背教育教学规律之嫌。首先，高校的核心任务是培养一个个鲜活的、具有个性特征的人，而不是标准化的物质产品，这就要求高校不能或至少不能用完全标准化的模式来进行教育教学管理，否则很容易造成"千人一面"，毫无个性可言的教育教学场景。其次，教师有教育教学的自主权，高校教师更是拥有更大程度的学术自主权，在这种前提下，高校管理者要求教师绝对服从学校的管理制度，尤其是侵犯其自主权的管理制度就是对教育教学规律的一种违背——可以想见，缺乏教育教学自主权的教师是难以赋予课堂以精神层面的灵魂，而缺乏灵魂的课堂无异于知识的复读机和理论的传声筒。从历史的角度来讲，民办高校采用企业化的管理模式具有一定的必然性与优越性，但从质量提升与内涵建设的角度来看，这种企业化管理制度是很值得商榷与反思的。首先这种企业化的管理模式及相关制度的突出弊端就在于进一步强化了民办高校教师的"打工者"身份。

一 行政权力过大，教师地位偏低

"去行政化"是近几年我国高等教育改革进程中的一个热点话题。所谓"行政化"是指"在大学组织的运行中，行政科层管理模式不仅规范了行政机构及其行为，而且也规范了学术活动及学术人员的行为，行政逻辑统率了整个学校，学术逻辑退居次要位置。"[①] 而造成我国公办高校行政化的根本原因就是"我国大学的管理权一直掌握在政府及其所授权的大学行政组织和有关官员手中"。[②] 因此，"去行政化"的最根本目的在于复苏学术权力，让学术权力回到学术人员手中，并依据学术发展逻辑开展大学组织管理活动；同时"去行政化"主要调整的是政府与大学之间的关系问题。但需要指出的是，对于公办高校而言，"去行政化"除了要重点调整政府与大学之间的关系之外，还需要在大学内部调整行政管理人员与师生之间的关系；而对于民办高校而言，重点则在于后者。因为，民办高校内部的"行政化"、"官僚化"程度比公办高校还要严重。

那么，不受政府直接管辖的民办高校内部为什么会形成如此严重的"行政化"、"官僚化"问题呢？首先，这与我国高等教育管理的大环境有着密切关系，在公办高校普遍处于行政权力主导一切的情况下，民办高校在效仿公办高校办学时自然而然也形成了行政权

---

① 别敦荣、徐梅：《去行政化改革与回归现代大学本质》，《中国高教研究》2011 年第 11 期。

② 别敦荣：《我国现代大学制度探析》，《江苏高教》2004 年第 3 期。

力高于学术权力的管理框架。其次，我国民办高等教育起步于职业培训，至今仍大多数以培养职业技能型人才为主，那些以高职底子升格为本科院校的民办高校本身就缺乏学术氛围，相应的学术权力也十分薄弱，这是导致其内部"行政化"、"官僚化"问题严重的历史性原因。第三，集所有权力于董事长或举办者一身的管理模式，使得董事长或举办者及代表董事长或举办者的管理人员的地位显著高于教师，学校的规章制度、行为标准、办学模式均由董事长及其带领下的管理人员商讨、决定，师生基本上就是执行者。第四，在以"效率、效益"为导向的企业化管理理念及模式下，行政人员具有的高执行力、高效率特征是被看重的，相反，学术人员具有的反思批判精神、对"成本—收益"的忽视、对育人投入的强调等都是与对"效率、效益"的追求格格不入的。因此，民办高校内部"行政化"、"官僚化"问题的形成既有历史必然性，同时也是一种主观选择的结果。

无论是公办高校，还是民办高校，"行政化"、"官僚化"问题的存在都严重影响着其向大学本质的回归，也制约着其学术水平的进一步提升。而民办高校内部的行政化、官僚化问题更影响着其教师对自身角色的认识——不仅企业化的管理制度，如"员工"而不是"教师"的称呼、定时"打卡"制度、坐班制度、"一日工作流程"、"教学流程"的规定等，时刻让教师感受到自己是置身于一所企业而非一所学校；而且处于绝对从属与服从的地位，也使教师更多地将自己看成是一名卑微的"打工者"。在与民办高校教师接触的过程中，你会明显地感受到他们职业发展的主要目标并不在于培养出多少优秀的人才，获得多高的学术造诣或学术荣誉，而是获得行政主管的位置。曾被采访的一名入职半年的民办高校青年教师表示，"这所学校很有活力，而且发展空间较大，内部管理井井有条，教师自己只要肯努力，就会有所回报。"当问及所期望的回报是什么时，这位教师认为是成为学校的管理人员或中层干部。通过对"民办高校教师生存状态调查"数据进行分析，同样发现具有"干部"身份的教师对学校的归属感水平明显高于普通教师，具体见表7-1。除了使教师处于较低的地位之外，行政权力过大，"官僚化"盛行的管理模式的更大危害是剥夺了教师参与管理的权利，使得学校那些违反教育教学规律的规章制度在出台前不能被有效预防或阻止，在出台后不能得到有效的纠正。而教师在这些与其教师理想与信念相差甚远的管理制度影响下，很难形成"知识的传递者，道德的引导者，思想的启迪者，心灵世界的开拓者，情感、意志、信念的塑造者"[①]等职业角色。

表7-1 教师组织归属感的担任行政职务 t 检验结果

	担任行政职务 （$n=372$）	不担任行政职务 （$n=1088$）	t
情感忠诚维度	20.33 ± 1.25	19.69 ± 3.82	2.59 *
学校认同维度	16.31 ± 3.56	15.85 ± 3.19	2.25 *
努力认同维度	17.46 ± 2.87	16.84 ± 2.65	3.82 * * *
道德规范维度	12.07 ± 2.83	11.63 ± 2.80	2.58 *
教师组织 归属感总分	66.17 ± 12.56	64.00 ± 11.21	2.95 * *

注：$+p < 0.10$；$*p < 0.05$；$**p < 0.01$；$***p < 0.001$。

二 以监督与控制为取向，教师成"教书机器"

我国民办高校主要采用的是企业化管理模式，但就企业管理模式而言，并不是唯一的，而是多元的。单从历史的角度来看，就主要有三大模式：第一种模式是泰勒模式，这种模式强调效率和成本控制，强调工人工作的标准化与整齐划一，因为泰勒认为"工人是

[①] 石岩：《高等教育心理学》，山西人民出版社2014年版，第27页。

机器的最末端,是机器的延伸,要把每个工人的指关节、腕关节、肘关节和肩关节的动作都像机器一样规定下来"。① 泰勒模式虽然受到质疑与诟病,但却在具体的企业管理实践中被广泛运用,影响深远,我国一些劳动密集型企业至今仍在沿用泰勒模式。第二种模式是丰田管理模式。丰田管理模式源自日本,是很多国际性企业学习的典范。从总体上来看,丰田管理模式要优于泰勒管理模式,因为其肯定了人的能力、强调了人的能动性。丰田企业认为"80%的员工都是优秀的,10%是最优秀的,10%是笨的。但即使是那10%的笨人,原因也在领导身上";同时丰田企业认为"生产的本质实际上是人才的培养",由此,丰田企业的工人不再是简单的机械操作者,而是要不断接受培训,不断提升对技术和生产过程的理解,不断提升能力。② 显然,丰田管理模式更有利于激发员工的内在工作动力。第三种模式是六西格玛模式。六西格玛概念起源于20世纪80年代的摩托罗拉公司,90年代演变成一种企业流程设计、改善与优化的技术,并逐渐成为众多跨国企业追求卓越管理的战略举措。③ 与丰田管理模式相比,六西格玛模式更加强调的是"精细化的管理",而不是"精细化的生产"。六西格玛管理模式要求每个项目团队都要依据顾客需求,通过改进过程,去除产品和服务中存在的缺陷,当这样的改进已经无法满足顾客需求的时候,就需要进行过程创新。④

显然,目前我国民办高校内部所采用的企业化管理模式有很深的"泰勒管理模式"的烙印。首先,由于民办高校的办学经费主要

---

① 周坤:《赢在规范化企业规范化管理实务》,北京联合出版公司2015年版,第15页。

② 张文钧:《领导力企业持续发展的总开关》,中国书籍出版社2015年版,第206页。

③ 周坤:《赢在规范化企业规范化管理实务》,北京联合出版公司2015年版,第18页。

④ 王松、陈伟:《质量管理》,哈尔滨工程大学出版社2015年版,第170页。

来自于学生缴纳的学费，所以经费并不充足，需要精打细算的过日子，因此与公办高校管理者相比较，民办高校管理者更具有成本意识，加强成本控制是民办高校内部管理的主要特征之一。其次，强调规范化、标准化，要求教师必须严格按学校制定的教育教学规范开展教育教学活动，同时对于教师的劳动成果与价值的衡量通常采用精确的量化评价和严格的绩效考核，大量采用诸如"过级率""就业率""缴费率"等硬性指标进行考核。① 第三，通常情况下，教师和学生都没有机会参与学校管理，扮演的均是被管理者的角色，需要严格遵守学校的规章制度。如很多民办高校对学生实施的是封闭式或半封闭式的军事化管理模式——学生只能在规定的时间出校门、学生必须按时上自习、按时熄灯、按时起床、白天不能回寝室等。而相对应的，教师也必须与学生的这种军事化的生活、学习节奏相适应——教师需要按时"打卡"上班、坐班；需在学生自习时起到看管、辅导之责；教师需要在学生晨跑前赶到；班主任教师还需要肩负部分学生宿舍管理的责任，等等。教师与学生们虽对此多有抱怨，但也无可奈何，只能遵守。第四，精细化的过程监控。大部分民办高校都有严格的考勤制度，有的学校甚至一天需要在上午上下班，下午上下班四个时间段进行采集，如果没有来得及采集，就会扣除相应的工资，经常少采集一次，就会损失半天的工资。如果因为公事导致没有采集，可以采取写说明的方式上报人事处，这就需要证明人和领导的签字。再者，上课之前需要签课，即在上课之前，把上课班级、课程名称、班级人数等写下来，如果没有签课，不仅这节课不算课酬，而且还属于教学事故。

---

① 裴宇星、王东辉：《企业化管理模式：民办高校基于工具理性的选择》，《中国校外教育》（下旬刊）2014 年第 4 期。

总之，当前我国民办高校的内部管理是以"监督、控制"为主旨的，在这样的管理制度下，教师每日都如坐针毡，生怕违反了哪一条、哪一款规定而被扣工资或处分，甚至是被辞退。其结果就是，教师们变得越来越守规矩，越来越好管理，而对于教书育人的工作，教师们也严格地按照规定动作进行，犹如一台台被设置了固定程序的教书机器，既没有创新的动力，更没有创新的激情！

三 难建大学文化，影响教师角色认知

大学文化是以大学师生创造性的教学、研究与文化生活为中心的大学生活方式。① 具有追求真善美、崇尚学术、弘扬独立、自主之精神等特征。大学文化的中心是人，而这个"人"就是大学教师和学生。正如竺可桢校长所言："一个学校实施教育的要素，最重要的不外乎教授的人选、图书仪器等设备和校舍建筑。这三者中，教授人才的充实，最为重要。教授是大学的灵魂，一个大学学风的优劣，全视教授人选为转移。假使大学里有许多教授，以研究学问为毕生事业，以教育后进为无上职责，自然会养成良好的学风，不断地培植出来博学笃行的学者"。② 可见，大学文化必须依赖大学师生进行构建，尤其是大学教师。而大学的制度设计需要契合大学文化的发展需要，成为大学文化的保障，同时也成为大学文化价值的有机载体。③

当前我国民办高校，尤其是已经承担本科以上人才培养任务的

---

① 刘铁芳：《大学文化建设：何种文化如何建设》，《高等教育研究》2014 年第 1 期。

② 竺可桢：《大学教育之主要方针》，载杨东平《大学精神》，文汇出版社 2003 年版，第 27—30 页。

③ 刘铁芳：《大学文化建设：何种文化如何建设》，《高等教育研究》2014 年第 1 期。

民办大学，如果继续沿用企业化的管理制度与管理模式，是很难进行真正的大学文化建设的。首先，追求"高效率、低成本、高利润"的企业文化严重冲击着大学文化，正如人们难以在企业中孕育出崇尚真善美，崇尚学术探究的大学文化一样，在如同企业般的民办高校中，大学文化建设缺乏基本的理念与制度支持。其次，民办高校中师生的从属、被管理地位难以激发其创造性地开展教学、学术探究活动。现实中，更为普遍的情况是在以教学为第一要务的民办高校中，其师生对学术探究缺乏最基本的兴趣。这就很难形成"师生围坐，舒展襟怀，无拘无束，各言其志……"① 的学习氛围，进而难以有效地激发学生追求"真、善、美"的主动性与积极性。第三，大学文化的建设与不断完善需要为教师提供一个相对稳定、持久和空闲的发展环境，以便使其潜心学问探究和育人，而注重效益的民办高校不仅为其教师安排了满满的教学任务，还奉行"干得好就留，干不好就走"的人力资源管理理念，这使得其教师难以静下心来从事学术研究，也很难与学生展开深入的交往，更谈不上创造性地开展教学与研究活动了。

兰德曼（Michal Landmann）在其著作《哲学人类学》中指出："不仅我们创造了文化，文化也创造了我们。个体永远不能从自身来理解，他只能从支持他并渗透于他的文化的先定性中获得理解"。② 因此，大学文化不仅是大学组织的主要构成部分和大学精神的外部表征，同时也是促使大学教师形成正确的"大学教师"角色认知的重要力量。大学教师只有在大学文化的熏陶、指引下才能够正确地理解自身角色的特征与价值。相反，如果在一个大学文化缺失的环

① 董琦、王曙光：《北大精神与育人魅力》，《中国高校招生》1998 年第 3 期。
② 兰德曼：《哲学人类学》，工人出版社 1998 年版，第 273 页。

境中，大学教师很难形成正确的角色认知，其结果有二：一是转变角色认知，将自己定位为与所处组织环境相一致的角色，如大多数民办高校教师将自己定位为"员工"或"打工者"角色；二是具有强烈的大学理想与信念追求的教师或者是对大学文化有着深刻认识的教师对所处组织没有归属感，时刻准备逃离，这从民办高校如此高的教师离职率便可见一斑。因此，民办高校通过建设良好的大学文化，尤其是教学文化，将更有助于引导教师认同自己的"高校教师角色"。试想如果一位老师身处在一个"处处为学生发展着想；时时想着如何进行教学改革，育人模式改革；致力于不断提升育人质量"的教学文化环境中，他还会觉得学校是以"牟利"为主要目的么，还会觉得自己仅仅是知识的"贩售者"么？

第二节　不科学的教学管理制度削弱教师职业认同水平

教育作为一种培养人的活动，人既是其活动的起点，也是终点。因此，学校教育要充分考虑人的发展特征与发展需求。长期以来，我国民办高校是依赖学生缴纳的学费生存、发展的，因此"凭借优质的教学资源吸引学生，同时凭借学生在市场上的竞争力打造属于自己的核心竞争力"已经成为民办高校的黄金竞争法则。重视教学工作，将教学作为学校的中心工作是目前我国民办高校的一个普遍特征。从理论上讲，民办高校的这种做法是没有问题的，而且是应被大力支持的。但是为了保障"教学质量"这一生命线，强化教学的中心地位，许多民办高校制定了详细而烦琐的教学管理制度，涉及教学计划、教学大纲和教材管理，课堂教学管理，作业和辅导，复习和考试，教学质量检查和评价等，教学全过程事无巨细全部囊括其中。在执行过程中，许多教学管理制度又偏离了初始设定目标，甚至违背了教育教学规律，这些制度实际上反而成为制约民办高校提高教学质量的桎梏。具体而言，当前民办高校的教学管理制度方面主要存在制度供给者素质不高、制度制定程序不规范、制度内容"重形式轻质量"、制度功能"重管理轻服务"、制度效果"重惩罚轻激励"等问题。

一 制度供给者素质不高

民办高校的教务管理队伍主要由主管教学的校领导、教务处领导和各二级学院主管教学副院长和教学科长构成。其中主管教学的校领导和教务处领导是最主要的教学管理制度的供给者，他们的素质与能力高低直接影响着教学管理制度的科学性水平。目前，大部分民办高校的教学主管副校长和教务处处长主要由两类人构成，一是外聘的公办高校退休校长或教授；二是自己培养的管理人员。从公办高校退休的校长或教授一般都采用或套用公办高校的教学管理模式和规章制度，很少有结合民办高校自身的教学特点进行自主开发的。而民办高校自己培养的管理人员又往往因缺乏相关的教育理论和业务知识而大量模仿公办高校的做法。因此，民办高校的教学管理一般都有着很深的公办高校教学管理的烙印。这种学习与模仿并不是完全没有道理的，对于规范民办高校教学管理也起到了一定的积极作用。但是，民办高校在办学特点、所面对的学生群体，学生的发展需求，教师的专业素养特征等方面都与公办高校有较大的差异，这就要求民办高校应构建一套符合自身特点的具有特色的教学管理制度。而且，民办高校比公办高校具有更多办学自主性，也为其构建特色化的教学管理制度提供了可能性。但显然，当前民办高校教学管理制度的制定者群体的整体素质水平并不高，这使其还不能利用这种优势，在教学管理制度建设方面实现创新性的突破。更何况，民办高校还普遍存在一线教学管理人员配备不足，工资待遇与同级别的教师相比差距较大，升职的空间比较小，承担的教学管理工作量又很大的问题，这导致现有的教学管理队伍稳定性差，人员流失比较严重。教学管理队伍的这种状态必然会影响到制度的更新与落实——再好的制度如果没有一个强有力的、稳定的执行团队做支撑也很难发挥作用；而执行团队建设水平偏低也会影响制度制定者的创新积极性与主动性。

二　制度制定程序不规范

民办高校在制定管理规章制度时，更多的是贯彻上级主管部门的要求和学校董事会的决策，有时甚至在上级领导部门或者外来专家来视察时强调的几个方面也会被以制度的形式予以贯彻落实，很少征求二级学院或者教师的意见，缺乏民主决策程序，透明度很低。二级学院和教师只有无条件遵照执行，不允许有不同意见。正如某民办高校董事长所言："理解要执行，不理解也要执行"。由于缺乏系统的规划和科学的论证，很多教学管理制度存在前后矛盾的现象。一项规章制度制定出来不久，可能就被董事长或校长的一个指示而改变。由于教学管理制度制定程序的不规范，具有很大的随意性与主观性，民办高校教学管理制度普遍存在以下问题。第一，制度多而无序。以某民办高校为例，在 2017 年 3 月份修订的厚达 774 页的规章制度汇编中，共有 134 项规章制度，而其中就有 118 项教学方面的管理制度，占总数的 88.06%。118 项规章制度里，既有落实教学工作中心地位，全面加强教学工作的各类意见，又有课堂教学规范、课程表编排、专业建设、教学大纲修订、课程建设与管理、实践教学、课程论文设计、教师岗位职责等各项细致而繁琐的规章制度。其中，很多规章制度内容重复，甚至相互矛盾，教师在执行时无所适从。第二，制度更新缓慢。随着专业建设水平的提高、课程知识的不断更新及上级部门要求的不断调整，很多规章制度已经不能满足现在的教学管理发展的需求，但由于普遍缺乏科学的制度修正程序，民办高校教学管理部门很少对原有的制度进行合理的梳理和修订。第三，存在"多龙治水"的现象，教师在日常教学工作中要时刻接受学校纪检监察室、教学督导办、教务处及分管科室的检查。各个教学管理监督部门的要求不一，教师在授课中如果不能带齐相关材料，就会受到相关处理，所以教师在上课过程中，精神一直处于高度紧张状态，随时应付学校可能的检查，能够照本宣科完成本课堂的授课已经实属不易，根本不敢奢谈什么课程创新。总之，民办高校的教学管理制度制定程序亟须规范，什么部门有权利制定教学管理制度，什么能成为制度，如何及时修改、淘汰不合理、落后的管理制度，如何保持制度间的紧密衔接，如何让教学管理制度更符合教育教学规律，这些都是需要通过进一步规范教学管理制度的制定程序来解决的。

三 制度内容"重形式、轻质量"

制定教学管理制度的根本目的是规范教学秩序、保证教学正常运行、提高教学质量，而不是挂在墙上看的。这就要求所制定出来的制度内容要能够契合教育教学实际，能够得到执行者的认同与拥护，能够在教学实践中得到有效地贯彻和落实，这样才能真正起到保障质量的作用。但目前一些民办高校的教学管理制度更重视形式化的内容，对质量关注相对较少，虽然教师按照各种教学管理制度的规定完成了各项任务，但是这种落实注重的也是形式。以某民办高校毕业论文归档为例，在教学管理信息化时代，很多材料竟然都要求教师必须手写。毕业论文答辩结束归档时，每位指导教师必须将毕业论文鉴定表（2 份）、任务书（1 份）、阶段指导记录表（1份）、日志（1 份）、开题报告（1 份）、中期检查表（1 份）、指导教师评分表（1 份）、评阅教师评分表（1 份）、答辩小组评分表（1份）、成绩评定表（1 份）、论文正文（1 份）等材料全部手写，不允许打印，重复性的手写要求占用了教师大量的时间，教师很难有充足的精力去指导学生的论文选题、提纲修改、论文撰写等。在此民办高校某专业 2016 级毕业学生离校后，经学校组织的专家检查，发现论文质量和论文答辩成绩不匹配，论文成绩偏高，特别是一些论文题目选题不符合专业要求，学院组织人员重新对毕业论文进行大幅度的修改，以便符合毕业论文的要求，历经几次反复，浪费了大量的人力物力，牵扯了教师大量的精力。而在这次修改过程中，教师们明显感觉学校制定的本科毕业论文工作规范、毕业论文指导教师管理办法、本科毕业论文质量评价体系、优秀毕业论文评选及奖励办法等大部分是流于形式的。这种形式化的规范导致了执行效果的低下。由于现在的民办高校实行的是真正的聘任制，只要违反了相关规定，轻者扣除当月工作，重者会被学校直接开除。在这种制度背景下，大多数教师不求有功、但求无过，表面上按照学校现有的教学管理制度"认真"准备各种材料，但执行只是表象，磨洋工的现象较为突出。

四 制度功能"重管理、轻服务"

一般而言，高校教学管理目的主要应该有二：一是要促进教学活动的规范化；二是要为教学工作的顺利开展提供必要的服务。换言之，好的教学管理制度除了要规范教师的基本教学行为以外，还要赋予教师以基本的权利，特别要体现对教师的人文关怀。只有这样，制度的制定和推行才会得到教师的自觉拥护和执行，才会实现制度设定目标与制度执行实践效果的统一。而且，高校教学核心地位最主要的体现不是教师都能够在一定规范下开展教学工作，而是教师都具有教学的积极性，并创造性地开展教学工作。

前文已经分析，民办高校基本都实行了类似于公司的严格管理制度。董事长发放工资，所有的教师员工必须对董事长负责。各级管理部门也必须忠实执行学校董事长或出资人的要求，不允许有半点更改！这种比较专制的环境导致许多规章制度具有明显的单向管理特点，现有的教学管理制度基本上都是要求二级学院或者教师应该做什么，不应该做什么，并且规定了详细的路线图和时间节点，是一种单一方向、自上而下的管理，基本上没有反馈回路。换言之，现有的教学规章制度已经成为民办高校单方面管理二级学院和教师的手段，只允许服从，不允许有不同意见。即使提出合理化的建议，也不会被采纳，甚至还会被批评教育。从整体上来看，我国民办高校教学管理普遍存在着只注重管理，不注重甚至忽视服务的现象。教学管理部门及相关管理人员的服务意识比较差，推诿现象明显。学校职能部门只负责监督二级学院和教师，对自己的职责和义务并没有去详细规定，指手画脚的时候多，踏实服务的时候少。大多数情况下，职能部门及相关领导不是积极创造条件去帮助完成各项教学管理任务，而是只看结果，强调服从，不允许反对，强调绝对权威。在如此"重管理、轻服务"的教学管理制度下，民办高校教师的教学积极性、创造性很难被激发。

五　制度效果"重处罚、轻激励"

民办高校实行的是严格的聘任制，两者之间主要以工资薪酬相联系。学校与教职工之间的关系更像是公司与员工之间的关系。基于这种关系，民办高校为了保证教学的正常运行，制定了详细而烦琐的规章制度，规章制度具有约束性、稳定性和权威性，它明确规定了应该做什么，不应该做什么，是人们需要遵守的行为准则，规章制度一旦生效就必须严格遵照执行，如果违反就会受到相应的处罚。从现在民办高校许多规章制度来看，为了增强执行力，设置的相应的处罚措施偏多，以激励为主的规章制度偏少。通过访谈了解到，某民办高校由于教师离职率较高，加之聘任外校老师上课较困难，在学期开学上课前一天，课程表还在不断进行调整。有位任课老师看的课表是两天以前的版本，并按照这个版本进行了认真的课前准备，没有及时查看最新修改的课程表，结果导致上课延误，直接被全校通报批评，并扣除当月工资予以开除处分。很多民办高校管理者认为，通过这种严厉的处罚，也就是负激励可以对所有教师起到以儆效尤的作用。其实，这种处罚对教师心理影响是巨大的，每个教师都要小心翼翼，战战兢兢，不敢越雷池半步，会造成工作的不安定感，进而降低教师的归属感，最终导致更多教师离职。

总之，在不科学的教学管理制度环境下，教师很难找到高校教师的职业尊严感与成就感；很多教职员工仅把民办高校当作一个跳板，一旦机会合适就会跳槽；同时，教师的这种打工心态、利益心态也导致学校缺乏发展后劲。①

---

① 戴新财、徐兵：《浅谈民办高校管理中存在的问题及发展对策》，《科技信息》2012年第33期。

第三节 发展支持制度薄弱制约
教师职业发展

高校教师不仅要接受职前教育，更要在职后进行不断地学习，才能不断地提升职业素养和专业水平，更好地开展教学与科研工作。因此，无论是历史上，还是现在，国内外高校都十分重视教师的职后培养。我国《教育法》也明确规定，"国家实行教师资格、职务、聘任制度，通过考核、奖励、培养和培训，提高教师素质，加强教师队伍建设"。《教师法》中更进一步规定"各级人民政府应当采取措施，加强教师的思想政治教育和业务培训，改善教师的工作条件和生活条件，保障教师的合法权益，提高教师的社会地位"；同时指出"参加进修或者其他方式的培训"是教师的基本权利。可见，高校必须构建基本的教师职业发展支持制度，以保障教师的职后学习与发展，这不仅是教师职业本身所需要的，更是教师所享有的法定权利。我国公办高校在政府的支持下，在支持教师职后发展方面做得比较好，已经形成了制度化、规范化的教师职后培养体系。相比之下，民办高校在教师职业发展支持方面就薄弱得多，主要体现在教学发展中心建设滞后、教师发展支持制度偏少、教师学术发展保障制度欠缺等几个方面。这严重制约着民办高校教师的可持续发展，并深刻影响着其对自身职业发展的信心及对高校教师职业理想的追求。显然，在缺乏职业理想追求的状态下，民办高校教师"当一天和尚撞一天钟"的心态较为普遍，"教师"对其而言仅仅是一份谋生的职业而已。

一　教学发展中心建设滞后

组织化、机构化的发展是制度走向成熟的重要标志。[①] 随着我国高校教师发展制度的日益体系化，建立常规的教师发展组织机构已经成为趋势。2011 年 7 月，教育部、财政部联合发布的《关于"十二五"期间实施"高等学校本科教学质量与教学改革工程"的意见》中明确提出，要"引导高校建立适合自身特色的教师教学发展中心，积极开展教师培训、教学改革、研究交流等各项工作，提高中青年教师的教学能力，满足教师个性化专业化发展和人才培养特色的需要"。2012 年 7 月，教育部还启动了国家级教师教学发展示范中心的申报和评审工作，首批遴选了 30 个国家级教师发展示范中心，这表明我国高校教师发展制度逐步进入了组织化和制度化的发展阶段。[②]

截止到目前，我国公办高校较为普遍地建立了教师教学发展中心，但不能否认的是，公办高校的教师教学发展中心仍处于起步探索阶段。概括来讲，公办高校的教师发展中心的基本建设情况如下：首先，主要有"直接隶属于学校的独立机构"和"隶属于学校其他部门的非独立机构"两种组织形态。以教育部公布的 30 个国家级教师教学发展示范中心为例，有 8 所教师发展中心是直接隶属于学校的独立机构；其余均是挂靠在教务处、本科生院和教育研究院等部门。[③] 其次，在机构目标设定方面各高校虽不尽相同，但总体上覆盖了"教师培训"、"教学研究"、"教学咨询"、"教学评估"和"教

---

① 牛风蕊、沈红：《建国以来我国高校教师发展制度的变迁逻辑》，《中国高教研究》2015 年第 5 期。

② 同上。

③ 杨威：《民办高校教师教学发展中心建设研究——以广西 GW 高校为个案》，硕士学位论文，广西大学，2016 年，第 18 页。

学技术"等多个方面。这与 2012 年发布的《关于启动国家级教学发展示范中心建设工作的通知》中的建设目标——"以提升高等学校中青年教师和基础课教师业务水平和教学能力为重点，完善教师教学发展机制，推进教师培训、教学咨询、教学改革、质量评价等工作的常态化、制度化，切实提高教师教学能力和水平，建设高素质教师队伍"是相一致的。第三，在人员配备方面，相关统计表明，教师发展中心的人员配备情况差别较大，但大多采用的是专职与兼职人员相结合的模式，并且专职人员数量为 2—5 人的配置较为常见。① 第四，培训活动形式多样，主要有工作坊、沙龙、讲座、座谈会、经验交流会、研修班、午餐会、课堂观摩、教学比赛等形式。这种兼顾理论与实践的多元化的培训形式大大增加了教师参与培训的积极性与主动性。尤其是一些高校已经开始探索、实施根据教师实际需求设计培训内容的培训课程开发模式，更进一步增强了教师培训对教师的吸引力。

在教师教学发展中心建设方面，我国民办高校与公办高校同样也处于初步探索阶段，但相比较而言，民办高校的教师教学发展中心的建设步伐比较缓慢。首先，从整体上来看，建立教师发展中心，以组织化形式推进教师培训与培养工作的民办高校仍占少数。以山东省民办高校为例，在 25 所（11 所独立学院未计算在内）学校中，只有 10 所学校成立了教师发展中心或教学发展中心。在这 10 所学校中，只有 2 所学校的教师发展中心是校内独立机构，其他均隶属或挂靠于人事处、教务处等部门。其次，由于办学资金有限，民办高校成立的教师发展中心往往因学校重视程度不够和相关投入有限，

---

① 别敦荣、韦莉娜、李家新：《高校教师教学发展中心运行状况调查研究》，《中国高教研究》2015 年第 3 期。

难以发挥应有的功效，有些甚至成为学校应付上级检查的招牌。第三，民办高校教师发展中心开展的培训往往形式较为简单，且缺乏实质性的内容，如在培训过程中存在着"只重理论传授，缺少教学技能训练"的情况，使得教师的教学技能难以从培训中得到真正的提升；同时，很少考虑教师的个性化需求和实际的薄弱环节，培训也以短期、不脱产的快餐式培训为主，缺乏长远规划，内容缺乏连贯性等。① 显然，培训的形式化、简单化难以激发教师参与培训的主动性与积极性；同时由于有着大量的授课任务，教师在很多情况下对参加培训还抱有抵触情绪。概而言之，目前民办高校的教师发展中心地位十分尴尬，一方面因为难以在短时间内看到成效而很难得到学校的认可；另一方面因为没有更多的资金与资源令培训更丰富、实用而难以获得教师的认可与支持。因此，虽然民办高校也建起了教师发展中心，但距离其真正发挥作用仍有一段较长的路要走。教学（教师）发展中心建设的这种滞后使得民办高校教师所获得的职业发展助力明显少于公办高校教师。

二　个人进修支持制度偏少

教师是一个需要不断学习的职业，如果一名教师在学习方面停滞不前了，那他很快就会被这个时代、甚至被学生所淘汰。因此，除了学校统一组织开展的教师培养与培训活动之外，每位高校教师自己也可以依据自身的实际需求制定个人进修与发展计划，而学校对于教师的这种个人进修与发展计划的实施应该提供一定的支持，甚至奖励，这样才能使教师保持一种不断学习的状态，不断增强职

---

① 洪姝芳：《安徽省民办高校教师专业发展研究》，硕士学位论文，安徽大学，2013年，第31页。

业胜任力和实现职业理想的信心。目前，我国公办高校在支持教师个人进修计划方面做得相对较好，一些学校为教师国内外访学提供了便利条件，并给予到国外大学进修的教师提供额外的补助；一些学校鼓励教师继续接受学历教育，采用"留岗不停薪"的激励政策，等等。

相比较而言，民办高校对于教师的个人进修计划的支持力度要弱得多，这主要体现在三个方面：第一，教师的授课工作量偏大，这使得其几乎没有什么时间外出参加培训或开会。一位民办高校教师这样描述自己的感受："我们每天的课业负担都很重，几乎每天都有课，而且不止1节，每天的备课上课任务就是一项庞大的工程，即使有对自己职业生涯的规划，也仅仅是在心里盘算一下，思考一下，因为每天的工作已经使我们身心疲惫，回到家里只想休息或者稍微娱乐一下"。① 笔者实施的"民办高校教师生存状态调查"亦显示教师外出学习次数偏少，对于"外出交流培训学习机会（平均每年）"题目的回答，有38.3%的教师选择了"1次也没有"；有33.1%的教师选择了"1次"。第二，对于外出培训、开会，学校给予地资助不多。"民办高校教师生存状态调查"显示，只有38.9%的教师表示学校给予外出交流培训提供全部资助；47.2%的教师表示学校给予外出交流培训提供部分资助；同时请假外出参加培训或开会，还会损失"课时费"——课时费在民办高校教师工作收入中占较大比例。这使得很多教师产生了"与其出去培训、开会，还不如多上些课，多挣些钱"的心态，尤其是年轻教师。第三，对于访问学者、接受学历教育、出国进修等时间较长的进修计划，从政策层面来看，

---

① 董薇：《民办高校教师职业生涯规划调查研究——以陕西H学院为例》，硕士学位论文，陕西师范大学，2014年，第24页。

有相当一部分民办高校，尤其民办本科院校是持鼓励支持态度的，但实际情况并不乐观。这些持鼓励、支持态度的学校多采用报销部分或全部学费、工作量适当减少、工资（不含讲课费）照发（若脱产读博士则不发工资）等措施支持教师进修。但大多数学校给予教师的这些资金支持，只有等教师完成学业返回学校工作后才能享受，而且需要签订较长时期的服务合同，若违反合同离开学校，需要支付高额的违约金。这样的支持措施看似与公办高校相差不大，但在民办高校社会地位、相关教师待遇均偏低的情况下，是很难留住那些有志于进一步发展的教师的。当前比较常见的情况是，教师考上博士后就直接辞职了。

那么，为什么民办高校对教师的个人进修计划支持力度偏弱呢？一方面是由民办高校举办者的主观原因造成的。首先，我国民办高校大多是"投资办学"，举办者特别注重"投入—产出"比，对于需要长期投入，并且投入较大的教师个人进修与培训计划自然提不起兴趣；其次，民办高校教师的高离职率、高跳槽率也使得举办者不愿意投入更多的资金在教师培养与培训方面，以免为"他人作嫁衣"；第三，民办高校举办者管理理念、教育理念普遍落后，不注重激发教师的内在工作积极性，对于教师工作的期望也仅仅局限于"上好课，管好学生"而已。另一方面则是由民办高校所面临的客观因素造成的。首先，对教师个人进修计划的支持无疑需要大量资金的支撑，但民办高校又普遍处于办学资金短缺的状况之下，这是使民办高校难以像公办高校那样慷慨的重要原因。其次，民办高校在办学过程中需要认真考虑成本问题，所以在教师队伍规模建设方面一般达到教育部要求即可。这使得一般情况下，民办高校教师的教学任务都比较多，如果一位教师外出学习会给其他教师造成更大的负担，甚至有时会导致其所承担的课程无法正常开课，这也是导致民办高校举办者不热衷于支持教师外出学习的一个重要客观原因。第三，教师的个人进修计划往往与学术发展密切相关，与教学关系不大，但民办高校注重的是教师的教学能力与教学质量，因此从学校定位的角度讲，民办高校缺乏足够的支持教师开展个人进修计划的动力。

三 教师学术发展保障制度欠缺

我国民办高校大多起家于技能培训和职业教育，所以在学术发展的历史积淀方面远远落后于公办高校。但随着民办高等教育的不断发展，一些学校已经成为本科院校，甚至是硕士培养单位，这对其教师的学术水平提出了更高的要求。而在我国这样一个"大众创新、万众创业"的时代，即使是专注于职业教育的高职院校也不能放弃学术研究——从博耶提出的学术的四种形式，即发现的学术、综合的学术、应用的学术和教学的学术来看，高职院校的教师至少应致力于开展应用的学术和教学的学术，因为要想培养出适合这个时代要求的创新创业型人才需要一大批具有创新精神与能力的高校教师。然而，目前我国民办高校普遍缺乏教师学术发展保障制度，这也是为什么即使民办高校提供了高于公办高校的薪资，高层次人才也普遍不愿意去就职的重要原因之一。

当然，我国一些民办高校已经意识到了教师开展学术研究的重要性与必要性，制定了许多奖励性制度，如对于发表论文、申请项目、科研获奖等都给予一定的奖励，而且在学校内部也设置了一些教研类项目，为教师拓展参与科研的机会。这无疑是令人欣喜的！但从整体来看，要想让民办高校教师的学术研究水平有质的提升，单靠奖励制度和校内立项还是远远不够的，建立更为完善的学术发展保障制度体系十分必要。目前，与公办高校相比，民办高校

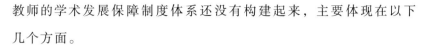

教师的学术发展保障制度体系还没有构建起来，主要体现在以下几个方面。

（一）缺乏高瞻远瞩的科研发展战略与规划

这种科研发展战略与规划起到的是明确方向、确立目标的作用，是将教师的科研工作与学校总的战略发展目标有机结合的重要保障。但目前我国民办高校普遍缺乏这样的科研发展战略与规划，具体地体现为在科研奖励中以高水平论文、高级别项目为重点，存在明显的重理论、轻应用的倾向。这种科研发展方向显然是与民办高校的应用型人才培养定位是相冲突的，势必造成教师科学研究与课程教学、人才培养之间的相互脱节。从长远来看，也不利于教师科研工作的可持续发展——在民办高校讲究效率与效益的前提下，当教师的科研工作与教学工作发生严重冲突时，首先放弃的必然是科研。而且，在缺乏发展战略与规划指引的情况下，教师的科研工作很容易形成"乱打乱撞"、单打独斗的局面，甚至滋生严重的功利主义思想。

（二）缺乏时间和空间的保障

"民办高校教师生存状态调查"的数据显示，有 36.2% 的教师周上课节数为 6—12 节；有 33.8% 的教师周上课节数为 12—18 节；13.2% 的教师周上课节数为 18—24 节。可见，民办高校教师的教学任务是十分繁重的。这使得他们根本没有闲暇去做科研工作。寒暑假本来是做科研的好时段，但很多民办高校却以招生、培训等事情大量占用了教师们的寒暑假时间，同时，繁重的教学任务也给教师们带来了更加繁重的备课任务，大部分教师除了要忙学校交代下来的任务，还要分很大的时间与精力去备课。总之，没有时间去做科研是民办高校教师的一个较为普遍的感受。

（三）民办高校教师科研能力提升保障制度不健全

目前，民办高校除了通过校内立项的形式拓展教师的科研机会之外，很少有其他有助于提升其教师科研能力的制度与措施。众所周知，由于民办高校的地位与社会保障偏低，很难吸引高层次（具有博士学位）人才到校工作，民办高校师资队伍以硕士毕业生和本科毕业生为主。这样的师资队伍结构决定了其在科学研究方面是"先天不足"的，这是其学校整体学术水平提升的一个关键性阻碍。因此，如何弥补这种"先天不足"应是民办高校管理者思考的重点。然而从当前的情况来看，显然这一点并未引起民办高校管理者的重视，在一切以教学为中心的工作思路下，教师的培训、教师的工作安排、老教授的聘用、教师的考核等均未考虑科研发展的需求。教师的学历提升也没有得到管理者的真正重视。在科研能力无法有效提升的情况下，教师的学术发展只能是"纸上谈兵"。

总之，在民办高校难以为其教师职业发展提供有效支持的情况下，教师的归属感与成就感水平普遍偏低，即使为了生存而留在民办学校，也只能是一名教育"打工者"而已。著名教育家夸美纽斯曾言："教师的人格是儿童心灵最灿烂的阳光"。如果一名教师将教师这份崇高的事业仅仅当作一种谋生手段的时候，那么他就已经不是一名教师了。[1]

---

① 赵云风：《青岛市民办高校教师工作满意度的调查研究》，硕士学位论文，山东师范大学，2013年，第4页。

第八章　关于我国民办高校外部制度改革的建议

　　无论从公平公正的角度来讲，还是从促进高等教育质量提升的角度来讲，构建公立、私立高校教师的"统一身份"都是一种必然，国际私立高等教育发展历史也证实了这一点。而从美国、印度等国的私立高等教育发展实践来看，在构建公立、私立高校教师"统一身份"方面，制度的作用十分关键——相关制度的完善程度直接决定着公立、私立高校教师"统一身份"的实现程度。借鉴国外相关制度的建设经验与教训，并结合我国实际，建议我国首先从法人制度、社会保障制度和权利救济制度等外部制度改革入手促进民办、公办高校教师统一身份的构建，其中法人制度改革应是重中之重。

　　此前，已有很多学者从民办高校办学实际、民办高校的公益属性以及民办高校的组织属性等角度探讨过民办高校法人制度的问题，提出了诸多的改革建议，其中最主要也是最集中的建议有两个：一是建议我国设置财团法人这一法人类型，并将非营利性民办高校法人确定为财团法人；一是建议将民办高校法人登记为事业单位法人，以获得与公办高校教师同等的法律身份与地位。那么，究竟民办高校法人应该是哪一类法人呢？本研究的建议是确立非营利性民办高校事业单位法人身份。

第一节 确立事业单位法人身份

随着 2015 年《教育法》（修订版）、《民办教育促进法》（修订版）的颁布，我国民办高校迎来了"分类管理"的新时代。在这种分类管理制度下，民办高校将被区分为营利性和非营利性两类。这种分类方式与《民法总则》中将法人分为营利性法人和非营利性法人两大类遥相呼应。自然未来的情况是，营利性高校将成为营利性法人，而非营利性高校将成为非营利性法人，这在清晰民办高校的法人类型与属性方面算是前进了一大步。但是，这种为营利性民办高校发展提供空间，而且将民办高校法人区分为营利性法人和非营利性法人的做法，还是没有解决公办高校与非营利性民办高校法人属性之间的差异问题——在新的法人分类制度下，同是非营利性法人，公办高校依然是事业单位法人，而民办高校法人归属何去何从仍未确定。多年来，我国学者一直在理论上呼吁设立财团法人类型，并将非营利性民办高校登记为财团法人，这种呼吁是否真的会在《民法总则》颁布后得以实现呢？[①] 在《民法总则》颁布前，我国一些省市为了促进民办高等教育的进一步发展，开展了将民办高校登记为事业单位的改革尝试，那么在"财团法人"类型被明确提出来之后，这种改革还有继续和推广的必要么？总之，民办高校法人制度改革该何去何从，已经到了不得不进行决断的时候了。那么，究竟是"财团法人"，还是"事业单位法人"呢，笔者认为抛开法理

①《民法总则》专门将为公益目的以捐助财产设立的基金会、社会服务机构规定为捐助法人，即财团法人。

上的争论，应主要依据两个标准进行选择：一是看哪种法人类型更切合我国民办高校的发展实际；二是看哪种法人类型更有利于促进民办高校的进一步发展。

一 事业单位法人与财团法人内涵辨析

与其他国家相比，事业单位法人是我国特有的一种法人类型，是在我国从计划经济体制向市场经济体制转变的过程中形成的。在从事业单位向事业单位法人的转变过程中，事业单位的内涵与外延也在逐步发生变化，这一点从我国法律文本中即可看出，具体请见表 8 - 1。目前，我国事业单位改革虽然仍在继续，但时至今日，事业单位的一些基本属性已经发生了根本性地转变，如事业单位的经费来源，已经从单一地依靠财政拨款转向了多元化的经费筹措方式，目前我国财政全额拨款、差额拨款、自收自支事业单位分别占 60%、20%、20% 左右。[①] 再如，事业单位由国家机关举办或者其他组织利用国有资产举办的状况也被重新阐释。如 2015 年中央编办批转了《事业单位、社会团体及企业等组织利用国有资产举办事业单位设立登记办法（试行）的通知》，旨在建立统一的登记管理制度，推动社会力量参与举办的公益服务组织的进一步发展，使其与公办事业单位在市场准入、资质认定、税收政策、政府购买服务等方面享受同等的待遇。其主要的举措就是将《事业单位登记管理暂行条例》中"举办事业单位必须利用国有资产"的规定，阐释为"举办主体可以使用全部或者部分国有资产，国有资产的形态可以是有形资产也可以是无形资产"，同时并没有对国有资产占开办资金的比例做出具体

---

① 宁靓：《公共服务供给侧改革视角下的事业单位改革研究》，《山东社会科学》2017 年第 1 期。

要求。概而言之，从我国事业单位的内涵与外延的变化来看，可以登记为事业单位法人的机构除了具有基本的法人条件之外，还应主要具备非营利性、部分利用或全部利用国有资产建立、从事公益事业等特征。政府与事业单位之间的关系也日益从一种"行政隶属关系"向"决策—执行"的关系转变，政府将更多地履行宏观指导与监督的职责，而事业单位将拥有越来越多的自主权。关于事业单位的法人治理结构，依据国办发〔2011〕37号之4文件《关于建议和完善事业单位法人治理结构的意见》的规定，应建立起"理事会+执行层"的内部治理结构：理事会是决策机构，一般由政府有关部门、举办单位、事业单位、服务对象和其他有关方面的代表组成；管理层作为理事会的执行机构，对理事会负责，按照理事会决议独立自主履行日常业务管理，财务资产管理和一般工作人员管理等职责，定期向理事会报告工作。

财团法人是传统民法最基本和最重要的法人类型之一，具有悠久的发展历史。现代的财团法人制度主要存在于大陆法系，财团法人制度虽在多个国家使用，但对其内涵与外延的界定上，各国也是不尽相同的，如有些国家的财团法人只能是服务于公益目的，但有些国家的财团法人也可以服务于私益目的。为了更好地把握什么是财团法人，本文主要从财团法人的三大法律特征，即目的、财产和组织进行阐释。从目的的角度来看，财团法人制度的存在就是为当事人"永久地"从事某项事业提供可能性——前提是，当事人必须为此而捐出一笔财产。[①] 这些被捐出来的财产只能服从于捐助人所确立的特定目的，任何人包括捐助人的继承人都无权改变捐助人之捐助意思。目前，各国对于财团法人的目的范畴虽然并没有一致的认

---

① 章小兵：《财团法人制度研究》，硕士学位论文，湖南大学，2006年，第34页。

识，但对于公益目的是普遍认可的。从财产的角度来看，一定数额的财产是财团法人拥有法人人格的基础，财团的财产必须足够以其孳息来完成财团设立的目的，但是并不表示财团仅能以其财产之孳息来完成其目的的实现。对财团财产的妥当管理运用，即为财团组织的最重要工作。① 在现实中，各国和地区对于财团的财产数额往往并不做具体的规定，有规定也只是抽象的标准，如要求财团法人财产应当能够满足目的事业运营的需求。总之，财团法人必须以稳固的财产为基础。从组织的角度来看，财团法人的机构通常有董事或董事会、监事或监事会、评议会、执行长、信徒大会等，但这些机构并不是普遍存在，往往为了节约成本和提高效率而只设其中一个或两个机构。除一些特殊的财团法人，如学校财团法人、医院财团法人等，要求必须设置校长、院长等执行长职位之外，各国的民法一般只要求必须设置董事或董事会，对其他机构并无强制性要求。在这里值得一提的是，财产捐赠者在财团法人成立之后，就无权对财团法人组织的具体运营进行干涉，只对财团法人组织是否以其捐赠意愿为目标事业保持监督权。

从事业单位法人和财团法人的内涵与外延来看，两种法人类型既有相同之处，也有不同之处。相同之处在于：第一，两者都是非营利性的，做的也都是公益性事业；第二，在法人治理结构上很类似，虽然财团法人不如事业单位法人要求的那样严格，但是整体都遵循的是"董事会＋执行机构"法人治理模式；第三，法人财产所有权与经营权是分离的。不同之处则在于：第一，事业单位法人财产来自于举办者，而举办者可以是政府，也可以是企业或社会团体，也可以是多方联合出资；而财团法人财产来自于捐赠者，捐赠者可

---

① 章小兵：《财团法人制度研究》，硕士学位论文，湖南大学，2006年，第40页。

以是私人、企业、社会团体。第二，事业单位法人拥有相对比较大的事业范围，而财团法人由于受到严格服务于捐赠者意愿的限制而在事业范围方面相对狭窄。第三，事业单位举办者是可以进入董事会或派代表进入董事会参与事业单位管理的；而财产捐赠者不能进入董事会参与机构管理，只保留监督权。

表 8 - 1　　　　事业单位的内涵与外延在法律法规文本中的变化

年代	法律文本	概念表述
1963 年	国务院关于编制管理的暂行办法（草案）	为国家创造或改善生产条件，促进社会福利，满足人民文化、教育、卫生等需求，其经费由国家事业费开支的单位
1965 年	国家编制委员会关于划分国家机关、事业、企业编制界限的意见（草稿）	凡是直接从事为工农业生产和人民文化生活等服务活动，产生的价值不能用货币表现，属于全民所有制的编制，列为国家事业单位编制
1984 年	关于国务院各部门直属事业单位编制管理的试行办法（讨论稿）	凡是为国家创造或改善生产条件，从事为国民经济、人民文化生活、增进社会福利等服务的活动，不是以为国家积累资金为直接目的的单位，可定为事业单位，使用事业编制
1998 年	事业单位登记管理暂行条例	国家为了社会公益目的，由国家机关举办或者其他组织利用国有资产举办的，从事教育、科技、文化、卫生等活动的社会服务组织
1999 年	中华人民共和国公益事业捐赠法	公益性非营利的事业单位是指依法成立的，从事公益事业的不以营利为目的的教育机构、科学研究机构、医疗卫生机构、社会公共文化机构、社会公共体育机构和社会福利机构等
2005 年	事业单位登记管理暂行条例实施细则	本细则所称事业单位，是指国家为了社会公益目的，由国家机关举办或者其他组织利用国有资产举办的，从事教育、科研、文化、卫生、体育、新闻出版、广播电视、社会福利、救助减灾、统计调查、技术推广与实验、公用设施管理、物资仓储、监测、勘探与勘察、测绘、检验检测与鉴定、法律服务、资源管理事务、质量技术监督事务、经济监督事务、知识产权事务、公证与认证、信息与咨询、人才交流、就业服务、机关后勤服务等活动的社会服务组织

续表

年代	法律文本	概念表述
2008 年	关于深化行政管理体制改革的意见	推进事业单位分类改革。按照政事分开、事企分开和管办分离的原则，对现有事业单位分三类进行改革。主要承担行政职能的，逐步转为行政机构或将行政职能划归行政机构；主要从事生产经营活动的，逐步转为企业；主要从事公益服务的，强化公益属性，整合资源，完善法人治理结构，加强政府监管。推进事业单位养老保险制度和人事制度改革，完善相关财政政策
2011 年	中共中央 国务院关于分类推进事业单位改革的指导意见	在清理规范基础上，按照社会功能将现有事业单位划分为承担行政职能、从事生产经营活动和从事公益服务三个类别。对承担行政职能的，逐步将其行政职能划归行政机构或转为行政机构；对从事生产经营活动的，逐步将其转为企业；对从事公益服务的，继续将其保留在事业单位序列、强化其公益属性。今后，不再批准设立承担行政职能的事业单位和从事生产经营活动的事业单位。 细分从事公益服务的事业单位。根据职责任务、服务对象和资源配置方式等情况，将从事公益服务的事业单位细分为两类：承担义务教育、基础性科研、公共文化、公共卫生及基层的基本医疗服务等基本公益服务，不能或不宜由市场配置资源的，划入公益一类；承担高等教育、非营利医疗等公益服务，可部分由市场配置资源的，划入公益二类。具体由各地结合实际研究确定
2013 年	中共中央关于全面深化改革若干重大问题的决定	加快事业单位分类改革，加大政府购买公共服务力度，推动公办事业单位与主管部门理顺关系和去行政化，创造条件，逐步取消学校、科研院所、医院等单位的行政级别。建立事业单位法人治理结构，推进有条件的事业单位转为企业或社会组织。建立各类事业单位统一登记管理制度
2015 年	中央编办关于批转《事业单位、社会团体及企业等组织利用国有资产举办事业单位设立登记办法（试行）的通知》	本办法适用于不纳入机构编制核定范围，由事业单位、社会团体及企业等组织为了社会公益目的，利用国有资产依法规举办的，按照非营利性规则从事教育、科技、文化、卫生等活动的事业单位设立登记。 利用国有资产包括全部或者部分使用国有资产，资产形态包括有形资产和无形资产

二 "事业单位法人"更优于"财团法人"

从财团法人与事业单位法人的内涵与外延可以看到，两者之间还是存在显著差异的。那么，对于我国非营利性民办高校而言，究竟哪一种法人类型更能够反映其现实，也更有利于促进其进一步发展呢？笔者认为，基于以下几方面原因，"事业单位法人"要更优于"财团法人"。

首先，符合事业单位分类改革趋势。长期以来，事业单位都是我国公共服务体系的主要载体。而民办非企业单位本身也是脱胎于事业单位，属于民办事业单位——在《民法通则》颁布时，事业单位法人＝公办事业单位法人＋民办事业单位法人；到1996年，国家才正式以"民办非企业单位"取代"民办事业单位"，并于1998年出台《事业单位登记管理暂行条例》、《民办非企业单位登记暂行条例》两个法规，自此，民办事业单位在法律上成为一种新的组织类型——民办非企业单位。回顾这一段"民办事业单位"变身为"民办非企业单位"的历史，不能不说"民办非企业单位"的产生只是一种时代的产物——从事业单位的内涵界定不难看出，在事业单位完全由国家举办的年代中，民办事业单位是很难被融入事业单位行列的，被分离出来也是必然。但随着事业单位的不断改革，尤其是在分类推进事业改革的思想与战略日益清晰的当今时代，还有无必要将其与事业单位加以区别就很值得反思了。中共中央国务院2011年发布的《关于分类推进事业单位改革指导意见》明确提出了"将行政性事业单位转变为行政机构，将经营性事业单位转变为企业组织，保留公益性事业单位"的改革思路，并将公益性事业单位分为公益一类和公益二类，即"根据职责任务、服务对象和资源配置方式等情况，将从事公益服务的事业单位细分为两类：承担义务教育、基础性科研、公共文化、公共卫生及基层的基本医疗服务等基本公益服务，不能或不宜由市场配置资源的，划入公益一类；承担高等教育、非营利医疗等公益服务，可部分由市场配置资源的，划入公益二类"。显然，目前我国的民办高校与公益二类事业单位的组织属性很是接近。根据事业单位改革的这种趋势，很多学者已经提出"公益二类事业单位改革的目标模式应该是以民办非营利组织为主，以官办非营利组织为辅"。① 总体来看，将民办高校归入公益二类事业单位是顺应事业单位改革趋势的。

其次，不能满足财团法人成立的基本条件。由财团法人的内涵可知，捐赠财产是财团法人成立的重要前提条件，换言之，没有捐赠财产也就没有财团法人。从我国民办高校的发展历程来看，真正属于捐资办学的极少，这与我国七十、八十年代仍处于公有制经济占主导，社会资本十分有限的特殊历史背景有着密切的关系。虽然在我国相关法律法规的要求下，举办者投入的资金和学校通过滚动发展积累起来的资产都要过户给学校，成为学校的法人财产，但其属性并不属于捐赠。因为根据 2002 年的《民办教育促进法》，举办者是可以取得合理回报的。虽然在 2016 年的《民办教育促进法》（修订版）中取消了"合理回报"条款，但民办高校的法人财产也不属于捐赠，因为此时民办高校所拥有的法人财产很大一部分是来自于办学积累，而且随着国家对民办高校资助的不断增多，一些民办高校的法人财产中包含着部分国有资产，如土地、校舍、项目经费等。这种多元化的财产构成现状很难将其"一刀切"的归为"捐赠"。没有捐赠财产，也就不存在捐赠者意愿，财团法人存在的根基

---

① 刘烨：《公益二类事业单位改革问题研究》，硕士学位论文，黑龙江大学，2016年，第 4 页。

也就不存在了。另外，从民办高校法人治理结构的角度来看，其也很难归入"财团法人"行列中去。因为民办高校与事业单位一样，在法人治理结构中举办者及其代表可以进入董事会，甚至担任董事长；而财团法人是不允许捐赠者进入董事会或管理层的。总之，将现有的民办高校确立为财团法人是不具备条件的，当然我们并不排除随着我国经济水平的不断提升，会出现真正的以"捐赠财产"为基础举办的民办高校，所以也不应排除"财团法人"将来会成为民办高校可选择的一种法人类型。

第三，事业单位法人更有利于促进民办高校发展。关于民办高校是否应该登记为事业单位法人，其实很长时间以来都是存在争论的。有的学者认为，将民办高校登记为事业单位法人是一种倒退，是不利于非营利性社会组织健康发展的，无益于解决非营利性社会组织与事业单位之间的差距问题。但也有一些学者从促进民办高校与公办高校平等地位真正落实的角度出发，认为事业单位法人对于民办高校摆脱目前的发展困境是具有积极意义的。笔者比较赞同后一种观点，因为正如前文所分析的，民办高校与公办高校间的地位差距是导致民办高校师资队伍建设一系列困境产生的根源。而没有优秀的师资就难以提升教育教学质量，民办高校就无法摆脱"低水平"、"低质量"的帽子，陷入发展的恶性循环之中而无法自拔。所以当务之急，应是让民办高校与公办高校拥有同一类型的法人身份，进而使其能够名正言顺地享受各种同等的优惠，教师的身份也会随之改变，拥有与公办高校真正平等的地位——未来民办与公办高校教师间的差距不是由身份差异引发的，而主要是由学校的办学质量与社会声誉差异形成的，这样两者之间就是一种由竞争形成的自然差距，而不是人为操作的差距。至于民办高校登记为事业单位法人是不是能够导致非营利性社会组织的没落，重新回到事业单位大一统的时代。笔者认为，在事业单位分类改革的大趋势下，这种担忧已经不成立，因为随着政事之间的不断分离，未来我国大多数的事业单位（除了公益一类）其实质就是一种社会组织，即由社会力量主要运用社会资本进行运作。这一点从《事业单位、社会团体及企业等组织利用国有资产举办事业单位设立登记办法（试行）的通知》中对事业单位中"运用国有资产举办"的重新阐释即可看出。未来，事业单位法人更确切的内涵界定应是"为了社会公益目的，由各级政府、企业法人、社团法人或公民个人出资以及上述法人和自然人的某种合资形式依法（《事业法》）举办的，依法自主运作，独立承担民事责任，从事教育、科技、文化、卫生、体育等方面的非营利性社会服务活动的独立法人。"①

第二节　多途径提升社会保障水平

相同的社会保障水平是民办、公办高校教师"统一身份"的主要体现。提升民办高校教师的社会保障水平，也是近几年呼声最高的民办高等教育改革建议之一。确实，正如前文分析，若想扭转民办高校师资队伍建设中的不利局面，就必须突破其教师社会保障水平偏低这一瓶颈。那么，该如何突破么？除了需要转变民办高校的法人身份，即由民办非企业单位法人转变为事业单位法人之外，还需要在政府的支持下探索多途径提升社会保障水平的方法。事业单

---

① 成思危等：《中国事业单位改革——模式选择与分类引导》，民主与建设出版社2000年版，第134页。

位法人身份的确立并不代表着民办高校就同传统事业单位一样会获得财政拨款，更不意味着其教师就成了有事业编制的"体制内人"。民办高校教师的福利与社会保障问题仍需主要由民办高校自行解决。但依照当前我国民办高校办学经费普遍短缺的现状，仅依靠民办高校自己的力量是很难将其教师的社会保障水平提升到与公办高校教师同样水平的，因此政府的支持是必不可少的，同时随着事业单位工作人员社会保障形式的日益多元化，运用多途径提升民办高校教师的社会保障水平也是一种必然趋势。

一　国内外几种主要的补充社会保障方式

社会保障作为社会保护系统，已经成为现代国家最重要的一种社会经济制度。各国为了吸引优秀的人才进入教师队伍，往往给教师构建一个不同于其他群体的社会保障体系，一般具有如下特点：一运用法律手段保障教师享有较高水平的社会保障；二是运用多种形式确保教师获得较高水平的社会保障；三是一般采取政府、学校、教师共同缴费的方式；四在全民普通保障基础上增加个性化社会保障。借鉴这些国际经验并结合我国实际，目前要想提升我国民办高校教师社会保障水平，加大政府支持力度，加快构建补充社会保障体系十分关键。综观各国情况，针对高校教师采用的补充社会保障方式主要有职业年金制度、补充医疗保险制度、社会互助基金会等。

（一）职业年金制度

职业年金制度是美国、英国、加拿大等国家实行的一种社会保障制度。在国外，职业年金制度泛指"除政府举办的具有普遍社会保障性质的保险计划以外的，由雇主、行业组织举办的各种年金计划。由于这类年金计划中大部分是在私人部门由雇主举办，所以又被称为私人年金或雇主年金"。① 在我国，职业年金通常指的是事业单位人员的补充养老保险计划，与企业年金相区别。② 对于国内外教师而言，职业年金主要也是一种补充养老保险制度，主要目的在于弥补公共年金在教师养老待遇上的不足，保障退休教师享受更高层次的生活水平。当然，由于职业年金制度主要是由学校自行设立，因此职业年金制度也成为学校留住人才、防止人才流失的一种方式。对于教师而言，这笔职业年金实际上是一笔延迟给付的工资，教师要想退休后按月足额领取养老金，就必须为举办该年金计划的学校工作到一定的时期，如果中途离开，就会损失一部分以职业年金储备形式积累的资产。③ 大多数国家的教师职业年金计划是由学校自愿举办，且一般由教师和学校共同承担缴费负担的。职业年金可以进行市场化运作，所得收益计入职业年金基金或个人账户。目前，我国事业单位也开始实行职业年金制度——2011 年国务院颁布了《事业单位职业年金试行办法》，为事业单位职业年金制度建设提供了政策法规保障，进一步促进了我国多层次养老保险体系的建立。

（二）补充医疗保险

补充医疗保险是在基本医疗保险之外，为教师提供的医疗保障手段，其目的在于满足教师多元化的医疗需求。从效益的角度讲，补充医疗保险有助于学校以最小的成本将教师的疾病治疗或因意外致残的风险转嫁给专业的保险公司。④ 各国在教师的补充医疗保险方面采用的方式比较多样，主要有私人部门医疗保险计划、个人保险

---

① 李萌：《我国高校教师职业年金法律制度研究》，硕士学位论文，西南大学，2014年，第 3 页。

② 王书琴：《关于建立高校职业年金制度若干重要问题的研究》，《广西社会科学》2012 年第 8 期。

③ 李萌：《我国高校教师职业年金法律制度研究》，硕士学位论文，西南大学，2014年，第 5 页。

④ 陈文辉：《团体保险发展研究》，中央编译出版社 2005 年版，第 18 页。

计划、团体健康保险项目等。所谓私人部门医疗保险计划是指由私人部门而非国家提供的医疗保险服务，一般由雇员自己缴费，但也有雇主与雇员共同缴费的情况。在英国，私人部门的医疗保险主要包括私人医疗保险、非营利性部门保险、互助组织提供的保险三大类。[①] 个人保险计划和团体健康保险项目均属于商业保险，即由个人或团体购买的商业医疗保险服务。在美国，团体健康保险是指由雇主购买，作为一种员工福利提供给有资格的雇员（通常也面向雇员的家属），发生承保风险后保险公司提供的报销给付能在一定程度上降低雇员和雇主损失的这类保险总称。[②] 美国高校普遍通过购买团体健康保险为其教师提供更多一层的健康保障。

（三）社会互助基金会

社会互助基金会最早出现在 17 世纪末的德国、英国等工业化国家，是由产业工人自发组织起来的互助互济组织，会员定期缴纳一定的会费，形成基金，当会员遭遇失业、工伤、疾病、死亡等劳动风险而失去收入时，由基金会为其提供生活救济、医疗津贴、丧葬费等帮助。[③] 这种以抵御劳动风险为目的而组建的互助组织为后来现代社会保障体系的建立奠定了重要的基础。时至今日，各国虽已普遍建立起了社会保障体系，但这种社会互助基金会在各国仍大量存在，成为补充社会保障的重要组成部分。很多国家针对教师群体也成立了各种互助基金会，如韩国于 1971 年颁布了《教师共同救助会有关规定》，以确立高效率、全方位的共同救助制度[④]；我国一些高校也建立

---

① 贾洪波：《补充医疗保险的实际运作：四个国家的比较》，《公共管理》2012 年第 11 期。
② 易丽芳：《美国团体健康保险对中国补充医疗保险的借鉴意义》，硕士学位论文，武汉科技大学，2007 年，第 8 页。
③ 高灵芝等：《社会保障概论》，山东人民出版社 2011 年版，第 38 页。
④ 金国峰、王国辉、宋磊：《韩国高校教师社会保障制度及启示》，《劳动保障世界》2013 年第 1 期。

起了医疗互助基金，以加强对患重大疾病教师的救助。社会互助基金会与职业年金和商业保险的运行方式不同，主要采用会员制，即由会员共同缴费形成基金。这类基金可以接受公益性捐赠，也可以市场化运作，在美国这类基金甚至可以上市，使每一位会员成为股东。总之，互助基金会也是提升教师社会保障水平的一种有效方式，其虽然是由会员共同缴费形成，但学校也可以赠予或补贴的方式支持本校教师组建互助基金会，以增强学校对优秀人才的吸引力。

二　社会保障水平提升过程中的政府角色

在提升民办高校教师社会保障水平过程中，除了民办高校要负起主要责任之外，政府也有不可推卸的责任。具体而言，政府首先需要担负起化解民办高校办学资金短缺问题的责任，使其有较为充足的资金用于改善教师社会保障水平和相关的福利待遇；其次，政府应肩负起保障与监管的责任，从法律法规角度为民办高校教师获得较高的社会保障水平提供有效保障，同时对民办高校所举办的各类补充保险计划实行有效监管，以减少有可能出现的风险。总之，在多渠道提升民办高校教师社会保障水平的过程中，政府绝不是旁观者，而应扮演资助者、保障者和监管者的角色。

（一）资助者

国外私立大学的发展历程告诉我们，私立大学的办学经费并不是完全从社会上筹集的，也可以部分从政府获得。事实上，政府已经成为私立大学办学经费的一个重要来源渠道，如美国通过直接为学校提供经费、为学生提供资助、税收优惠、科研项目资助等多种形式对私立大学进行经费资助。因此，我国政府加大对民办高校的资助是符合国际私立高等教育发展总趋势的，也是政府作为公益事业支持者、鼓励者的一种重要体现。目前，一些地方政府已经意识到资助民办高校的重要意义，并逐步增加资助力度，这对于民办高校发展而言是极好的事情。但从全国范围来看，这种资助仍是个别省市的行为，很多省市还没有建立起民办高等教育的资助机制；同时，具有可持续性的民办高校资助制度也普遍缺乏。总之，目前在我国，政府还未成为民办高校办学经费的一个重要来源渠道，政府在民办高校发展过程中的资助者角色还未很好地确立起来，更遑论对民办高校教师社会保障水平提升的资助了。笔者认为，我国政府应尽快建立起对民办高校教师的社会保障补贴制度，这样才能帮助民办高校快速扭转师资队伍建设的不利局面。相比于其他扶持政策，这种补贴制度对于提升民办高校办学质量将起到"事半功倍"的效果。政府对教师的社会保障补贴可以分为两种形式：一种是直接给教师发放社会保障补贴，鼓励教师利用补贴购买商业保险或组建教师共同救助会；一种是将补贴发放给学校，鼓励学校在足额缴纳普通社会保险的同时设立职业年金、为教师购买补充医疗保险等。

（二）保障者

毫无疑问，民办高校教师社会保障水平的提升需要政府提供法律法规的保障。相关法律法规的完善不仅是民办高校提升教师社会保障水平的一种推动力，更是民办高校教师借以维护自身权益的依据与武器。因此，政府除了要加大对民办高校教师社会保障的经费资助之外，更要加快对相关法律法规的制定与完善。前文也已经讲到，各国在保障教师较高的社会保障水平时主要运用的也是法律手段，这是很值得我国借鉴的。那么，借鉴其他国家的相关经验，结合我国民办高校教师社会保障水平提升的具体需求，首先，建议我国政府制定专门的"民办高校教师社会保障"政策或法规，以将民办高校教师的社会保障制度建设纳入到法制化的轨道上来，为民办高校教师社会保障水平提升提供政策和法律保障。其次，围绕民办高校教师社会保障政策，完善相关的实施细则及相关制度的执行办法，如可专门针对民办高校教职工的职业年金制度，制定"民办高校教职工职业年金办法"，以更加具体地指导民办高校构建起教职工的补充社会保险体系，落实民办高校教师的相关保障措施和待遇。第三，建议完善相关社会保障基金的管理制度与法律法规，这也是当前我国社会保障体系改革进程中需要重点去做的事情。如职业年金是允许市场化运作的，但由此带来的运行失误或破产风险也会给参保人带来收益风险，针对这一问题，政府必须加强相关法律法规的建设以确保职业年金市场化的规范化运作，以最大限度地减少运行风险。

（三）监管者

监管者的角色其实是保障者角色的另一面，即从监督、监控的角度来促进民办高校切实提升其教师的社会保障水平，并最大限度地降低其中可能存在的风险。首先，政府需要对拨付给民办高校的用于提升教师社会保障水平的补贴经费的使用情况进行监管，并订立相应奖惩措施，如若出现挪用该补贴的情况则会撤销该项补贴或减少补贴；而对于严格按规定执行，并予以相应配套经费的学校会适当逐年增加补贴，以确保教师的社会保障补贴不被挪作他用，并激励民办学校加大对教师社会保障的投入。其次，加强对各类社会保障基金市场化运作的过程监管，以职业年金为例，政府的监管内容应包括对职业年金方案进行审核、认定和备案；对承办职业年金的委托机构进行严格的资格认定和实行严格的准入制以及相应的退出机制，资格认定主要是以资本充足度、资产质量、管理水平、专业队伍、盈利能力、资产流动性等指标体系考核运营机构的资格；对职业年金基金的运营管理实行监控，主要包括资金投向监控、财务监控、回报率监控、清偿能力监控等；还要接受职业年金方面的投诉，并对有关事件进行调查、核实和必要惩处。 第三，建立健全民办高校社会保障工作的信息公开制度和要情报告制度，以确保行政监督、专门监督、社会监督和舆论监督作用的真正发挥。

三 资金短缺是最亟须解决的问题——以 A、B 两校为例

（一）获得政府专项补贴的 A 民办高校

1. A 校教师社会保障的基本情况

A 民办高校，专任教师 900 余人，其中非自有专任教师、退休返聘的公办高校教师占有 20%—30% 比例。因受体制、编制、待遇等诸多择业条件的影响，在编教师年龄普遍偏年轻化，高层次、高职称教师多以兼职聘任的形式为主，师资力量、教学质量都需要进一步的优化。

学校发展初期，因受资金条件等诸多因素的影响，只为部分教职员工购买养老保险，医疗保险、失业保险、工伤保险、生育保险及住房公积金均未予参保缴纳。随着学校自身的发展及国家法律的不断完善，学校逐步逐年实现全员参保，并实现"五险一金"险种的参保缴纳。在这发展完善的过程中，仍有 6—7 年的时间里，部分教职员工未能正常享受到社会福利，相应的社会保障权益受损。根据国家规定，每年的社会保险缴纳基数是逐年上调的，平均上涨幅度为 10%—15%，这直接导致民办高校社会保障成本投入不断加大，故在社会保险缴费基数、比例等的选择上，学校以降低成本为基本前提，以降低单位社会保障承担成本。在其他社会保障福利方面，本学校并未为其教师办理职业年金，补充医疗保险也是 2017 年才开始为教职员工购买的，保障金额及范围也相对较小，只是针对教职

---

① 杨翠迎：《社会保障学》，复旦大学出版社 2015 年版，第 434 页。

员工的大病医疗保险的二次报销。

社会保障水平偏低，已经成为制约该校教师队伍建设的一个核心因素。在无法短时间内快速增加社会保障投入的情况下，该校通过提升薪酬水平、实施继续教育培训、增加校内福利等多元方式进行弥补。首先，实行宽带薪酬体系，减少职等等级、加大工资级差，增加薪酬分配的灵活性和弹性；每年根据物价水平、行业薪酬水平等因素进行固定工资调整，赋予各二级部门灵活的薪酬支配权，加大对高层次人才、核心教师的薪酬投入力度，与行业对标，吸引保留优秀教师。其次，建立教师发展中心，并引进国外培训力量，为教师提供高质量的职业培训；第三，学校在法定社会保障（"五险一金"等）基础上，实施多样化福利，如午餐补贴、学术假期补贴、住房补贴等，未来学校也将开发自助式套餐式的福利模式，根据岗位特质、员工需求等设计更多的福利项目供教职员工选择。实践证明，这些措施确实有效地增加了教师对学校的满意度与归属感，而且更多的优秀人才愿意来该校工作。但是不能否认的是，社会保障水平偏低仍是一个无法抹去的"硬伤"。高学历的人才愿意来该校工作的仍属于少数。

2. 虽然获得政府补贴，但资金仍是最主要阻碍

从前面该校所采取的多元化措施，可以看出该校十分重视师资队伍建设，并且很清楚社会保障水平和福利待遇水平是制约其师资队伍建设水平进一步提升的关键性因素。但是，由于该校主要是以"滚动发展"模式发展起来的，学生缴纳的学费是最主要的办学经费来源，而在政府主导学费标准的情况下，很难依靠提升学费水平来增加办学经费，因此，办学资金短缺是该校长期需要解决的问题。近几年，地方政府对民办高校财政资助不断增多，同时扩大了民办高校学费浮动的空间，这为该校获得更多的办学资金，提升教师的

社会保障水平创造了条件。但从当前来看，该学校社会保障的缴费压力仍比较大。据调查，该校所属地区的民办院校均未按员工实际收入缴纳社会保险，一般都以社会最低缴费基数进行缴纳。该校情况相对较好，以员工岗位收入进行社保缴纳，但也未能完全包含员工补贴、绩效等其他收入。如果按照公办高校、事业单位的缴纳标准来计算，学校在社会保障投入方面至少还需要增加 800—1000 万元。地方教育行政部门自 2013 年起开始实施社会保险专项资金资助，提供的资金支持平均为 400 万/年度，占该校社保成本的 21% 左右。但保险成本根据国家规定在逐年调整上涨，目前住房公积金费用是以最低比例进行缴纳的（国家规定的比例是 5%—12%；公办高校住房公积金比例多为 8%—12% 之间），因此，即使在政府提供专项补贴的情况下，该校社会保障成本负担仍偏重，而政府的专项资金资助政策是阶段性还是长期的，目前仍没有正规的文件通知。

（二）没有政府专项补贴的 B 民办高校

1. B 校教师社会保障的基本情况

B 民办高校，专职教师 800 余人，兼职教师 200 余人，兼职教师占总教师数 20% 左右。教师队伍中高级专业技术职务者较少，高层次、高水平的学科专业带头人亟待增加。教师队伍年龄结构也有待改善——56 岁以上和 35 岁以下教师占比偏高。长期以来，教师社会保障水平偏低是影响教师队伍年龄结构与职称结构调整的重要制约因素。

B 学校发展初期与 A 学校的情况差不多，因受资金条件等诸多因素的影响，只为部分教职员工购买养老保险，医疗保险、失业保险、工伤保险、生育保险及住房公积金均未予参保缴纳。随着学校自身的发展及国家法律的不断完善，学校逐步实现全员参保，并实现"五险一金"险种的参保缴纳。但在缴纳基数方面，因为不得不考虑成本问题，并未与公办高校一样按照教师的实际收入水平为基数进行缴费。在这发展完善的过程中，部分教职员工未能正常享受到社会福利，导致部分人才流失，给 B 校师资队伍建设带来不少困难。

在短时间内无法快速实现公办高校教师与民办高校教师同等社会保障水平的情况下，B 校也充分利用有限资源采用多元方式进行弥补。首先，实行灵活的薪酬提升机制，如低职高聘方式、越级晋升方式，为教学能力强、研究成果丰硕的教师提供多样化晋升途径，工资待遇就高不就低，从而加大高层次人才、核心教师的薪酬投入力度；根据学校发展阶段、物价水平、行业薪酬水平等因素不定期对教师工资进行调整。其次，建立教师发展中心，为教师发展提供多样化服务，如与国内外高校合作，为不同专业教师提升学历搭建平台；与企业、事业单位合作，派遣教师定岗实践；提供出国访学、参加短期培训等多种培训途径。第三，学校在法定社会保障（"五险一金"等）基础上，实施多样化福利，如午餐补贴、学术假期补贴、科研补贴、住房补贴、节日补贴、生日补贴、体检补贴等等。

2. 资金是 B 校提升社会保障水平的最主要障碍

从前面 B 校所采取的多元化措施，可以看出 B 校也是十分重视师资队伍建设的。但是，由于该校主要也是以"滚动发展"模式发展起来的，学生缴纳的学费是最主要的办学经费来源，所以与 A 校相同，资金短缺同样也是 B 校提升教师社会保障水平的关键性阻碍。而且，与 A 校不同，B 校虽然近几年逐步受到政府财政资助，如省级特色专业建设经费资助、省厅民办高校优质特色发展资金奖励扶持、省民办高等教育特色名校建设等，在一定程度上缓解了民办高校的经费压力（这些扶持资金数额一般都比较小），为提升教师的社会保障水平创造了一定的条件；但却没有获得针对教师社会保障的专项补贴，这使得 B 校在提升教师社会保障水平方面缺乏更为直接的资金支持，相关的资金缺口较大。以 2016 年度为例，该校年收入总额约为 2.0 亿元，支出约为 2.5 亿元，其中教职员工工资占比 20% 左右。全年工资总额为 4900 万元左右，全员参保，单位实际支出的社会保险缴纳成本为 1047 万元（以当地最低工资标准为基数缴纳的）。如果按实际工资总额为基数的话，则养老保险：4900 万 * 20% = 980 万；四险（医疗、生育、工伤、失业）：4900 万 * 8.15% = 399.35 万；住房公积金（按照最低缴纳比例 5%）：4900 万 * 5% = 245 万；单位合计需承担费用 1624.35 万元。两者之间有 600 多万元的差距，其中住房公积金这一项，如果按照公办高校教职工缴纳标准计算（实际工资收入，10% 的缴纳比例），年度公积金成本投入差距也在 200 万元以上。

总之，从 A、B 两所民办高校的情况来看，资金短缺是提升教师社会保障水平的最关键制约因素，政府的专项补贴将有助于解决这一问题。但若想真正促进民办高校教师身份转变，政府仍需要进一步加大财政补贴力度，并使相关专项补贴制度常态化。

第三节　系统完善权利救济制度

权利救济制度是否完善决定着民办高校教师是否真正地拥有那些法律上所赋予的权利，换言之，完善的权力救济制度是落实民办、公办高校教师"统一身份"的有效保障。针对民办高校教师所面临的权利救济渠道不畅通的问题，本节主要从救济机构、救济程序、救济法律保障等几个方面入手，提出促进民办高校教师权利救济制度系统完善的策略。

一　构建多层次的权利救济机构

权利救济机制大致可分为私力救济、公力救济和社会型救济三种类型。所谓私力救济是指没有第三者以中立名义介入的，不通过国家机关和法定程序，而是依靠自身或私人力量，解决纠纷、实现权利救济的方式，如我国古代社会普遍存在的"报复"、"复仇"等个人行为就是私力救济的典型表现。[①] 所谓公力救济就是目前为人们所熟知的通过法律诉讼、仲裁等方式进行救济的途径。更确切地说是指国家机关依权利人请求运用公权力对被侵害权利实施救济，包括司法救济和行政救济两种形式。[②] 所谓社会型救济是指某些特定组织或个人，根据当事者双方的共同意愿，以中立的第三者身份介入，并促使双方自愿达成合意方案的救济方式。[③] 可见，权利救济机制可以是多元的，我国应致力于为民办高校教师构建一个多元化、多层次的权利救济机构，为其更便捷、节约、有效地解决侵权问题提供支持。结合国内外的相关实践，建议尽快从学校内部和外部两方面入手，构建多元化的权利救济机构。

（一）学校内部的权利救济机构

学校内部的教师权利救济机构主要是当教师的权利受到学校内部行政部门和学生侵害时为教师提供救济的机构。这种权利救济机构由于处于校内，所以对于教师寻求救济而言是十分便捷和节约成本的。而且这样的校内权利救济机构的存在本身也可以有效

---

① 周立文：《权利救济制度的基础理论研究》，硕士学位论文，北方工业大学，2007年，第5页。

② 徐昕：《论私立救济》，中国政法大学出版社2005年版，第102页。

③ 同上。

地防止教师的合法权益被校内管理者或学生随意侵害。综观当前我国民办高校，内部普遍缺乏教师权利救济机构，即使存在也并未很好地发挥教师权利救济的功能，这是其教师所遭遇到的来自学校的权利侵害日益增多的重要原因。关于校内权利救济机构，国内外的实践较为多元，但最为常见的权利救济机构是教师工会和教师申诉委员会。

如在美国公立高校中，教师工会在提高教师薪酬、增加底层教师参与大学治理的权利、保证教师谈判权、平等维护每一位教师的权益等方面均发挥了积极的作用。在我国，教师工会也是维护教师权益的重要机构——《中华人民共和国工会法》第6条第一款规定："维护职工合法权益是工会的基本职责"。但与美国教师工会不同的是，我国教师工会由于长期受到行政思维的限制与影响——学校工会往往被视为隶属于学校或者教育行政机构的一个工作部门，并没有真正拥有法律上所规定的维权主体地位，进而也就没有真正发挥维护教师权益的职能。这是我国公办、民办高校共同面临的一个问题。

教师申诉委员会是国外高校普遍设立的，处理高校教师申诉的专门性机构。在西方高等教育发达国家，教师申诉委员会在维护教师权益免受侵害，为教师提供有效权利救济方面发挥了重要的作用。反观我国高校，无论是公办高校还是民办高校都未建立起如西方国家高校一般的拥有独立性和权威性的教师申诉委员会，这与我国虽然在法律上明确了教师具有申诉权力，但并未明确教师申诉机构如何建立尤其是学校内部教师申诉机构具有哪些法律地位和权利有着密切的关系。

总之，民办高校校内权利救济机构的不健全或缺失是导致其教师权利救济水平偏低的一个重要原因。进一步加强民办高校内部教师权利救济机构的建设是提升其教师权益保障水平的重要基础与前提。

（二）学校外部的社会权利救济机构

除了学校内部权利救济机构这第一道保障之外，要想提升民办高校教师的权利救济水平，还需要从学校外部社会权利救济机构建设着手加强第二道保障。所谓学校外部的社会权利救济机构，是指在学校外部成立的教师联合组织，这一组织可以根据当事者双方的共同意愿，以中立的第三者身份介入，并促使双方自愿达成合意方案的救济机构。

美国大学教师联合会（American Association of University Professor，又称美国大学教授协会）即是比较具有代表性的针对大学教师的社会权利救济机构。美国大学教师联合会是美国大学教授自发组织的教师团体，通过民主选举产生主席，以成员捐款和收取的会费支持日常运作，其主要作用是保障教师的学术权利。[1] 100多年以来，美国大学教师联合会致力于保护专业教师和教职工权益，其主要工作包括维护学术自由、促进大学教师参与校园共同治理、合作进行学术研究等。从法律层面上讲，美国大学教师联合会并不具有处理教师申诉的职能，但却以独立的社会组织的身份，通过游说、学术研究等方式促进了大学教师职业安全相关保障制度的不断完善，如美国大学教师终身教职制度的确立；同时也为教师提供直接的法律援助和有关职业之初问题、入职后评估和检验问题、离职或续聘问题以及有关学术自由事宜的解决方案。[2] 日本教师工会也是一种拥

---

① 于文明：《中国公立高校多元利益主体的生成与协调研究：构建现代大学制度的新视角》，高等教育出版社2008年版，第149页。

② 吕尚兰：《美国大学教师联合会工作模式及其启示研究》，《现代教育科学》2016年第4期。

有独立自主权的非政府社团组织，它在争取、维护教师权益，推进教育民主化进程方面起到了积极的作用；其最突出的特征是除了维护教师的基本权益，帮助教师提高工资待遇，改善工作条件之外，还充当着教育改革的批判者甚至反对者的角色。①

相比较而言，我国目前是缺乏这种高校教师联盟组织的，这使得我国民办高校教师难以从社会角度获取职业发展支持与权利救济帮助。而国际教师组织发展实践证明，这种由高校教师组建的社会团体组织在维护学术自由、保障教师职业安全方面具有显著的作用。对于我国而言，这种高校教师联盟组织的建立还有助于解决我国司法部门难以解决学术性纠纷的问题。

二　进一步完善权利救济程序

除了要加强救济机构的建设之外，当前我国教师，尤其是民办学校教师的权利救济程序也有诸多需要完善的地方，建议先从以下两个方面着手进行改进。

（一）构建完整的权利救济程序

我国《教师法》虽明确教师具有向教育行政部门或同级人民政府或上一级人民政府有关部门提出申诉的权力，但并没有提及教师的校内申诉问题，这使得我国教师权利救济程序中是缺失校内申诉这一环节的。2003 年发布的《教育部关于加强依法治校工作的若干意见》中提出"建立校内教师申诉渠道，依法公正、公平解决教师与学校的争议，维护教师合法权益"，算是为学校内部建立教师申诉制度提供了政策依据，但仍因该条款太过粗浅而没有起到实质性的

① 吴学军：《信念与职能：日本教师工会对中国教育工会的启示》，《四川教育学院学报》2009 年第 9 期。

促进与支持作用。正如前文所分析的，目前我国无论是公办高校还是民办高校均普遍缺乏真正的校内权利救济机构，而相应的校内权利救济程序更是没有建立起来。这种校内权利救济程序的缺失或不完善状况无形中增加了教师申诉的成本。教师遇到的校内权利侵害事情主要有三类：其一是来自于学校领导层，对于民办高校而言则是来自于举办者或投资人，如不给教师办理"五险一金"；其二是来自于学校的管理部门或中层干部，如不合理的规章或执行模式对教师权利的侵害；其三则是来自于学生，如学生殴打、侮辱教师等。这三类权利侵害事件，除了第一类需要外力，即教育行政部门或其他政府部门的介入之外，其他两类侵害均可通过校内权利救济程序进行协商、解决。而校内权利救济程序的缺失或不完善使得教师要么就把事情闹得很大，使之将内部矛盾上升为外部矛盾；要么则选择息事宁人，"为了保全学校大局而舍弃自己的权益"。而为了保住自己的"饭碗"，高校教师，尤其是民办高校教师往往选择后者。因此从宏观上来看，更为科学、完整的教师权利救济程序应是先进行校内申诉，若对解决结果不满意则可向教育行政部门进行申诉，若对教育行政部门的处理结果仍不满意，则可向同级人民政府或上一级人民政府相关部门进行申诉。

（二）从细节着手完善教师申诉程序

我国高校教师申诉制度的程序大致可分为申诉提出、申诉受理和申诉处理三个环节。但是从人道原则、公正原则、效益原则和可操作性原则等角度进行反思，则会发现目前我国高校教师，尤其是民办高校教师申诉程序仍存在很多不尽人意的地方。教师申诉程序中的"人道原则"主要体现在是否以教师为本，平等地对待每一位教师，确保基本权利上的完全平等；是否尊重了教师的职业特征，维护其自由地进行学术研究，有助于其追求更高层次的发展，实现自我。① 公正原则主要体现在申诉受理机构及其成员是否保持了中立；申诉当事人双方是否平等参与，申诉受理机构是否平等对待申诉主体等。效率原则主要体现在申诉处理是否高效，程序的步骤是否紧凑、简化易行等方面。可操作性原则主要体现在是否有规范化、标准化、流程化的申诉工作规章；申诉受理机构是否有高素质的人员配备；是否有教师便于申诉的场所等。

与这四个原则相对照，我国民办高校教师的权利救济程序主要存在以下问题。首先，在我国公办、民办高校教师身份差异广泛存在的情况下，教育行政部门难以做到"一视同仁"，民办高校教师的一些基本权利，如培训权、带薪休假权、学术自由权等都很难通过权利救济途径得到保障，因此，"人道原则"在民办高校教师权利救济程序中并没有较明显的体现。其次，由于缺乏必要的"听证"环节和"信息公开"制度，公众包括当事人双方对于申诉受理机构及其人员是否保持了中立，是否平等对待申诉主体无从知晓，因此权利救济程序的公正原则也没有得到很好的体现，这很容易导致当事人之中弱势一方对权利救济公正性的质疑。第三，在效率和可操作性方面存在着权利救济主体不明确的问题。民办高校教师与学校之间的关系既受《劳动法》调解，又受《教育法》《教师法》约束，这使得民办高校教师与学校发生劳务纠纷时不知道是该向司法部门请求权利救济，还是该向教育行政部门申诉。另外，还存在着申诉受理部门不清晰、受理工作人员专业素质不高等问题。

总之，虽然我国教师申诉制度和相关的申诉程序已经确立起来了，但是仍需要在"人道"、"公正"、"效率"、"可操作"四大原则

---

① 张望：《高校教师申诉程序的合理性研究》，硕士学位论文，中南民族大学，2013年，第44页。

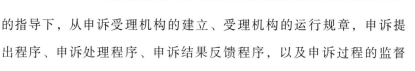

的指导下，从申诉受理机构的建立、受理机构的运行规章、申诉提出程序、申诉处理程序、申诉结果反馈程序，以及申诉过程的监督与公开机制等诸多细节入手，对民办高校教师的权利救济程序进行完善，以使其维权之路更加畅通！

三　加强权利救济法律保障水平

无论是权利救济机构的建立，还是权利救济程序的不断完善均需要系统、完善的法律法规做保障。事实上，目前我国民办高校教师权利救济水平偏低问题的存在及长期得不到解决，根源就在于相关法律法规不完善。因此，要想提升民办高校教师的权利救济水平，有效保障其合法权益，就必须加快相关法律法规的建设。结合当前权利救济过程中存在的主要问题，建议从以下几方面着手加强相关法律法规的建设。

（一）精确界定基本权利

我国在法律上对教师基本权利界定过于宽泛是当前阻碍教师权利救济水平提升的一个关键性问题。这一点在民办学校教师权利救济方面表现尤为突出。依据《民办教育促进法》，我国民办学校教师享有与公办学校教师同样的法律地位和权利，但这种同样的权利在实际执行过程中却往往是被"打折扣"的。如虽然《民办教育促进法》规定"民办学校教职工在业务培训、职务聘任、教龄和工龄计算、表彰奖励、社会活动等方面依法享有与公办学校教职工同等权利"，同时指出"民办学校应当对教师进行思想品德教育和业务培训；民办学校应当依法保障教职工的工资、福利待遇，并为教职工缴纳社会保险费"等。但现实情况是，民办学校教师在业务培训方面得到的政府和学校的支持非常少；在职称评聘、表彰奖励等方面也难以获得平等的对待；民办学校普遍是按照企业最低标准为教师缴纳社会保险，等等。面对这些现实中的种种不平等，民办学校教师却难以通过权利救济获得平等对待，因为现有法律并未对教师所享有的这些基本权利做更为精确的界定，如何谓"带薪休假"，"带薪是带全薪，还是半薪，还是基本工资"，对于这些我国法律法规都没有进行明确的界定，这就使得民办学校教师的"带薪休假"几乎等于"无薪休假"。因此，当务之急是要尽快完善我国有关教师基本权利的法律层面界定，尽力做到系统、全面、精确。这样不仅有利于教师权利救济水平的提升，更有利于进一步推进我国依法治教的进程。

（二）权利救济程序法制化

前文已经分析，目前我国教师权利救济程序方面还存在诸多问题，而导致这些问题产生的一个关键原因即是相关法律法规的不完善。换言之，我国目前还没有用法律法规的形式将教师权利救济程序确定下来，这使得无论是权利救济机构，还是申诉人都无法非常清楚、准确地了解何为正确的权利救济程序。如学校内部权利救济机构缺失或不健全情况的出现与我国在法律上没有明确学校内部教职工申述委员会的法律地位，没有明确校内教职工的申诉范围等有着密切关系。因此，将教师权利救济程序的完善工作推进法制化的轨道十分必要和重要。针对如何推进教师权利救济程序的法制化建设，笔者有如下建议：首先，应加快国家层面的教师申诉制度立法，为地方以及学校制定、完善教师申诉制度提供法律依据。其次，针对教师申诉问题制定专门法。教师职业具有特殊性，教师申诉中所涉及的问题与经济等其他领域内的问题很是不同，因此非常有必要制定专门的教师申诉法律法规，为教师维权提供更专业的指导与帮助。第三，有关教师权利救济程序的法律法规内容"宜细不宜粗"，对于民办学校教师的权利救济程序更应根据民办学校的具体特征进行有针对性的立法。总之，不断完善有关教师权利救济制度与程序的立法是提升教师权利救济水平的根本保障。

（三）构建有效的监督体系

教师权利救济的过程实质上也是当事人双方"综合实力"博弈的过程。所谓"综合实力"是指"纠纷解决过程中双方相互对立，为了追求利益的最大化，可能发动一切力量，采取一切可能的措施，动员包括武力、人脉、经济实力、智谋、法律知识等在内的所有力量。这些被调动起来的因素，可构成当事者的'综合实力'"。① 显然，这种综合实力会影响到最终的利益分配，使得综合实力强的一方获得比较满意的利益。因此，构建有效的教师权利救济监督体系就显得格外重要——完善的监督体系可以有效防止当事人"综合实力"对最终利益分配的影响，进而保障权利救济过程与结果的公正。关于这种监督体系可从以下两方面着手进行构建：一是加强独立于申诉受理机构的监察组织的建设，重点对申诉程序是否公正进行监督，而且要加强对听证、取证、决定等容易滋生腐败的环节的监督；二是建立科学的信息公开制度，以保证权利救济程序具有必要的透明度，为政府和公众加强监督提供条件，为当事人了解申诉处理的全过程提供支持。

---

① 周立文：《权利救济制度的基础理论研究》，硕士学位论文，北方工业大学，2007年，第9页。

第九章 关于我国民办高校内部制度改革的建议

民办高校内部管理制度的不完善亦是制约其教师身份重建的重要原因。因此，在不断推进民办高校外部制度改革的同时，民办高校内部制度改革也刻不容缓。从内外制度相互呼应的角度，依据我国民办高校的发展现状以及内部管理制度存在的主要问题，建议通过健全校内治理体系；全面提升董事长（校长）领导力；构建持续、多样的教师发展支持制度等方面入手，进一步加强民办高校现代大学制度建设，系统提升民办高校的内部管理与服务水平，优化民办高校教师职业发展的内部环境，促进其教师回归"高校教师"角色，依据高层次人才培养规律履行"教书育人"职责。

第一节　健全校内治理体系

我国大多数民办高校利用家族式管理模式的优势，在较短的时间内完成了必要的"原始积累"，实现了办学规模的极速扩张。然而，就在民办高校办学规模实现有效扩张的同时，民办高等教育也面临着许多由此而产生的矛盾与问题。其中最大的问题就是在这种家族式管理模式基础上演变、形成的企业化管理模式，造成民办高校内部治理机制与管理制度不健全，这使得学校内部决策缺乏民主性、教育教学规律得不到彰显、教师权益得不到应有的维护。因此，目前我国民办高校的首要任务应是创新内部管理制度，加强内部治理体系建设，探索一条以管理改革促进学校教育质量与办学效益提升、以制度创新维护学校内部各利益相关者基本权益的可持续发展之路。

一　健全校内治理体系的必要性与优势

（一）现代大学制度的内涵

世界高等教育的发展实践证明，现代大学制度与古典大学制度相比具有显著的优越性，无论是德国柏林大学的崛起，还是美国大学对德国大学的赶超均得益于现代大学制度的不断发展与完善。时至今日，现代大学制度已被各国大学奉为瑰宝，并相继构建。当然，现代大学制度也并不是一成不变的，它会随着社会、时代的变化而变化，这也是其具有强大的适应力和生命力的重要原因。当前，我国正处于由"高等教育大国"向"高等教育强国"迈进的重要阶段，构建起更为完善的现代大学制度是最重要的保障与助力之一。那么，究竟什么是"现代大学制度"呢？由于其形成具有漫长的历史过程，而且在不同的国家表现形式也有所不同，因此并不是很好界定。国内外学者对于现代大学制度的内涵界定也是十分多元的。笔者比较赞同潘懋元先生对现代大学制度范畴的界定，即"包括组织机构、决策机制、激励机制、资源配置机制、工作机制（包括科研、教学和社会服务的运作模式）和制度创新机制"。[①] 同时认为，

---

① 潘懋元：《走向社会中心的大学需要建设现代制度》，《国家教育行政学院学报》2001 年第 2 期。

别敦荣教授从历史角度、基于各国现代大学制度实践而对现代大学制度基本特征进行的归纳分析，可以帮助我们深入理解现代大学制度的建设方向，这些"基本特征"包括：第一，大学的法人地位有保障；第二，大学能够自主地发挥功能；第三，大学的多样性受到尊重；第四，师生关系是民主的。[①]

概而言之，所谓现代大学制度并不具有一个永恒的内涵，它本身就是随着时代的变迁而变化的。现代大学制度的建设覆盖了一所大学运行过程中所有的体制机制问题，其不断改革与完善的目标就在于保障大学的法人地位，保障大学的办学自主权与学术自由；落实民主精神。

（二）加强内部治理体系建设的必要性

民办高校作为高等教育的重要组成部分，其与公办高校一样承担着培育高层次人才的责任和促进高等教育不断发展与完善的历史使命。因此，加强建设现代大学制度不仅是公办高校的责任与需要，同样也是民办高校的责任与需要。而从现代大学制度内涵可以看到，它是由校外管理制度和校内管理制度两部分组成的。本章主要聚焦于民办高校校内管理制度的建设与完善问题，如民办高校内部管理中普遍存在的过度官僚化、违反教育教学规律、民主管理制度不健全等问题。目前，我国民办高校虽然在政府的引导与规范下，逐步搭建起了现代大学制度的基本框架。但这些制度仅仅是建立起来了而已，并未真正发挥作用。因此，现阶段民办高校现代大学制度建设的核心任务应是健全内部治理体系，使其在促进管理民主化、科学化方面真正发挥作用。

首先，健全内部治理体系有助于加快民办高校内部民主化管理

---

① 别敦荣：《现代大学制度的演变与特征》，《江苏高教》2017 年第 5 期。

发展进程。在现代大学制度建设进程中，无论是对高等教育内外部利益相关者关系的调节，还是大学内外部治理体制机制的改革，都以促进民主管理为基本指向。健全内部治理体系将有利于民办高校内部民主化管理的实现。如章程是高校内部治理的基本依据，民办高校推进章程建设，有助于明确学校内部各利益主体之间的权利与义务，使学校的管理行为与办学行为得到统一，实现学校内部治理的法治化。更为重要的是，章程的建立可以保障民办高校教师、学生、管理者、办学者参与学校事务决策的基本权利，推动多元主体共同参与管理机制的构建；同时，章程对学校管理过程中的信息公开、民主监督、利益主体合法权益维护等内容也有明确规定，这将为健全民办高校内部民主管理制度奠定重要基础。

其次，健全内部治理体系有助于提升民办高校内部管理的科学性。现代大学制度是高等教育发展规律的重要载体。现代大学制度的形成经历了漫长的发展历程，在这一进程中，现代大学制度几经革新，与高等教育发展规律日益契合，在促进高等教育发展方面起到了重要的作用。其构建的董事会领导下的校长负责制、教授治学、师生民主参与学校管理等高校内部治理体系，都是对大学"学术自由"、"自主办学"、"以人为本"等重要高等教育理念的体现，是这些理念的主要外显形态。我国民办高校只有在现代大学制度框架内不断完善内部治理体系，才有希望不断地提升按照高等教育基本规律办学的水平。目前，我国民办高校虽然也发布了学校章程、建立了董事会领导下的校长负责制、学术委员会制、教职工代表大会制等制度，但从实施的角度来看，大多仍处于形式化和表面化的阶段，这些制度并未真正地发挥作用。因此，进一步健全内部治理体系，提升科学化管理水平仍是民办高校内部制度改革的核心与重点。

（三）健全内部治理体系方面民办高校的优势

在我国现存的高等教育管理体制下，民办高校比公办高校在健全内部治理体系方面更具有优势。首先，民办高校受到的来自政府的束缚比较少，在公办高校还在竭尽全力地争取财政自主权、人事自主权的时候，民办高校天然地拥有了这些自主权。其次，与公办高校相比，民办高校拥有更灵活的办学体制，内部制度改革学校自己就可以说了算，如实行岗位管理制度、实行年薪制、实行聘任制、实行校院二级管理体制、制定更加符合市场需求的人才培养方案与人才培养制度等，只要民办高校想做就会比公办高校做得快、做得彻底。第三，具有更强的服务意识和市场意识。这是民办高校在市场的大浪淘沙中练就的本领，也是其健全内部治理体系的一个重要优势。我国民办高校长期在企业需求、学生、家长之间周旋，积累了大量的交往经验，若加以进一步的指导与支持，将比公办高校更快地构建起科学、有效的政府、企业、学生、教师、家长等利益相关者间的权利分配体制。正如别敦荣教授所言，"民办高校与公办高校相比，其最大的优势表现在有可能最先在制度方面实现现代化。探索现代大学制度，就是要使民办高校的制度化能够领先或优于公办高校，用现代大学制度来提升民办高校的办学实力与竞争力。这才是民办高校的出路。"[1]

当然，正如道格拉斯·诺斯（Douglass C. North）所言，制度的建立旨在约束追求主体福利或效用最大化利益的个人行为。民办高校若想发挥其在内部治理体系建设中的这种优势，还须在内部权利分配与权力制衡方面进行必要的完善，以消除民办高校内部存在的各主体之间的利益竞争行为得不到有效约束的问题，尤其是举办者

---

[1] 别敦荣：《民办高校转型发展的思考》，《大学》（学术版）2014 年第 2 期。

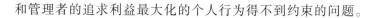

和管理者的追求利益最大化的个人行为得不到约束的问题。

二 当前健全校内治理体系的核心任务

（一）进一步完善董事会制度建设

董事会制度是我国现代大学制度的有机组成部分，同时也是我国民办高校内部事务决策与管理机构有效运行的重要保障。董事会制度的主要内容涵盖了信息披露管理制度、投资人关系管理制度、董事会议事规则、监事会议事规则等一系列与学校各项事务决策管理相关的制度安排。目前，我国民办高校已经普遍建立起了董事会（理事会）制度。一般情况下，民办高校的举办者或投资人担任董事长职务，有些学校的董事长也同时担任校长职务；董事会成员则由董事长、校长、政府人员、企业人士、教授等构成。因此从制度上看，民办高校已经确立了董事会制度。但是从现实运行情况来看，这种董事会制度仍处于虚设状态，这一问题在前文中已经进行了分析，此处不再赘述。深入分析目前我国民办高校董事会制度建设过程中存在的董事长权力过大、教师参与董事会的偏少、校长缺乏管理自主权等主要问题，归根结底是因民办高校内部相关主体权利分配失衡所导致的，因此建议从加强法律规范与指导，加强权力制衡与监督的角度重点解决"权利失衡"问题。

首先，完善有关董事会制度的法律法规。目前，我国民办高校董事会制度的相关法律法规很少、很单薄，具有不详细、不系统的显著缺陷，这是导致民办高校董事会制度建设"重形式轻落实"、建设不规范等问题产生的重要原因。因此，民办高校董事会制度的进一步完善需要以相关法律法规的进一步完善为前提条件。从目前的情况来看，我国应从法律层面上对董事长、董事的产生方式；董事长、董事资格；议事程序与规则等都进行较为详细、系统的规定，进而使民办高校董事会制度建设真正做到"有法可依"。

其次，政府加强对民办高校董事会制度建设的监督与监管。在民办高校董事会制度建设过程中，政府的相关监督、监管职责并不清晰、明确。这使得民办高校董事会建设缺乏必要的监管，一些法律法规得不到有效的执行。如某调查研究显示，在 106 所设有董事会的民办高校中，至少有 46 所学校的董事会中有 2 人或多人是家族成员，比例为 43.3%。[①] 这种状况显然是与 2012 年出台的《教育部关于鼓励和引导民间资金进入教育领域 促进民办高校健康发展的实施意见》中的"规范民办学校董事会（理事会）成员构成，限定学校举办者代表的比例，校长及学校关键管理岗位实行亲属回避制度"规定是相违背的。但是，为什么这样的违规行为得不到纠正呢，主要就是因为民办高校董事会建设处于"无人监管"的状况。

第三，完善学校内部监事会制度。监事会是与董事会相对应存在的学校内部治理机构，在协调民办高校内部权力运行与监督关系中发挥着重要作用。民办高校应强化监事会对董事会成员在权力行使过程中的监督作用，防止出现职权滥用的现象，损害学校教师、学生等其他利益相关者的合法权益。同时，监事会有权力和义务针对学校各项事务处理过程和结果，向相关人员进行质询，从而确保学校事务处理的公平、公正、公开。当然，没有权利救济就没有真正的权利，对于监事会成员必须配备相关的救济法律法规，使其避免因正常履行监管职责而遭受排挤、打压，甚至报复等权利侵害；并保障其在权利受到侵害时得到及时、有效的救济。

总之，把"权力放在笼子里"是完善我国民办高校董事会制度

---

① 王一涛、刘继安、王元：《我国民办高校董事会实际运行及优化路径研究》，《教育研究》2015 年第 10 期。

的第一步，也是最重要的一步。

（二）进一步完善教职工代表大会制度

教职工代表大会制度是现代大学制度的重要组成部分，是教师参与学校民办管理的制度保障。2010 年 7 月中共中央、国务院颁布的《国家中长期教育改革与发展规划纲要（2010—2010 年）》中明确指出，完善中国特色现代大学制度"要加强教职工代表大会建设，发挥群众团体的作用"。2012 年 1 月 1 日开始施行的中华人民共和国教育部令（第 32 号）《学校教职工代表大会规定》进一步明确了教职工代表大会的职权。依据这些"教职工代表大学的职权"，教职工代表大会主要拥有全面获得学校相关工作成果、工作状态与工作进展信息的权力；为学校文件制定和工作决策提供修改意见和建议的权力；评议学校领导干部的权力；监督学校相关部门的政策执行情况的权力。显然，完善民办高校教职工代表大会制度，保障教师群体的合法民主权利，将更加有利于提升教师的"主人翁"意识，调动其在教学科研活动中的积极性与创造性，同时也有助于学校内部管理制度民主化程度的提高。但在现实中，民办高校在教职工代表大会制度执行过程中存在着不少的问题，其中最突出的问题是教职工代表的职权没有得到真正的保障与落实。如很少有民办高校通过教职工代表大会征求教职工代表的意见和建议，甚至对于一些制度的制定和重大决策的出台都不通过召开教职工代表大会，征求教职工代表的意见和建议就直接实施了。"教职工代表大会"这种可有可无的状态严重打击了民办高校教师参与学校管理的积极性与主动性。

要进一步完善民办高校的教职工代表大会制度，一方面同样需要加强对民办高校内部权利分配的监管与监督，切实保障教师们的合法权益；另一方面则需要民办高校举办者转变思想观念，确立民主管理思想，认识到教师群体在学校管理与发展中的重要地位与作用，将激发教师们的内在工作积极性作为完善学校内部管理制度的最终目标，这样民办高校的教职工代表大会制度才有可能被落到实处。当然，民办高校还应严格把控教师代表的选举流程，提升教师代表的素养水平，使教师代表真正具有代表性，能够在事务决策过程中促进议题审议的效果与质量，防止学校教职工代表大会停留在权力表面。此外，民办高校应提升教职工代表大会各项选举决策活动的公平、公正、公开程度，强化教师代表在各项议事过程中的知情权、审议权、决定权及监督权，确保学校各项事务决策管理活动中的提议、抉择、执行、监督、反馈等各环节形成闭环回路，从而不断提升民主管理水平。

（三）建立、健全学术委员会制度

学术委员会制度作为现代大学制度建设的客观要求，充分体现了现代高等教育发展中的学术自由和教授治学的理念。从本质上讲，学术自由不仅仅是高校发展中的一种价值取向，更是一种维护高校教师教学与科研自主权的学术制度；教授治学则是旨在保障高校教师在学术事务管理、促进学术发展中的主体与主导地位。所以，学术委员会制度是高校教师在学术工作中实现民主权利的重要保障。目前，我国民办高校中建立学术委员会制度的并不多，即使建立了，也只是形式上的建立并没有真正地发挥作用。

依据2014年颁布的中华人民共和国教育部令第35号《高等学校学术委员会规程》的要求，"高等学校应当充分发挥学术委员会在学科建设、学术评价、学术发展和学风建设等事项上的重要作用，完善学术管理的体制、制度和规范，积极探索教授治学的有效途径，尊重并支持学术委员会独立行使职权，并为学术委员会正常开展工作提供必要的条件保障"。因此，对于民办高校而言，建立学术委员会，并使其在学科建设、学术评价、学术发展和学风建设等方面发挥重要作用，是其必须履行的职责和义务，并不是可做可不做的。

当然，对于如何发挥学术委员会的作用，保障教师在学术事务管理中的主体与主导地位，是需要民办高校进行系统谋划与精心设计的，并不能"一建了之"或在管理权力方面"一放了之"。就目前而言，民办高校应首先制定具体而详细的学术委员会成员选择标准、评选流程及任免程序等相关制度，以充分保障教师在学术事务管理中的主导权，避免学术管理行政化。此外，学术事务管理过程中同样需要有一套完备的信息公开与监督机制，以增加委员会工作的透明程度，避免出现权力滥用、近亲繁殖等学术管理问题。同时，民办高院校应重点发挥二级学院学术委员会在专业课程建设、科研规划制定、人才培养方案制定等学术事务方面的主体作用，切实提升专业教师在教育教学中的自主权。

第二节　全面提升董事长（校长）的领导力

"近代以降，大学校长与大学的关系日趋密切，一所著名的大学常常伴有一位或数位著名的大学校长。"① 哈佛大学之所以从一所默默无闻的教会大学跃升为著名的研究型大学，与其任期长达四十年之久的校长艾略特（Charles Eliot）的创新思想和实行的锐意改革密不可分。我们所熟悉的研究生院制、学分制、选修制等都是在艾略特执掌哈佛大学期间形成的。可见，高校若想通过内部制度改革实

---

① 贺国庆：《大学校长与大学发展》，《教育研究》2013 年第 3 期。

现办学质量质的飞跃，必须有一位具有宽阔视野、战略眼光，有魄力、有能力、善创新的领导力水平较高的"领头羊"，才有可能取得突破性的进展。而这一"领头羊"在我国公办高校是书记和校长，在民办高校则是董事长（校长）。目前，我国民办高校要想进一步提升办学质量，在社会地位与声誉方面实现质的飞跃，减弱民办高校教师与公办高校教师之间的身份差距，必须依靠内部制度改革，不断提升内部治理水平，这对其董事长（校长）的领导力提出了巨大的挑战。换言之，如果民办高校没有一个具有较强领导力的董事长（校长），那么我们对民办高校现代大学制度的建立以及内部治理体系的完善与作用发挥的期待很有可能是要落空的。

一 领导力的基本内涵

目前，学界对于什么是"领导力"并没有形成较为一致的认识。有的学者看重的是领导者本身所具有的能力与素质；有的学者看重的是领导者所带领的团队所具有的影响力；还有的学者认为领导力体现为领导者与被领导者之间的一种相互影响关系。笔者比较赞同李拓对领导力内涵的界定："第一，领导力是正向的影响力。这种正向的影响力是指那些代表社会发展趋势，符合多数人利益取向，能推动经济社会发展的积极的正面影响。第二，领导力体现为团队执行力。领导力最主要地体现为影响力，而这种影响力怎么扩散出去，单纯依靠领导者一人之力是十分有限的，必须依靠团队去扩大影响力。第三，领导力是一种双向影响力。领导力反映的是领导者与被领导者之间的相互作用关系。领导者不仅要指挥、影响个人、群众和组织；同时也要积极吸纳被领导者的意见与反馈，及时纠正错误的决策，因此两者是互为因果的关系。第四，领导力大小是以被领导者的能力来衡量的。领导力最主要体现为影响力，而影响力大小不以领导者个人能力来衡量，而是以被领导者所爆发出来的推动事业发展的力量来衡量。"[1] 根据领导力的这一内涵界定，结合我国民办高校的实际情况，民办高校董事长（校长）的领导力应主要体现在以下四个方面。

第一，具有科学发展观和开拓创新、锐意进取的精神，以形成正向影响力。对民办高校董事长（校长）而言，所谓科学发展观是指在全面了解我国高等教育发展趋势；深入把握高等教育发展规律；准确分析民办高校发展现状、存在的问题及改革优势的情况下，确立适合本校特点的发展理念与发展战略。"开拓创新、锐意进取"的精神主要体现在不盲目跟从公办高校的发展脚步、不盲目跟随市场变化、不盲目求大求全，基于高等教育发展规律和人才培养规律，勇于革除旧弊，形成本校自己的办学特色与管理特色。

第二，能够打造一支执行力强、有批判精神、敢担当的管理团队。董事长（校长）的影响力需要依靠其优秀的管理团队去扩散，去影响、改变具体的实践。这支管理团队应主要由校级领导和中层干部组成，具有执行力强，有思想、善思考、善反思，敢于承担责任等特点。从目前民办高校的内部管理现状来看，这一点非常重要。目前，我国大部分民办高校采用的是聘任公办高校退休校长、中层干部或教授担任管理职务的管理团队组建办法。这种办法一度在促进民办高校内部管理规范化、制度化方面起到了积极的作用，但随着民办高校进入内涵发展阶段，这样的一种管理团队的弊端日益显现出来，如这些退休校长、干部或教授，因年龄较大而在执行力、创新意识方面均显薄弱；这些来自公办高校的管理者带来的是公办高校管理思维，难以与民办高校的办学特点与需求相契合，而一些

---

① 李拓：《领导力内涵浅析》，《领导科学》2007 年第 17 期。

新的管理思想与管理理念又很难被他们所接受，等等。因此，对于我国民办高校董事长（校长）而言，如何组建一支与其办学理念相一致的优秀管理团队，是提升其领导力的关键。

第三，将教师看作共同发展事业的伙伴，致力于营造一种民主交流的氛围，构建教师共同参与学校管理的体制机制。这样才能促进领导者与被领导者之间良性的相互作用关系的形成。只是单方面的学校董事长（校长）理念或意图的推广，很难得到教师的理解与支持，事实上也是很难落实下去的——这是当前我国民办高校管理中正面临的一大难题，即表面看好像教师对于董事长（校长）或管理者所出台的政策和制度没有什么意见，但在具体执行的过程中就会出现很多"上有政策，下有对策"的做法，而这又进一步加深了董事长（校长）与管理者对教师的不信任，继续采用强压、约束性的管理措施，如此反复，被管理者与管理者之间往往形成的是一种冲突、对立的紧张关系。另外，若教师的意见不能有效反馈到董事长（校长）那里或管理层中，则董事长（校长）及其管理团队也很难找到学校管理与发展中面临的真问题，进而难以形成科学的决策。总之，依据我国民办高校内部管理现状，董事长（校长）及其管理团队能否与教师间建立起顺畅的沟通机制，形成相互信任的关系已成为制约民办高校内部管理水平能否提升的一个关键因素。

第四，能有效激发被领导者的做事积极性与主动性。相对于董事长（校长），被领导者主要包含三个群体：一是学校的管理人员；二是教师；三是学生。董事长（校长）领导力的高低主要体现在是否激发了学校管理人员的做事积极性与主动性；是否激发了教师的育人积极性与主动性；是否激发了学生的学习积极性与主动性。这一点实际上和第三点密切相关，即要求董事长（校长）要把管理者、师生看作共同的事业发展伙伴，只有将他们的做事积极性激活了，民办高校的内在发展动力与活力才能被有效激活。然而，要想激活这三个积极性并非易事，需要董事长（校长）潜心研究、仔细思考管理者、教师、学生三个主体的内在发展动力机制，将这种动力机制作为完善学校管理制度的重要依据，并将他们的发展追求与学校的发展战略有机结合。

二　提升领导力的基本策略

民办高校董事长（校长）的领导力水平提升是一个系统工程，而且必须依据民办高校董事长（校长）的群体特征，制定有针对性的提升策略与计划。显然，与公办高校校长相比，民办高校董事长（校长）更具有创新创业精神，而且具有更为灵敏的市场观察力，这些是他们所具有的优势。但同时，与公办高校校长相比，他们也存在特有的问题。通过对 64 位民办高校董事长（校长）[①] 进行分析发现，目前民办高校董事长（校长）群体存在着年龄偏大（平均年龄为 57.9 岁）；学历普遍偏低（只有 35.2% 的董事长或校长拥有博士学历）、高等教育教学与科研经验不足（只有 33.9% 的董事长或校长在办学前在大学里任过职，而且还有相当一部分是在党团岗位上）等问题。因此，无论是教育行政部门，还是民办高校举办者均需要针对这些问题设计相应的改进策略。

首先，重点加强"接班人"领导力的培养。目前我国第一代（在 20 世纪 80 年代末到 90 年代初创办学校的）民办高校创办者大多数都已经进入退休年龄段，这就使他们面临着一个很严重的问题，

---

① 笔者对位于民办大学排行榜前 100 名（艾瑞深中国校友会网 2016 年的中国民办大学排行榜）的学校董事长（校长）群体进行了分析——这些学校目前代表着我国民办高校的最高水平，其董事长（校长）群体特征也很具有代表性。本次数据收集实际有效样本为 64 份。

即接班人问题。现在很多民办高校举办者是让家族子女来继承学校管理权，担任董事长接班人的，但这一代的接班人是否还有上一代创业者的那一份教育热忱，是否还拥有长辈们的吃苦奋斗精神，是否真正了解什么是高等教育，这些都是值得质疑的。民办高校出现的这些年轻的"掌舵者"是不能被忽视的，提升他们的领导力已是刻不容缓的事情。针对那些还没有涉及接班人问题的民办高校，同样需要考虑接班人的培养问题，尤其是其领导力的培养问题。当然，民办高校"接班人"培养问题不仅仅是民办高校自己的事情，政府也要负起相应的扶持、督促职责，如政府可为民办高校"接班人"培养提供多元化的成长机会或通道，协助论证民办高校接班人培养的规划与措施的科学性，密切关注"接班人"的成长状况等。这样才能有效保障民办高等教育的可持续发展。

其次，加强高等教育理论的学习。无论是对老一辈的民办高校创办人，还是新一代的民办高校接班人，其"领导力"的提升都需要依靠不断地学习高等教育理论来实现，换言之，高等教育理论是民办高校领导者提升"领导力"的重要认知基础。显而易见，学习高等教育理论最主要的意义在于使民办高校领导者更系统、深入地把握高等教育发展与管理规律，以遵循基本的教育规律制定相应的管理政策与制度，提升内部管理水平。但实际上，深入系统地学习高等教育理论还有一种隐性但又非常重要的意义，即改变民办高校领导者的价值观，构建高校领导者角色——让民办高校领导者更多地将自己看作是一所"大学或高校"的领导，而非企业的领导。这样，民办高校领导者才更容易与师生在"育人"方面产生共鸣，达成共识；也才能在确立共同的教育理想追求的基础上，激发师生的内在发展动力。所谓"领导者"的感召力与影响力无不是建立在领导者与被领导者拥有共同的价值追求基础之上的。

第三，倾力打造一支团结协作、执行力强、有思想、敢作为、敢担当的管理团队。正如前文所言，构建一支优秀的管理团队是高校领导者扩展影响力的最重要途径。高校领导者的办学理念能否转化为现实，关键在于有没有一支能落实的管理团队。对于如何建设一支优秀的管理团队，笔者通过对多所民办高校和公办高校中层干部队伍建设实践进行观察与分析，认为以下几个方面十分重要：一要选好人。对于管理团队的建设而言，"选好人"能够起到事半功倍的效果。但现实中也确实存在着"一将难求"的境况，尤其是民办高校。针对民办高校的实际情况，建议应更多地运用"内部培养"的方式建设中层干部队伍，一方面可以防止"外来的和尚好念经"造成的打压内部管理人员积极性的情况，另一方面也更容易达成共识。二要扩展中层干部队伍的视野、深化其高等教育理论基础。中层干部只有在与领导者思想认识、视野范围保持一致的情况下，才能够更好地领会领导者的理念，并将之转化为管理实践。三要"用做事锻炼队伍"，创新制度环境，鼓励中层干部（尤其是二级学院院长）大胆创新、锐意进取，这样才能使其在具体做事中快速成长起来，成为独当一面的领军人物。

第四，建立顺畅的"上下沟通"机制。要想激发学校教师的内在工作积极性，民办高校领导者还必须要广开言路，加强与教师的沟通与交流。实践已经证明，让教师"闭上嘴"并不是一种对学校发展有利的管理方式——其结果只能导致教师对工作的"敷衍塞责"和对学校的"逃离"。对于建立顺畅的"上下沟通"机制，最为关键地还是要营造一种民主管理的氛围，为教师参与学校管理提供多元化的机会和制度保障，如进一步完善教职工代表大会制度和学术委员会制度；设立定期的校长"邀请日"，由教师自主报名与校长共进午餐，共商学校发展之事；建立常规性的问题反映与反馈机制，让教师在日常工作中遇到的困难与问题能够得到及时的解决，等等。总而言之，高校领导者必须想方设法建立起与教师进行沟通交流的多样化的渠道，让教师感觉到他们是受尊重、受重视的，同时对于教师提出的好的改革建议应予以奖励，以激发他们更加积极、主动地思考学校的发展问题，塑造主人翁精神。

三 一个"领导力提升"的成功案例

西安欧亚学院创办于 1995 年，坐落在魅力古都西安，是在"西安涉外人才培训学校"基础上一步步发展起来的。经过二十多年的奋斗，目前该校已经成为一所经国家教育部批准，以管理、经济为主，艺术、文学、教育、工学等协调发展的国际化应用型普通本科高校，并获得了较高的社会认可度和社会声誉。而反观欧亚学院这二十多年来的发展和取得的卓越成绩，与其创办人胡建波先生的"领导力"不断提升有着密切的关系。

胡建波先生于 1997 年 7 月投资欧亚学院，并出任学校理事长、院长、法定代表人至今。在胡校长管理欧亚学院的这二十多年里，欧亚学院成功地从一所培训学校转型为实施本科学历教育的大学，并从一所关注以教学为核心的教育活动本身的学校成功转型为一所系统关注师生发展与成长需求的学校——无论是优雅、宁静而又充满人文气息的校园环境，别出心裁的国际化师资培训模式，充满生机与活力的学生社团，还是以"校长出钱、学生竞标"模式举办的由学生团队一手操办的大学运动会、迎新晚会，都让人深刻地感受到这是一所真正以"师生的发展与成长需求"为办学与发展根本依据的学校。虽然，欧亚学院仍有很多方面还需要进行不断地发展与完善，但笔者相信欧亚学院一定会进一步实现其"办学以教师为本，教学以学生为本"的理念，并取得更加令人瞩目的成绩。这种相信并非是盲目的，而是源自胡校长高水平的"领导力"。

近距离接触胡校长的管理团队（包括校级干部和中层干部），你会发现他们有一些共同的特征。第一，很年轻，校级干部平均年龄为41岁，中层干部平均年龄为38岁。第二，很有活力，这种活力主要表现在善于思考、善于批判、善于行动等几个方面。第三，有事业心，这突出地表现在他们做工作的积极性与主动性方面，同时也体现在他们所拥有的"辛苦并快乐着"的心态上——几次与欧亚学院中层干部的交谈，都让我深刻地感受到他们对工作的热忱。第四，较强的影响力，这突出地表现为他们能够较快地理解、接受胡校长的创新性思想与先进的办学理念，并将它们迅速地向师生甚至其他学校扩散，有些校级领导和中层干部甚至已经成为胡校长办学理念的宣讲人。第五，擅合作、敢担当，这突出地体现在校级职能部门领导与二级学院领导之间形成的协作与合作关系，以及二级学院实行预算制两个方面。其中"二级学院预算制"是一种下放自主权的制度，即二级学院领导依据工作现实与未来发展需求申请预算，并为所有工作担责。总之，胡校长拥有一支具有较强执行力与影响力的管理团队，这样的管理团队是其高水平"领导力"的重要构成，也是重要体现。

当然，虽然胡校长是一位很善于思考和创新的领导者，但其高水平的领导力也不是办学初始就具有的，而是经历了一个不断提升的过程。在与胡校长交谈过程中，笔者了解到，以下几个方面对其领导力的提升起到了关键作用。

其一，不断学习高等教育思想与管理理论。胡校长是一位很乐于学习的人，在接手欧亚学院不久，就到日本、美国等私立大学考察、学习；2004年攻读了中欧国际工商学院的 EMBA，学习了西方先进的管理理念；2014年又考入厦门大学攻读教育学博士，系统、深入地学习了高等教育理论。这样的学习经历扩展了胡校长的视野，提升了其高等教育理论素养，为其深刻理解"以人为本"的办学理念与育人理念奠定了重要的基础。也促成了欧亚学院与美国、中国台湾地区、法国等境外高校之间战略合作关系的建立——欧亚学院数字化校园建设是由台湾某大学团队设计、构建的；而欧亚学院的第一支教师培训团队来自美国杜肯大学。

其二，具有战略意识，并重视战略规划的制定。胡校长很有战略意识，学校发展也是在战略布局的基础上，分阶段、分步骤稳步推进的。打开欧亚学院的网站首页，你很容易就可以看到学校的"和而不同"的办学理念，以及学校的使命、愿景与核心价值观。欧亚学院的校史馆更是让这些理念深入人心，转化为欧亚人共同的理念与价值取向。胡校长很重视战略规划的制定，2006 年，聘请美国院校研究会会员、华中科技大学赵炬明教授梳理欧亚学院战略规划，确立了以学生发展为中心的战略原则；2007 年，花费 100 余万元聘请专业咨询公司梳理了欧亚学院使命、愿景和核心价值观。这样的行为即使在公办高校也是十分罕见的。现在看来，这种战略规划意识对欧亚学院的发展起到了非常重要的作用。欧亚学院就是在胡校长领头制定的既接地气，又有教育理想的战略规划指引下，一步一步地发展成了当前国内知名的民办高校。

其三，"光我自己懂不行，需要让我的管理团队都懂"。胡校长从中欧学习回来后，很想把学习到的先进的理念与做法应用到欧亚学校的办学当中，但当他与学校的校级干部、中层干部讲这些先进的理念与做法时，尴尬的事情发生了——这些没有学习过，也没有体验过胡校长所说的先进理念与做法的管理干部完全听不懂他在讲什么。后来据一位管理干部回忆，当时听胡校长讲他在中欧的见闻和那些理念，就好像听天书一样，所以大多数人也就听听算了。于是，胡校长意识到光他自己理解了这些先进的理念和做法是不行的，只有让所有的学校管理者都接受了这些先进的理念和做法才能够真正落实下去。由此，胡校长不惜花费重金，先后将校级领导和中层干部送到台湾朝阳科技大学、淡江大学、铭传大学、新加坡南洋理工学院、德国曼海姆经济管理学院、卡尔斯鲁厄国际学院、英国华威大学、卡迪夫城市大学等学校进行长期和短期的学习，这一举措扩展了其管理团队成员的视野，提升了他们的认识，为造就如今这样一支高水平的管理团队起到了至关重要的作用。

其四，"练队伍、建制度"才是最好的"接班方式"。目前胡校长正值壮年，还不需要考虑接班人的问题。但是从欧亚学院的建设与管理中，一种用"练队伍、建制度"的方式来解决"接班问题"的思路却十分清晰。在二十多年的办学过程中，胡校长深刻认识到建设一支强有力的管理团队，制定科学、可持续的规章制度才能使欧亚学院真正拥有可持续发展的能力，不会因为某个人或某些人的离开而失去发展动力，改变发展轨迹。因此，在"练队伍"方面，胡校长可谓是不遗余力，而在制度建设方面也是马不停蹄，如全面预算管理制度、产学研运行制度；中层干部轮岗制度、公开竞聘制度、教师绩效管理制度、教师发展与培训制度等制度建设工作均取得了显著的成效，欧亚学院日益步入依靠制度运行的发展阶段。一个现象很能说明欧亚学院制度化建设的这种成效——胡校长近些年都是一年当中有半年是待在国外的，但欧亚学院的发展步伐并没有因此而放缓，也未出现任何不良的运行问题。

第三节　系统建设教师发展支持制度

教师发展支持制度是现代大学制度的重要组成部分，而且教师发展支持水平的高低直接影响着民办高校教师对学校的归属感水平。"民办高校教师生存状态调查"数据显示，"教师的外出学习、培训或交流是否得到学校的资助"在教师组织归属感水平上存在显著差异："学校不资助"的教师组织归属感水平低于"学校部分资助"和"全部由学校资助"的教师，同时，"全部由学校资助"的教师组织归属感水平明显高于"部分资助"的教师。因此，民办高校加大对教师发展的支持力度不仅是现代大学制度进一步完善的重要体现，更是增强教师归属感，激发其工作内在积极性与主动性的一个有效途径。对于教师发展的支持，民办高校除了要增加相应的经费投入之外，更应进行系统的设计，以全面改变教师的职业发展生态。

一　构建持续、稳定的支持环境

构建持续、稳定的支持环境需要从校园文化和制度两个方面着手，校园文化具有构建高校教师精神世界的力量；而制度一方面是大学文化的载体，另一方面也是教师行为的指南。无论是校园文化还是制度都具有稳定性、长期性的特征，可对高校教师形成持久、稳定的影响。针对我国目前民办高校教师发展环境存在的主要问题，建议首先从加强大学教学文化建设、加强教师发展中心建设和建立多元化、持续的职业发展经费支持制度着手，逐步完善民办高校内部的教师发展环境。

（一）加强大学教学文化建设

与其他群体相比，高校教师是一个更看重精神追求的群体。在经济领域，薪酬是激发员工工作积极性的最重要因素，但对于高校教师而言，薪酬水平虽然也起到一定的激励作用，但精神发展的满足，个人价值的实现是更为有效的激励因素。"民办高校教师生存状态调查"的数据分析显示，教师薪资与教师组织归属感之间存在微弱的显著因果关系，但当教师身份认同进入回归方程后，教师组织归属感水平得到显著提升。可见，除了保障民办高校教师的收入水平不低于或高于公办高校之外，更需要进一步加强民办高校教师的身份认同，才能真正有效地提升其归属感水平，进而使其更好地履行"教书育人"职责。而在加强教师身份认同方面，除了系统加强校园育人文化建设之外，最主要的是要加强"大学教学文化"建设。

所谓"大学教学文化"，是指在大学中教师与学生拥有共同的教与学的愿景，是师生在长期的教学过程中产生的集体价值取向，以及在师师之间、师生之间、生生之间产生的一种相互作用的环境氛围，并逐步成为师生的自觉行为，这种自觉行为与集体价值取向就是大学教学文化的表现形式。[1] 大学教学文化具有塑造教师的教学观、学生观、教育观的功能，任何一位教师进入大学后，都将成为大学教学文化的携带者和传播者。[2] 因此，民办高校通过建设良好的、具有自身特色的教学文化，将更有助于引导教师认同自己的"高校教师身份"，同时也有助于引导教师对教学理念、教学方法、人才培养目标、人才培养模式等进行积极的反思。更为重要的是，民办高校对教学文化建设的重视将有助于削弱"非公办"的组织属

---

[1] 贺祖斌、王茹：《大学教学文化与教师发展生态》，《高等教育研究》2015 年第 1 期。

[2] 别敦荣、李家新、韦莉娜：《大学教学文化：概念、模式与创新》，《高等教育研究》2015 年第 1 期。

性与功利性办学思想对教师"身份认同"的影响——教学文化的构建可以使教师更密切关注自身的"育人职责",而且时时感受到学校对"育人"、"学生成长"的关注,进而减弱"民办高校只关注效益,自己仅仅是知识的贩售者"的认知与体验。

（二）加强教师发展中心建设力度

教师发展中心建设的重要性与必要性已不需要多加论述。我国民办高校目前对于教师发展中心的建设仍没有给予足够的重视,主要与办学经费有限,领导者的"重使用、轻培养"的教师观以及较高的教师离职率有着密切的关系。但从长远来看,通过加强教师发展中心建设进而加强对教师的培养无疑是民办高校具有可持续发展动力的一个重要保障。我国政府应大力支持、协助、监督民办高校加强教师发展中心建设,民办高校自身也应真正地重视起这项工作。对于如何加强教师发展中心建设,笔者有如下建议。

第一,将教师发展中心设立为独立的校级机构。作为独立的校级机构,教师发展中心可以拥有与其他部门平等合作的地位与基础;可以进行独立的工作预算,做到"专款专用";可以扩展工作人员队伍,以有足够的人力开展多元化的培训活动;以及其他更多的自主权。换言之,要想加强教师发展中心的建设,首先就要给予其较高的组织地位。

第二,建立教师发展基金,加大资金投入。加大资金投入是教师发展中心建设的重要物质基础。但依据民办高校办学资金短缺的现状,要想让其大幅度地增加对教师发展中心的投入恐怕是有困难的。为此建议成立"教师发展基金"——可由政府组建,也可由民办高校自行组建,基金的经费主要来源于政府、企业、学校,这就构建了一种"三方融资"的资金投入模式。这种模式既有利于保障教师发展中心资金投入的持续增长,又有助于减轻民办高校的资金负担。当然，要想让这种"教师发展基金"顺畅、有效地运行下去还需要一系列相关制度的保障。

第三，组建专业化的工作团队。所谓专业化的工作团队是指工作团队的成员必须由具有深厚的教育学、心理学知识，并有着较高学术研究水平的高层次人才构成。要求具有深厚的教育学和心理学知识，是为了保障教师发展中心的培训活动更加符合高校教师的职业特点，同时能够更好地满足教师的发展需求。要求具有较高的学术研究水平，是为了保障教师发展中心的任何培训方案都是经过严格论证形成的，并不是拍脑袋拍出来的，这就需要培训方案制定者掌握并能够熟练运用相关的研究方法。

（三）建立多元化、持续的经费支持制度

除了通过不断完善教师发展中心，为教师提供稳定、持续的培训服务之外，民办高校还应进一步完善针对教师个人进修计划提供的经费支持制度。这是学校对教师个人发展支持态度的一个重要体现。这些经费支持制度可以向教师们传达"学校很尊重教师，更重视教师的个人发展"的讯息，从而让教师明显地感受到其职业发展的助力是十分强大的，只要教师个人想发展，就一定会得到支持与鼓励。这样的一种对教师个人发展进行大力支持的态度的表达，可以有效地提升教师对学校的亲近感与信任感，同时也会大大增加教师的职业发展信心。针对民办高校教师队伍的特点，建议重点加强以下几方面的经费支持。

第一，加强对教师外出参加学术会议和相关培训的支持。目前，民办高校基本上不给教师外出参加学术会议和相关培训以经费支持，即使给予经费支持也是部分的支持。这使得本来收入就偏少的民办高校教师极少出现在各类学术会议上，逐渐成为学术边缘群体。虽然，民办高校教师大多数是硕士、本科学历，在学术研究方面的修炼尚浅，但通过参加学术会议和相关培训，他们可以更便捷地了解到学术前沿，并与专家们近距离地接触、交流，这对于提升其学术素养无疑是非常有利的。因此，民办高校不仅不能忽视，反而应积极鼓励、并全额资助教师外出参加学术交流活动，这是提升其教师专业素养的一个有效途径。

第二，加强对教师国内外访学，尤其是国外访学的支持。正如前文所言，一个学校领导者"领导力"的提升最主要是体现在激发了被领导者的做事积极性与主动性。而要想让教师具有教育教学的积极性与主动性，并创造性地开展"育人"工作，就必须使其拥有宽阔的视野和广博的见识。显然，国内外访学是扩展高校教师视野，增长教师见识的有效途径。在我国努力创建高水平民办大学的时代背景下，通过国内外访学提升教师的素质与素养，对于民办高校来说是一个一举两得的事情——既得了教师之心，又提升了整体教师队伍的素质水平，为建设高水平民办大学奠定重要基础。

第三，加强对教师学历提升的支持。针对教师学历普遍偏低的问题，我国民办高校，尤其是民办本科院校应更加重视对教师学历提升的支持。学历提升不管是对教师个人发展而言，还是对民办学校发展而言都是一个"质"的飞跃。若我国民办本科院校仅仅满足于由硕士学历教师和本科学历教师构成的师资队伍，是很难建成高水平民办大学的。对于教师学历提升，民办高校应结合自身特点，制定更优于公办高校的支持方案，以吸引教师在完成更高层次的学历教育之后返回学校继续工作，而不是离开。具体可采取以下措施：①在教师接受学历教育的过程中给予全额学费的资助，并减轻其工作负担，保障其工资水平不低于"外出读书"之前的水平；②给成功获得学历、学位证书的教师提升工资水平或给予一定的资金奖励，这种优厚的支持方案不仅有助于留住人才、笼络人心；而且细算下

来，资助自有教师进行学历进修，比以年薪十几万甚至几十万的价格引进博士学历人才要节省得多。

二 重点加强学术发展支持制度建设

尽管国家在《民办教育促进法》中明确指出"民办高校教师同公办高校教师享有同等的法律地位"，但在现实中，由于民办高校教师学历普遍偏低、学术水平也远远落后于公办高校教师，因此在评奖评优、课题申报、职称评审等方面长期处于劣势。这些都让民办高校教师产生"低人一等"的感受。因此，除了要尽早、尽快地提升教师的学历层次之外，加强对教师学术发展的支持也是帮助教师突破身份困境的必要手段。

（一）需正确认识几组关系

要加强对民办高校教师学术发展的支持，民办高校管理者必须首先正确认识教学与科研、基础研究与应用研究、专业研究与教学研究之间的关系。这样才有助于其制定出更为科学的教师学术发展支持制度。

1. 教学与科研之间的关系。长期以来，虽然人们普遍认同大学教学与科研之间是相辅相成的关系，但在具体实践中却又深刻感受到两者间存在着较为严重的冲突，即教学工作量过大会影响科研工作质量，而科研工作量过大也会影响教学质量。深究产生这种冲突的原因：一方面是由教师的时间与精力在教学与科研上的分配不当引起的；另一方面则是由大学的教学与科学工作几乎是处于两条平行线上，各自独立运行，且均需要教师投入大量的精力与时间造成的。因此，民办高校管理者应该认识到，教学与科研之间并不存在实质性的冲突与矛盾，促进教师合理的配置时间，并将教学、科研有机地融合在一起应成为其制定相关支持制度的重要依据。

2. 基础研究与应用研究之间的关系。基础研究是应用研究的基础，应用研究是基础研究的延伸。根据民办高校的应用型人才培养定位，人们可能普遍比较赞同民办高校教师开展应用研究。那么，民办高校教师可不可以、应不应该开展基础研究呢？这是在制定相关政策与制度的时候需要明确的。首先，依据"学术自由"原则，民办高校教师从事什么类型的研究是不应该被限制的，但是可以进行有重点的引导，完全禁止教师开展基础研究是行不通的，也是不符合学术发展规律的。其次，民办高校教师开展基础研究对其学术素养水平的提升是有帮助的，同时基础研究可以为其应用研究提供坚实的创新基础，所以长远来看，放弃掉基础研究，对于民办高校而言是"得不偿失"的。第三，从学生培养的角度来看，基础研究在帮助学生更深入地把握事物的发展规律，理解事物的本质方面具有明显的优势。因此，民办高校管理者应站在可持续发展的战略高度上来认识基础研究与应用研究，为基础研究和应用研究的发展均提供充足的空间。

3. 专业研究与教学研究之间的关系。美国卡内基教学促进会前主席欧内斯特·博耶（Ernest L. Boyer）曾在其《学术的反思》一书中论述了学术的新范式，即学术应该是涵盖了教学的学术、应用的学术、探究的学术和整合的学术四个方面。所谓"教学的学术"，是对大学教书育人功能的反映，强调教师通过在教学活动中将知识技能传递给学生的同时，教师自身的教学技能与专业素养也得到了提升。换言之，教师通过"教学的学术"不仅可以将自己拥有的知识更有效地传递给学生，同时还在知识传递过程中产生了有关教育教学的新知识。应用的学术、探究的学术和整合的学术都是研究者基于某一或某些专业开展的学术研究活动，可统称为专

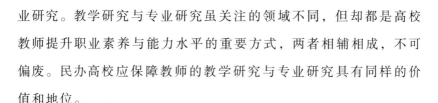

业研究。教学研究与专业研究虽关注的领域不同，但却都是高校教师提升职业素养与能力水平的重要方式，两者相辅相成，不可偏废。民办高校应保障教师的教学研究与专业研究具有同样的价值和地位。

（二）加强学术发展支持的几种基本方式

根据民办高校教师的工作现状与学术发展面临的主要阻碍，同时考虑对以上几种关系的处理，建议从减轻教师教学工作负担、建立带薪休学术假期制度、大力支持科研团队发展等几个方面入手加强对教师学术发展的支持。

1. 减轻教师的教学工作负担。当前，民办高校教师的教学任务过多，工作量过大是阻碍其学术发展的一个重要原因。因此，将教师从繁重的教学工作中解放出来是促进其学术发展的第一步。当然，减轻教师的教学工作负担并不是一个一蹴而就的事情，需要各方面的制度改革来共同促进，如需要改变民办高校教师的"基本工资＋课时费"的薪酬模式，减弱或消除教学工作量对教师薪酬水平的影响；需要改变民办高校教师的工作考核模式，将学术研究工作纳入考核内容，降低教学工作的占比，提升科研工作的占比；需要充分运用兼职教师制度，进一步扩大师资队伍规模，以有效降低人均教学工作量，等等。总之，减轻教师的教学工作负担需要系统的设计与推进，但最重要的是需要民办高校举办者具有改变的决心和改革的魄力。

2. 建立带薪休学术假期制度。带薪休学术假期制度是西方高等教育发达国家普遍实行的一种学术发展制度，它有效地促进了高校教师学术水平的提升。但这一制度在我国高校中至今仍未得以广泛建立，只有个别大学实施了。我国民办高校更是缺乏这种带薪休学术假期的制度，甚至很多民办高校教师都难以带薪休寒暑假，这样就很难保障和激励教师的学术发展。民办高校办学体制机制灵活，在推行带薪休学术假期制度方面有更多的优势，而且只要精心设计也不会对学校的教学工作造成较大的冲击与影响。若民办高校先于公办高校建立带薪休学术假期的制度，那么不仅是对其教师开展学术研究的一种激励，同时也会增强民办高校对致力于学术研究的高层次人才的吸引力。

3. 大力支持科研团队发展。促进科研团队的发展不仅有利于促进民办高校教师学术水平的提升，而且还有利于提升其组织归属感水平。"民办高校教师生存状态调查"数据分析显示，"参加科研团队"的民办高校教师的归属感水平显著高于"不参加科研团队"的教师，具体见表9-1。而要想激发科研团队的生长活力，必须改变当前的这种以个人成果为基础的评价与激励制度，构建以团队为基础的科研评价与激励制度。具体可从三方面着手：第一，建立独立的"团队负责人"考核体系，以团队建设水平为主要考核内容，引导团队负责人将工作重点放在团队建设上，而不是个人科研成果的积累上。第二，建立"二级学院＋团队"的联合考评模式，即教师的科研工作由其所在科研团队进行考核，所在二级学院只负责教师的教学和其他工作事项考评以及团队负责人的考评。以激发教师实质性参与科研团队工作的积极性与主动性。第三，设立科研团队发展基金，建立"团队"奖励制度，即科研奖励以团队成果为主要依据，直接奖励给团队，再由团队负责人根据贡献大小将奖励分配给个人。以"申请制"而不是以"任务制"实施奖励，并重奖创新性成果，以引导团队潜心研究，致力于出重大创新性成果。

表 9 – 1 教师组织归属感的教师参加科研团队 *t* 检验结果

	没有参加 (*n* = 814)	参加 (*n* = 635)	*t*
情感忠诚维度	19.39 ± 4.02	20.43 ± 3.66	– 5.122 ***
学校认同维度	15.63 ± 3.34	16.40 ± 3.10	– 4.485 ***
努力认同维度	16.73 ± 2.81	17.30 ± 2.52	– 4.027 ***
道德规范维度	11.55 ± 3.03	11.97 ± 2.47	– 2.890 **
教师组织 归属感总分	63.30 ± 11.91	66.10 ± 10.77	– 4.627 ***

注: $^+ p < 0.10$; $* p < 0.05$; $** p < 0.01$; $*** p < 0.001$。

三 保障教师多元化的职业发展路径

对高校教师职业发展的支持也需要奉行"以人为本"的原则，而要做到"以人为本"首先需要做到的就是尊重教师的个性化发展，并为其个性化发展创造空间、提供相应的制度支持。高校教师的个性化发展主要体现在以下几个方面：第一，教师的教学风格各异。只要不违反师德、又被学生所接受、喜欢，那么教师的不同教学风格就应该受到同样的尊重，学校应从制度上允许、支持教师以自己的教学风格来安排教学活动。第二，教师所喜欢或擅长的研究领域不同。正如前文所言，学术研究可以分为教学的学术、应用的学术、探究的学术和整合的学术四种类型。无论教师从事哪种类型的学术研究都应得到尊重，所获得的成果也应具有同样的价值与地位，这一点在学术发展支持制度中已有所论述。在这里强调的是学校在制定类似于职称评审、岗位考核等对教师职业生涯发展产生重要影响的制度时，应对教师所从事的不同类型的学术研究一视同仁。目前我国高校普遍存在"重专业研究，轻教学研究"、"重理论研究，轻应用研究"的情况。第三，教师的社会服务方式各不相同。随着高校与社会关系的日益紧密，高等学校的社会服务职能日益凸显，而高校教师服务社会的方式与手段也开始变得多元——有的间接为社会提供服务；而有的则直接服务于社会经济生产发展。但无论是哪一种服务方式，只要不影响到正常的教育教学活动，并有效地将社会服务资源转化为育人资源，那么就都应该受到尊重并予以认可。以上高校教师个性化发展其实是高校教师学术自主权的一种体现。现代高校应充分尊重教师学术自主权，并为教师基于这些自主权而形成的个性化的职业发展路径给予认可和支持。

目前，我国公办高校在尊重、支持教师的个性化发展方面做得也不是很好。高校教师普遍在现有制度的框架下，难以获得充分的教学自主权和科研自主权，同时直接性的社会服务方式也受到诸多限制。可以说，在现在的职称评审制度、岗位考核制度、教学管理制度、科研管理制度以及社会服务管理制度的共同作用下，教师一方面需要成为什么都要做、什么都会做的"多面手"；另一方面则需要成为按照标准、规范行事的"守法良民"。总之，我国高校教师的个性化特征普遍不明显，"千篇一律"的管理标准与规范造就了"千孔一面"的高校教师群体样貌。这种状况在民办高校中更为严重，民办高校教师与公办高校教师相比所拥有的自主权更少，这使其所拥有的职业发展空间也更加狭窄。那么，该如何促进民办高校教师的个性化成长，使其拥有更广阔的职业发展空间呢？最关键的是要保障教师可以选择多元化的职业发展路径，即教师可以根据自身的个性特征与偏好走出一条属于他自己的到达其职业发展巅峰的道路。而要做到这一点最主要的是要改变当前"拼盘式"的教师评价模式，构建以"育人效果"为核心的教师评价制度。

无论是教学、科研还是社会服务都是高校教师"育人"的手段，而不是高校教师职业发展的目标。然而目前我国高校的教师评价制度却以这三者为目标，运用量化的方法，将教师在教学、科研和社会服务三个方面所取得的成绩简单相加，构成教师总的工作成效或绩效。这种"拼盘式"的教师评价模式不仅忽视了高校教师"育人"这一真正职业目标，而且使得教师疲于应对，教学、科研与社会服务工作之间的冲突也日益严重。构建以"育人效果"为核心的教师评价制度旨在消除教学、科研、社会服务之间的冲突，并使它们有机地融合在高校教师的"育人"工作之中。其核心思想是：高校教师无论是运用教学与科研相结合的方式，还是教学与社会服务相结合的方式，只要有益于育人，对学生的成长有贡献就应得到充分的认可，并可凭此获得晋升的机会。如一位特别擅长社会服务的教师，如果能够很好地将其社会服务资源转化为育人资源，让学生从其所从事的社会服务活动（不管是直接的还是间接的）中受益，对其成长产生实际的、积极的影响，那么这位教师的育人成果就应该得到肯定，达到一定标准或水平之后，该名教师就应该有资格向高一级的职称或岗位晋升。显然，这种以"育人效果"为核心的教师评价制度有助于为教师构建多元化的职业发展路径——教师可以自主选择"育人"方式，形成"条条道路通罗马"的多样化职业发展路径，最终的教师评价依据的是育人效果而不是育人方式本身。

研 究 结 论

　　作为一种职业，民办、公办高校教师身份并不存在本质区别，均具有专业性、经济性、学术性和公益性等基本属性。民办、公办高校教师身份之所以出现分化，主要是由世界高等教育逐步演变为公办高等教育和民办高等教育两种发展模式而引发的。当前，公办高校、民办高校都是高等教育的重要载体，缺一不可，因此，就职于两类高校的教师也就自然分化为公办高校教师和民办高校教师两大阵营。

　　在实践中，民办、公办高校教师之间的身份分化主要有两种类型，一种是自然差异型，一种是政策差异型。在"自然差异型"情况下，民办（私立）与公办高校教师身份间不存在实质性的差别，尤其是在高校教师权利义务方面，在社会保障和相关福利方面均不存在显著差别。两者间的差别主要体现在由各高校间（无论是私立还是公立的）公平竞争所形成的自然差距，如薪酬水平的高低、科研资源和社会捐赠的多寡等。"政策差异型"是指主要由差别化甚至歧视性政策、不完善的政策体系导致的民办（私立）、公办高校教师身份间的差异，在不同的政策环境下，两者间的身份差异有大有小。从世界各国高等教育发展历史中可以看到，"自然差异型"比"政策差异型"更有利于民办（私立）高等教育和整体高等教育的发展。

我国是"政策差异型"的典型代表。受我国特殊的经济、政治、文化等因素的影响，我国民办高等教育从产生之初就被置于"拾遗补缺"的位置。长期以来，虽然我国从政策、制度文本上始终鼓励、促进民办高等教育发展，但在实际操作层面却存在着明显的"公办优先"的思想，存在着诸多歧视民办高校及其师生的制度和行为。目前，我国民办、公办高校教师身份存在巨大差距，前者无论在社会地位，还是在收入、社会保障水平方面均显著低于后者；同时，民办高校教师对自身"高校教师职业"的认同水平也普遍偏低，更多地认为自己仅仅是"知识的售卖者"。民办高校教师的这种身份状况严重制约着民办高校师资队伍建设水平的进一步提升，进而也成为民办高校进一步提升办学质量的一个重要阻碍。因此，要想进一步提升我国民办高等教育质量，必须首先解决民办、公办高校教师之间的这种身份差距问题。

随着我国高等教育管理体制改革的不断深入，民办高校教师实现身份变革的可行性正在逐渐提高。但相关制度供给不足仍阻碍着民办高校教师身份的变革。其中，外部制度阻碍主要体现在以下几个方面：第一，法人制度不健全。目前，我国民办高校法人制度仍存在法人属性不清晰、法人财产权难落实、法人治理结构虚置等问题。法人属性不清晰导致民办高校教师组织身份模糊；法人财产权难落实以、法人治理结构虚置则影响着民办高校教师的职业安全感、归属感和职业认同水平。第二，社会保障制度不完善。社会保障制度的不完善主要体现在养老保险制度和医疗保障制度两个方面。在养老保险制度方面，由于缴费基数的不同，补充养老保险的缺失等原因，民办高校教师退休后能够拿到的退休金远远少于公办高校教师。在医疗保障水平方面，公办高校教师是参照公务员标准执行的，除了享受基本医疗保险之外，还享受医疗补助；相对应的民办高校教师只享受基础医疗保险。而且大部分民办高校教师享受的是市级医保制度，与享受省级医保制度的公办高校教师在报销比例和报销范畴方面又存在一定差距。这种社会保障水平方面的差距是民办、公办高校教师身份差距的重要体现。第三，权利救济制度缺失。我国虽然确立了教师的权利救济制度，但并不完善，无论是公办还是民办学校教师都面临着权利救济渠道不畅通的问题。但在"公办优先"的大环境下，民办学校教师所遭遇到的权利侵害更为严重，而权利救济渠道的不畅通，使得他们在面对公权力和私权力的侵害时，无法及时获得权利救济。这在一定程度上助长了相关行政部门和民办高校对民办高校教师权利的随意侵害。在这种基本权利难以得到保障的状况下，民办高校教师的职业安全感与归属感，最主要的是职业认同感均偏低。

民办高校内部制度阻碍主要体现在以下几个方面：第一，企业化管理制度强化了教师"打工者"身份。我国民办高校大多采用的是企业化管理模式，这既有其必然性，也具有一定的优越性；但从"育人"和学术发展的角度来看，则存在着"行政权力"严重挤压"学术权力"；在以"监督、控制"为主旨的管理制度下，教师成为"教书机器"；在"企业文化"中难以孕育"大学文化"等弊端。总之，在企业化管理模式下，教师很难确立正确的职业认同和职业发展取向，更容易形成"打工者"的自我认识。第二，不科学的教学管理制度削弱了教师职业认同水平。目前，我国民办高校教学管理方面普遍存在着制度供给者素质不高、制度制定程序不规范、制度内容"重形式、轻质量"、制度功能"重管理、轻服务"、制度效果"重处罚、轻激励"的问题。在这样的教学管理制度环境下，教师很难找到高校教师的职业尊严感与成就感；很多教职员工仅把民办高校当作一个跳板，一旦机会合适就会跳槽。第三，发展支持制度薄弱制约教师职业发展。与公办高校相比，民办高校在支持教师发展方面存在着明显的不足，如教学发展中心建设滞后、教师发展支持制度偏少、教师学术发展保障制度欠缺等。这严重制约着民办高校教师的可持续发展，并深刻影响着其对自身职业发展的信心及对高校教师职业理想的追求。显然，在缺乏职业理想追求的状态下，民办高校教师"当一天和尚撞一天钟"的心态较为普遍，"教师"对其而言仅仅是一份谋生的职业而已。

针对民办高校教师身份变革所面临的内外部制度阻碍，笔者建议从确立民办高校的事业单位法人身份，多途径提升社会保障水平，系统完善权利救济制度三个方面入手改善民办高校师资队伍建设的外部制度；从健全校内治理体系，全面提升董事长（校长）领导力，构建持续、多样的教师发展支持制度三方面入手改善民办高校教师的校内制度环境，以促进民办、公办高校教师构建"统一身份"。

参 考 文 献

一 著 作 类

[1] 顾明远、薛理银：《比较教育导论——教育与国家发展》，人民教育出版社 1999 年版。

[2] 《中华法学大辞典》编委会编：《中华法学大辞典：简明本》，中国检察出版社 2003 年版。

[3] ［美］菲利普·阿特巴赫等：《高校教师的薪酬：基于收入与合同的全球比较》，徐卉等译，上海交通大学出版社 2014 年版。

[4] ［美］查尔斯·霍默·哈斯金斯：《大学的兴起》，王建妮译，上海人民出版社 2007 年版。

[5] ［英］艾伦·B. 科班：《中世纪大学：发展与组织》，周常明等译，山东教育出版社 2013 年版。

[6] 宋旭、游永豪等：《中小学体育教学研究方法》，武汉大学出版社 2016 年版。

[7] 邓旭：《教育政策民意表达研究》，辽宁人民出版社 2015 年版。

[8] 魏新编著：《图说世界著名大学》，北京工业大学出版社 2015 年版。

[9] 茹宁：《中国大学百年：模式转换与文化冲突》，知识产权出版社 2012 年版。

［10］舸昕：《从哈佛到斯坦福：美国著名大学今昔纵横谈》，东方出版社1999年版。

［11］李子江：《学术自由在美国的变迁与发展》，北京师范大学出版社2008年版。

［12］杨移贻：《学术是大学的逻辑起点》，中国经济出版社2015年版。

［13］和震：《美国大学自治制度的形成与发展》，北京师范大学出版集团2008年版。

［14］谢延龙：《西方教师教育思想　从苏格拉底到杜威》，福建教育出版社2015年版。

［15］［法］雅克·勒戈夫：《中世纪的知识分子》，张弘译，商务印刷馆1996年版。

［16］陆明玉、孙霞：《现代教育学》，北京邮电大学出版社2014年版。

［17］［日］有本章：《大学学术职业与教师发展（FD）——美日两国透视》，丁妍译，复旦大学出版社2012年版。

［18］［德］卡尔·雅思贝尔斯：《什么是教育》，邹进译，上海三联书店1991年版。

［19］张帆：《德国高等学校的兴衰与等级形成》，北京师范大学出版集团2012年版。

［20］［美］欧内斯特·L.博耶：《关于美国教育改革的演讲》，教育科学出版社2002年版。

［21］邢永富、吕秋芳：《高等学校教师职业道德修养》，首都师范大学出版社2007年版。

［22］宋承祥：《高等教育内涵发展分析与研究》，教育科学出版社2009年版。

［23］ 贺国庆：《德国和美国大学发达史》，人民教育出版社 1998
年版。

［24］ 郑俊涛、王琪：《走进世界名校 英国》，上海交通大学出版社
2013 年版。

［25］ 张旺：《美国私立高等教育发展的制度环境研究》，知识产权
出版社 2009 年版。

［26］ 赵军：《民办高等教育制度变迁中的政府行为研究》，中国海
洋大学出版社 2014 年版。

［27］ 马永霞：《高校筹资多元化研究》，北京理工大学出版社 2013
年版。

［28］ 徐双敏：《公共管理学》，北京大学出版社 2014 年版。

［29］ 顾功耘、罗培新：《经济法前沿问题（2013）》，北京大学出版
社 2014 年版。

［30］ 夏建平：《认同与国际合作》，世界知识出版社 2006 年版。

［31］ 王政祥、张景梅：《我国经济体制改革和政治体制改革基本问
题》，中国铁道出版社 1990 年版。

［32］ 刘建银：《准营利性民办学校研究》，北京师范大学出版社 2010
年版。

［33］ 宁本涛：《中国民办教育产权研究》，齐鲁书社 2003 年版。

［34］ 何国伟：《我国非营利性民办高校公共财政资助问题研究》，
西南师范大学出版社 2016 年版。

［35］ 周威、王成：《宪法学习大参考》，国家行政学院出版社 2016
年版。

［36］ 张春生：《中华人民共和国民办教育促进法释义》，法律出版社
2003 年版。

［37］ 孙惠春：《国外教育法制比较研究》，黑龙江人民出版社 2001

年版。

［38］段磊、张宏波：《企业集团管控——理论、实践及案例》，中国发展出版社 2012 年版。

［39］王利明：《民法》，中国政法出版社 1997 年版。

［40］安青松：《公司转型：中国公司制度改革的新视角》，经济管理出版社 2012 年版。

［41］《现代企业制度全书》编委会编：《现代企业制度全书》，企业管理出版社 1994 年版。

［42］［美］詹姆斯·杜德斯达、弗瑞斯·沃马克：《美国公立大学的未来》，刘济良译，北京大学出版社 2006 年版。

［43］张辉锋：《传媒经济学理论、历史与实务》（第 3 版），人民日报出版社 2015 年版。

［44］徐绪卿：《我国民办高校内部管理体制改革和创新研究》，中国社会科学出版社 2012 年版。

［45］七五普法图书中心：《宪法学习读本》，中国法制出版社 2016 年版。

［46］关信平：《社会工作政策法规》，中国社会出版社 2015 年版。

［47］路云：《社会医疗保险信息系统的统筹规划》，东南大学出版社 2013 年版。

［48］周坤：《赢在规范化 企业规范化管理实务》，北京联合出版公司 2015 年版。

［49］张文钧：《领导力 企业持续发展的总开关》，中国书籍出版社 2015 年版。

［50］王松、陈伟：《质量管理》，哈尔滨工程大学出版社 2015 年版。

［51］石岩：《高等教育心理学》（第 2 版），山西人民出版社 2014 年版。

［52］ 贾永生：《陈宝瑜的民办教育情缘——中国民办高教精英访谈录》，作家出版社 2008 年版。

［53］ 成思危等：《中国事业单位改革——模式选择与分类引导》，民主与建设出版社 2000 年版。

［54］ 陈文辉：《团体保险发展研究》，中央编译出版社 2005 年版。

［55］ 高灵芝等：《社会保障概论》，山东人民出版社 2011 年版。

［56］ 徐昕：《论私立救济》，中国政法大学出版社 2005 年版。

［57］ G. Compayre，*Abelard and Origin and Early History of Universities*，New York：Charles Scribner's Sons，1907.

［58］ R. Hastings，*The Universities of Europe in the Middle Ages*（Vol. 1），New York：Oxford University Press，1936.

二　学位论文类

［1］ 张斌：《全球化语境中的大学教师身份认同》，硕士学位论文，陕西师范大学，2009 年。

［2］ 温巧：《我国民办高校师资队伍建设研究》，硕士学位论文，四川师范大学，2009 年。

［3］ 李琼：《民办高校教师队伍现状与发展策略研究》，硕士学位论文，湖南师范大学，2010 年。

［4］ 唐秉雄：《福建省民办高校教师流动管理研究》，硕士学位论文，华侨大学，2013 年。

［5］ 李振平：《教师身份的伦理思考》，硕士学位论文，河南大学，2009 年。

［6］ 李冰：《民办高校教师培训体系构建研究》，硕士学位论文，南昌大学，2010 年。

［7］ 马苏宁：《民办高校青年教师工作压力研究》，硕士学位论文，西

北农林科技大学，2013年。

[8] 徐小红：《民办高校青年教师归属感研究——以江西省为例》，硕士学位论文，江西师范大学，2011年。

[9] 姜丽晔：《民办高校专职教师工作满意度调查研究——以A学院为例》，硕士学位论文，陕西师范大学，2012年。

[10] 吴潇潇：《私立高中英语教师身份的批判人种志研究》，硕士学位论文，浙江师范大学，2008年。

[11] 黄梦婉：《中世纪晚期巴黎大学的执教资格授予制度研究》，硕士学位论文，华东师范大学，2015年。

[12] 杨晓新：《德国与美国教师资格证书制度研究》，硕士学位论文，首都师范大学，2001年。

[13] 高雪飞：《中世纪大学教师研究》，硕士学位论文，河北大学，2014年。

[14] 张利荣：《大学研究性学习理念及其实现策略研究》，博士学位论文，华中科技大学，2012年。

[15] 侯翠环：《英国新大学运动及其历史意义》，硕士学位论文，河北大学，2005年。

[16] 李朝军：《大学毕业生统一分配制度研究（1950—1965年）——以上海为中心的历史考察》，硕士学位论文，复旦大学，2007年。

[17] 章文凤：《促进美国私立高等教育发展的因素分析及其启示》，硕士学位论文，湖南大学，2008年。

[18] 尹珊珊：《法人制度的基本理论及完善法人制度的探索》，硕士学位论文，兰州大学，2006年。

[19] 丁洁：《论民办高校的法人财产权制度》，硕士学位论文，山东大学，2013年。

[20] 王磊：《事业单位养老保险法律制度改革与完善研究》，博士

学位论文，吉林大学，2012年。

[21] 陆波：《高等学校教师权利法律救济机制研究》，硕士学位论文，上海师范大学，2008年。

[22] 章小兵：《财团法人制度研究》，硕士学位论文，湖南大学，2006年。

[23] 刘烨：《公益事业单位改革问题研究》，硕士学位论文，黑龙江大学，2016年。

[24] 洪姝芳：《安徽省民办高校教师专业发展研究》，硕士学位论文，安徽大学，2013年。

[25] 董薇：《民办高校教师职业生涯规划调查研究——以陕西H学院为例》，硕士学位论文，陕西师范大学，2014年。

[26] 李萌：《我国高校教师职业年金法律制度研究》，硕士学位论文，西南大学，2014年。

[27] 易丽芳：《美国团体健康保险对中国补充医疗保险的借鉴意义》，硕士学位论文，武汉科技大学．2007年。

[28] 周立文：《权利救济制度的基础理论研究》，硕士学位论文，北方工业大学，2007年。

[29] 张望：《高校教师申诉程序的合理性研究》，硕士学位论文，中南民族大学，2013年。

三 期刊论文类

[1] 潘懋元：《走向社会中心的大学需要建设现代制度》，《国家教育行政学院学报》2001年第2期。

[2] 别敦荣：《现代大学制度的演变与特征》，《江苏高教》2017年第5期。

[3] 别敦荣：《民办高校转型发展的思考》，《大学》（学术版）2014

年第 2 期。

[4] 别敦荣、徐梅：《去行政化改革与回归现代大学本质》，《中国高教研究》2011 年第 11 期。

[5] 别敦荣、李家新、韦莉娜：《大学教学文化：概念、模式与创新》，《高等教育研究》2015 年第 1 期。

[6] 别敦荣、韦莉娜、李家新：《高校教师教学发展中心运行状况调查研究》，《中国高教研究》2015 年第 3 期。

[7] 贺国庆：《大学校长与大学发展》，《教育研究》2013 年第 3 期。

[8] 贺祖斌、王茹：《大学教学文化与教师发展生态》，《高等教育研究》2015 年第 1 期。

[9] 范跃进、王玲等：《潘懋元先生思考民办高等教育问题的八个基本逻辑》，《山东高等教育》2015 年第 4 期。

[10] 王一涛、刘继安、王元：《我国民办高校董事会实际运行及优化路径研究》，《教育研究》2015 年第 10 期。

[11] 邓侨侨：《从高等学校教师身份特征谈教师管理》，《中国高校师资研究》2004 年第 2 期。

[12] 吕屏、龚捷、石万曲：《大学教师身份职责的认识与思考》，《高等建筑教育》2012 年第 6 期。

[13] 刘传霞：《当代大学教师身份认同与大学文化精神建构》，《现代教育管理》2013 年第 5 期。

[14] 杨志敏、白静、杨志勇：《试论高校教师身份认同的重塑》，《河南科技学院学报》2013 年第 2 期。

[15] 牛海彬、白媛媛：《当代大学教师身份的迷失与复归》，《教育与职业》2013 年第 11 期。

[16] 梁昊、卜庆国：《基于平衡记分卡构建民办高校教师绩效考核指标体系》，《产业与科教论坛》2011 年第 24 期。

［17］张璐：《基于 AHP 的民办高校教师绩效考核指标体系研究》，《黑龙江生态工程职业学院学报》2014 年第 1 期。

［18］孙慧敏、王云儿：《民办高校教师身份差异对幸福感的影响研究》，《黑龙江高教研究》2012 年第 5 期。

［19］徐广宇：《教师身份的类型及其法律保障》，《上海教育科研》1995 年第 1 期。

［20］张斌、常亚慧：《大学教师身份认同的文化逻辑——后殖民理论的视角》，《当代教师教育》2009 年第 1 期。

［21］钱超英：《身份概念与身份意识》，《深圳大学学报》（人文社会科学版）2000 年第 2 期。

［22］刘进、沈红：《大学教师流动与学术职业发展——基于对中世纪大学的考察》，《高校教育管理》2015 年第 3 期。

［23］沈永社、吴培群：《意大利大学的自主性与政府统一管理》，《世界教育信息》2014 年第 15 期。

［24］吴培群、沈永社：《意大利大学教师聘任制即对我国的启示》，《国家教育行政学院学报》2014 年第 10 期。

［25］牛风蕊、张紫薇：《美国世界一流大学教师薪酬的制度模式、特征及其协同机制》，《中国高教研究》2017 年第 6 期。

［26］崔亚楠：《美国西雅图大学教师发展中心的建设及启示》，《纺织服装教育》2017 年第 2 期。

［27］袁广林：《大学学术共同体：特征与价值》，《高教探索》2011 年第 1 期。

［28］张应强：《关于高校教师流失和师资队伍建设的思考》，《电力高等教育》1995 年第 3 期。

［29］冉楠：《从海大的发展看民办高校师资队伍的建设》，《海淀走读大学学报》2000 年第 3 期。

[30] 吴江岚：《加强民办高校师资队伍建设的三点建议》，《职业论坛》2008 年第 12 期。

[31] 罗道全：《对民办高校师资队伍建设思路创新的思考》，《西安欧亚学院学报》2008 年第 1 期。

[32] 张海青：《加强师资队伍建设 提升教育教育质量——对河南民办高校师资队伍建设的思考》，《黄河科技大学学报》2008 年第 2 期。

[33] 曲正伟：《教师的"身份"与"身份认同"》，《教育发展研究》2007 年第 7 期。

[34] 文雯：《1976 年以后我国民办高等教育的合法性变迁》，《教育研究与实验》2005 年第 3 期。

[35] 崔来廷、王梦怡：《美国一流私立大学教育经费收入结构研究》，《齐齐哈尔大学学报》（哲学社会科学版）2016 年第 3 期。

[36] 王玲、范跃进：《美国私立高等教育经费政策体系评析》，《东北师范大学学报》（哲学社会科学版）2015 年第 4 期。

[37] 易梦春：《我国高等教育普及化进程及其影响因素——基于时间序列趋势外推模型的预测》，《中国高教研究》2016 年第 3 期。

[38] 登云、齐恬雨：《论高等教育普及化阶段的人才培养》，《中国高教研究》2016 年第 4 期。

[39] 王保星：《德性·想象力·职业安全——大学教师职业断想》，《江苏高教》2007 年第 5 期。

[40] 阙明坤：《民办教育综合改革破冰前行》，《中国民办教育》2017 年第 1 期。

[41] 曹淑江、范开秀：《也谈关于教育中的产权问题》，《教育与经济》2001 年第 1 期。

[42] 刘龙刚：《依法治校语境下的民办高校学生权利保障研究》，《湖

南警察学院学报》2011 年第 3 期。

[43] 李玲、周兴平：《民办学校"合理回报"标准测算及模式探析》，《中国教育学刊》2014 年第 10 期。

[44] 马俊驹：《法人制度的基本理论和立法问题之探讨》（上），《法学评论》2004 年第 4 期。

[45] 乔春华：《江苏省落实民办高校法人财产权的思考与对策》，《审计与经济研究》2008 年第 1 期。

[46] 周海涛、施文妹：《完善民办高校法人治理结构的难题与策略》，《江苏高教》2015 年第 4 期。

[47] 薛梅青：《高校教师社会保障制度研究——以 J 大学为例》，《江苏技术师范学院学报》2011 年第 7 期。

[48] 郑秉文：《事业单位养老金改革的关键是三个"联动"》，《中国证券报》2009 年第 2 期。

[49] 裴宇星、王东辉：《企业化管理模式：民办高校基于工具理性的选择》，《中国校外教育》（下旬刊）2014 年第 4 期。

[50] 刘铁芳：《大学文化建设：何种文化 如何建设》，《高等教育研究》2014 年第 1 期。

[51] 董琦、王曙光：《北大精神与育人魅力》，《中国高校招生》1998 年第 3 期。

[52] 牛风蕊、沈红：《建国以来我国高校教师发展制度的变迁逻辑》，《中国高教研究》2015 年第 5 期。

[53] 宁靓：《公共服务供给侧改革视角下的事业单位改革研究》，《山东社会科学》2017 年第 1 期。

[54] 贾洪波：《补充医疗保险的实际运作：四个国家的比较》，《公共管理》2012 年第 11 期。

[55] 金国峰、王国辉、宋磊：《韩国高校教师社会保障制度及启示》，

《劳动保障世界》2013 年第 1 期。

［56］吕尚兰：《美国大学教师联合会工作模式及其启示研究》，《现代教育科学》2016 年第 4 期。

［57］吴学军：《信念与职能：日本教师工会对中国教育工会的启示》，《四川教育学院学报》2009 年第 9 期。

［58］David J. Deming, Claudia Goldin and Lawrence F. Katz, " *The For-Profit Postsecondary School Sector*: *Nimble Critters or Agile Predators*? ", Journal of Economic Perspectives, 2012.

［59］John Aubrey Douglass, *The Rise of the For-Profit Sector in US Higher Education and the Brazilian Effect*, European Journal of Education, 2012.

［60］Daniel L. Bennett, Adam R. Lucchesi and Richard K. Vedder, *For-Profit Higher Education*: *Growth*, *Innovation and Regulation*, A Policy Paper from the Center for College Affordability and Productivity, 2010.

［61］Guilbert C. Hentschke and Shirley C. Parry, *Innovation in Times of Regulatory Uncertainty*: *Responses to the Threat of* " *Gainful Employment*", Innov High Educ, 2015.

［62］William Beaver, *The Rise and Fall of For-Profit Higher Education*, Academe, 2017.